# 日本の近代思想を読みなおす

re-reading of modern japanese thoughts

# 5 身体

body

西平 直
nishihira tadashi

末木文美士／中島隆博
責任編集

東京大学出版会

Re-reading of Modern Japanese Thoughts
5
Body
Tadashi NISHIHIRA

University of Tokyo Press, 2025
ISBN978-4-13-978-4-13-014255-7

# シリーズ　刊行にあたって

まもなく明治百六十年、戦後八十年を迎えようとしている今日、私たちは歴史上の大きな転機に立っている。新型コロナ感染症の世界的流行、あい続く戦争、地球温暖化はもはや沸騰化に至って世界中が混乱に陥っている。その中で、かつてジャパン・アズ・ナンバーワンとおめでたくもはしゃいでいた日本は、失われた三十年に沈みこみ、どこへ向かおうとしているのか、その進路も見えない。

長い間希望に満ちて語られてきた近代の理念は錆びつき、もはや過去のものとして捨て去られようとしている。欧米の猿真似をしようにも、もうお手本はどこにもない。思想の空白状況は、しかしかえって本当に地に足の着いた私たち自身の思想を築く最大の好機ではないのか。時代の困難は、それを乗り越えて未来を産み出していく試金石でもある。

それでは、新しい思想はどのようにして産まれるのか。ここで、一度は捨て去ろうとした近代を、改めて取り上げ、読み直すことが必要となる。未来は過去から産まれる。過去をただ無批判に受け入れるのではなく、それを批判的に捉え返し、読み直して、はじめて新しい視野が開かれる。硬直した常識を打ち破る時、意外にも近代の中には、これまで気が付かれなかった多くのヒントが隠されていることに驚かされる。

本シリーズが目指すのは、このような見通しの下に、明治以後、今日に至るまでの日本人の思想的営為を振り返り、近代を捉え返すとともに、未来を築いていくための資源として提供することである。そこには、表層からは見えないその奥の声、また、植民地や戦争で傷つけられ、痛めつけられた人たちの声も反響してくる。隠蔽やごまかしではなく、真摯な過去との対話が未来を開く。

かつて『現代日本思想大系』全三五巻（筑摩書房、一九六三―六八）をはじめ、日本の近代思想を集成するシリーズがいくつか刊行されたが、その頃からは大きく時代が変わった。新たに今日の視点から近代日本の思想遺産を読み直し、考え直すシリーズの刊行は急務である。本シリーズは、このような課題に応えることを目指して企画された。これからを担う若い方々にまず読んでもらいたい近代の古典を厳選して、そのエッセンスを提供するとともに、各巻の著者の解説や解題は、近代の新たな読み直しへの恰好の指針となるであろう。

本シリーズを手掛かりに、読者が日本の近代思想の密林の中に分け入り、新たな発見に胸躍らせてくださることを願っている。

二〇二三年十一月

末木文美士
中島隆博

日本の近代思想を読みなおす

5

# 身体

目次

## II　衛生と健康　81

凡例

引用に際しては、読みやすさを考慮して、カタカナを漢字に、旧字を新字に、旧仮名遣いを新仮名遣いにするなど、一部表記を改変した。

# 日本の近代思想を読みなおす

5

# 身体

装丁——水戸部功

# はじめに

近代日本の「身体」。どこで・どのように語られてきたか。そう思ってみれば、確かに、様々な場面に登場していたのだが、しかし主役ではなかった。むしろ多くの場合、それは手段や方法であって、いわば、高尚な目標を達成するための道具であった。しかも、しばしば、気づかれないまま、扱われてきた。

近代国家は、人々の身体を操作することによって、巧みに社会を統治した。近代学校は、子どもたちの身体を作り替えるという仕方で、国家のために役立つ人材を生み出した。しかし、それらが「身体」の出来事としては語られてこなかった。

二十世紀の中頃から、同時多発的に、雑多な領域で「身体」に注目が集まり始めた。あらためて「身体」に光を当て、「身体」の出来事として読み直してみると、政治や宗教や芸術の話が、これまでとは違った仕方で見えてきた。

例えば、明治の学校カリキュラムに「音楽（「唱歌」）」を導入した伊沢修二は、留学先の米国で音楽を学んだと語られてきた。しかしどうやら伊沢は、芸術としての音楽を学んだのではなく、

「近代的国民を創り出すメカニズム」を学んできた。近代社会に役立つ身体を育てる仕組みである。全員が足並みをそろえ、命令のもとに効率よく機能する、新しい身体のリズム。それを学校カリキュラムに取り入れた。

あるいは、ある時期の福沢諭吉は「肉食」を奨励した。日本人は滋養が不十分であるため体格が貧弱で顔色が悪い。欧米に負けない近代社会を創るためには肉食が必要である。そこから「日本人種改造」の発想も出てくる。そうした話を「身体」の出来事として読む。

あるいは、逆に、大正期を前後して、近代西洋医学に対する違和感が沸き起こった。身体の一部分を（あたかも部品を取り換えるように）取り扱う医療技術に対して、いわば、いのちの当事者である身体が、問い直しを迫った。

あるいは、哲学の領域では、近代哲学の「主観」優位に対する違和感が生じた。主観も身体を土台としている。その事実を忘れて「身体に依拠しない主観（心・精神）」を中心に構築された哲学に対して、「身体としての主観」、「身体としての私」、「身体が私であり・私が身体である」という議論が展開した。

そうした議論の中で、「身体は見えない」とも語られた。常識とは逆である。身体は見えるが精神は見えないと語る常識に対して、むしろ、身体は見えない。いわば、眼が眼それ自身を見ることはできないように、私たちがそれである身体は、なかなか見えないというのである。

同様に、文化の中の身体も、なかなか見えない。身体は必ず特定の文化の中で育つのであって、歩き方・歌い方・食べ方、すべて、それぞれの文化によって固有である。ところが、「異なる文化の中で育った身体」に出会うまでは、そのことに気がつかない。近代日本の文化は、欧米の文化に出会う中で、自らの固有の身体（例えば、習俗・習慣・身のこなし）をどう体験したのか。

こうした多様な問題群をすべて「身体」の出来事として横並びにする。「身体へのまなざし」のポリフォニー。近代日本における「身体」の思想のポリフォニックな展開を辿ってみたいと思う。

# I

# 身体の規律化

身体は管理の対象であり続けた。近代国家の成立と資本主義の発展のためには、組織的な行動を可能にする・統制の取れた・規律化した身体が不可欠であった。江戸期の社会では身分ごとに身体の振る舞い方が違った。歩き方も違った。「ナンバ」は個人のリズムで思い思いに動くようにできていた。しかし、それでは隊列を組んだ整然とした行進ができず、近代的な工場労働にも適さない。誰もが同じように動くことのできる管理された身体が必要であった。

西周「兵家徳行」(第一章)は、単なる軍人のモラルではない、「メカニズム(「器械仕掛」)」の必要を説いた。「人を器械のごとく用うる考え」の必要を説いた。「軍全体を機械として動かすために、個々の身体を部品化する……」。部品であるから、徴兵年齢までに育成された身体の特徴を消し、代替可能な、したがって標準化(平均化)された形に鋳直されなければならない」(成沢光)。

森有礼は「兵式体操」を説いた(第二章)。「我国人」に欠けているのは「身体の能力」である。それでは「気力(勇気)」に満ちた近代人が形成できない。しかし法令や理論では効果がなく、ふつうの体操では足りない。そこで「強迫体操を兵式に取り」広く行う。身体訓練(身体の矯正)を通して人々の気質を変えるという発想である。

学校のカリキュラムで注目されるのは「体術」と「唱歌」である。どちらも江戸期の寺子屋には存在しなかった。そしてどちらも伊沢修二が担当した(第三章)。同じ人物が「体操」と「音楽」の主幹を兼任する、ということは、二つの領域がワンセットで理解されていた。身体の動きと音楽的なリズムが連動し、近代国家建設のために必要な身体訓練と理解されていた。しかし単純な近代化（欧米化）ではなく、独特の折衷主義が採用された。欧米の体操をそのまま日本で実施しても適合しない。唱歌も同様、西洋の音楽をそのまま使うのではない、西洋と日本を「折衷」した「国楽」が模索され、「ヨナ抜き音階」の「唱歌」が創られた。

欧米人に対する「日本人種」の体格的劣勢は「人種改良」の議論を呼び起こし、同時に将来を担う子どもの身体に注目し、健康な子どもを産む頑丈な母体に関心が集まった。しかし強健な母体は従来の「美人像」とは違う。そこで「衛生美人」が登場することになるのだが、そうした中で「女子の体育」が議論された。お雇い外国人医師ベルツは「日本女子の衣服（着物・帯・髪型）」が身体の運動に不便であると説いた（第四章）。

# 一　兵家徳行（現代語訳）

西　周

植手通有責任編集『日本の名著34　西周　加藤弘之』中央公論社、一九七一年、一一五―一一八頁

## その一

今日演説するところは「兵家徳行」という題号なり。これもとより余が見解にかかわり、あえて西洋書中より引用するものにあらざれば、言の当否はもとより保することあたわず。ただ将校諸君のこれを体験に徴して取捨あらんことをねがうのみ。

さてこの徳行という字義は、一身の上にかかわることなれども、その由来するところは道徳という字義に出ずること明らかなり。この道徳というものは、平常、律法と相対して、一身を脩《おさ》むるにも国天下を治むるにも入用なるものなることは、みな人の知るところなり。しかるに今ここには、その道徳という考えの兵家の上にも切要なることを論ぜんと欲す。

さて古《いにしえ》より今日にいたるまで、和・漢・西洋とも兵制もかわり兵法もかわりたることは古

今の書に歴々たれば、別にこれを挙示するにおよばず。ただその大要を挙ぐれば、一つの考えありて漸次に精密におよびたるのみ。その一つの考えというはすなわちいわゆるメカニズムにて、器械仕掛けということなり。

さて万国とも、いわゆる往古と指す洪荒（大昔）草昧（未開）の世にあたりては、人の争《そう》閂《とう》というもの、これを推察するところ、口論の末はかならず角闘なりしなるべし。しかれどもこの時人知一歩を進む時は、ただちに石を擲げ棒を持ち出すという器械による考えの出で来たるなり。これより以往は、刀槍矛戟《ほうげき》となり、弓弩《きゅうど》となり、鉄砲となり、もって今の針銃とかミタライユ（mitraille＝霰弾）とか、諸種精巧の器械にいたるまで、みな「一寸長、一寸強」の道理にもとづきて漸次に精密にいたりたるにあらざることなし。これ兵は器械仕掛けという一つの考えの漸次に精密にいたりたるものなりということなり。

しかるにこの器械仕掛けというは器械を用うることなるに、このほかになお一つの器械仕掛けという考えあり。これ器械を用うることを指すにあらずして、人を器械のごとく用うる考えなり。すなわち千軍万馬も大将一人のみずから手足を動かすごとく指揮する考えにて、このメカニズムの意を訳すれば節制の兵というべし。

しかるにこの節制の考えも、古よりありしこととは見ゆれども、真にその体を備えたるは近世のことと見えたり。すなわち本邦にて源平の戦いはなお一騎立ちの戦《いくさ》にて、武田・上杉二氏にいたり、ほぼこのことに注意し、漢土にては明季（明末）の戚南塘《せきなんとう》（戚継光。明の武将）などよりこのことに心づき、また西洋にても十字軍の時の騎勇《セワリエー》（chevalier＝騎士）というものはなお一騎立ちの戦鬥にて、今の戦法となりまったく備わりたるは、千七百年代爾来《じらい》のことと見えたり。

さて右のごとく、古今兵法の変革というは、器械の精巧をきわめたる上に、節制の精密に備わりたる上にありというべし。

しかるにこの節制というものはいかにして立つものなりやということを観察せざるべからず。すなわち一は規則、一は操練、この二事をもって節制を立つるの道とす。ゆえに大にしては常備・後備を分かち、軍団を配布し、衛戍《えいじゅ》を立て、就役・免役の期を定むる等より、被服・糧食・営舎・医療等のことにいたるまでことごとく法則ありて、たとえば数百万の軍といえども、一切に画一の定期に従わざるはなし。これ規則をもって節制の大なるものを立つる、これなり。またその兵隊を正して、陣を連ね列を立て、これを左にめぐらすべく、これを右にめぐらすべく、前に進み後に退き、あるいは散じて稀疎となり、あるいはあつまりて稠密《ちゅうみつ》となり、体の四支を使い、四支の手指を使うごとく、千軍万馬も一心の軍用に出で、歩騎銃砲、正奇百出、人を端倪《たんげい》するをえざらしむるものは、みなこれ操練によりて一挙手一動足を規律するより出ずるにあらざるはなし。これ操練によりて節制の精微を尽くすところなり。

ゆえにいわゆるメカニズムの、人を器械のごとく用うる節制の兵は、この二者より立つこと明らかにして、すなわち維新以来わが陸軍にて従事したる目的はけだしここにありて、今日にいたり、本邦の陸軍いまだこのことにおいてまったく欠くるところなしというべからずといえども、おおよそこの目的に達したりというべし。

しからば今日陸軍においてはもっぱらこの一目的に従事してやまんか、これ余が本論の旨趣を述べんと欲するところなり。

今またふたたび古昔の戦法の一騎立ちの勝負に復してこれを説くべし。今それ古昔源平などの戦闘において、すでにこの節制ということなく、ただ大将の一命令のもとに、数千数百の勇士おのおの自分自分の得物を提げて、右往左往に切り立て薙《な》ぎ立てすると見たる時は、その時将官たる者は何を恃《たの》みてその部下をひきいて勝ちを制したるやと。これ一の疑問たるゆえんにて、これいかにか観察を下すべきや。

余おもうに、これすなわち本題のいわゆる兵家の徳行というものをもって上下の心を維持したるなり。けだしこの時代にはいわゆる知勇兼備というごとく、将官たる者の知略あるはもちろんなれども、勇烈の徳をもって率先して戦におもむき、かつ平常、忠誠を推して人の腹心におくというごとく、仁愛を尽くして下《しも》を待ち、かの士卒と艱苦を同じゅうするをもって美談となしたるごとく、あるいは酒樽を上流したるの、あるいは兵士の癰《はれもの》を吮《す》いたるのと、あまりなる詐謀なりとはいえども、将官たる者の部下を控勒《こうろく》（制御）しておのれが意志に従わしむるの術は、ただおのれ平素の徳行をもって部下の死心を得るにありしこと明らかなり。

しかるに今はかの節制の兵たるをもって、事々にみな法則あれば、兵家の徳行は入用ならずとはいうべからずして、もちろん今、天下一君・四海一国の世にあたりては、上下の間に君臣の分はなく、かつ古昔のもっぱらこの徳行のみをもって控勒の術となせしがごとくなすべしというにはあらざれども、この徳行をもって率先するの道は取るにたらずというべからず。けだし節制の法備わり、徳行の道立ち、車の両輪、鳥の両翼のごとくならば、わが日本陸軍の兵強を四隣に称するもまた誇言にはあらざるべしと思わる。これ余が本題の大旨なり。

すでに昨年（明治十年）西南騒擾《そうじょう》（西南戦争）のごとき、賊徒は官兵を百姓兵なりと嘲《あざけ》りたれども、かえってしからず。大いに賊徒の胆を奪い、かつ中には徴兵なりといえどもその隊長を敬愛し、身をもって擁護したることなどありしとうけたまわる。これその士官の兵卒の心を得たるはもって知るべきなり。しかるに全体を挙げてこれを論ずれば、官兵は節制をもって勝《まさ》るものにて、その恃むところここにあり。賊徒の恃みてもって一年に近きの日月を支え、わずかに城山の攻囲にこれを殲《つく》すをえたるものは何ぞや。士心合一、百折くじけざるところにあらざるはなし。

もちろん賊徒のここにいたりしは朝夕の故にあらざれば、その師魁たる諸人、撫御（いつくしみ使う）士心を得たりというにあらずして、別によって来たるところの因由あるべしといえども、かれは節制の勝れるを恃みたるにあらずして、士心の合一なるを恃みたるにあらざるはなし。これによりてこれを観《み》れば、ひとり節制のみならず、兵家の徳行、もって衆心を維持し、よく衆力を合して強勢を発せしむるにたるを証するにたれり。

以上論ずるところは、方今の兵に須要《しゅよう》たるはもとより節制にあること論なしといえども、また兵家の徳行、もって衆心を維持するところもまた軽蔑すべからずして、畢竟この両者は相対比するをうべしというの旨趣なり。

しかしそのいわゆる兵家の徳行を脩むるの道と、これによりてもって得るところの利と、これによりて興るところの弊害とにいたりては、よく今日一場に尽くすところにあらざるをもって、後会にこれを論ずべし。

# 二

## 教育論——身体の能力（明治十二年十月十五日）

森 有礼

『森有礼全集』第一巻、宣文堂書店、一九七二年、三二五—三二九頁

### 教育論

#### 身体の能力

森 有礼

是は諸君の已に詳知する所なれば、今更に余が多説を須たさる可し、然れども教育の要は、凡そ人の稟けたる諸の能力を耕養発達し、是に由て得る所の快楽を増すにあり、而して其能力を分別して智識、徳義、身体の三と為す、此三者は恰も三元一体各其用を異にして、其功徳の顕わる所亦自ら同じからず、所謂智仁勇三徳なる者は、即此三能力なり、此三徳和合して其平均を有つ時は、人の快楽最大なり、但し古今の人之を耕養するを観るに、輙もすれば、其一方に偏倚して三徳の調和を失い、反て其性を害し、徒に憂苦の犠牲たる者多し、思わさるの甚しと謂う可し、今や諸君は我国教育の針路を定め、将に其洪沢を永遠に及ぼさんと欲

す、切に祈る所は、其議の正路を保ち、且能く之を行うに在り、蓋し一国教育の法は、要するに能く時と処とを慮り、応に先つ意を其欠乏する所に注ぎ、必勉めて之を補うべし、余の所見を以てすれば、現今我国人の最欠く所の者は、彼の至重根元たる三能力の一、即身体の能力なりとす、諸君宜しく看取す可し、彼の能力のみを事として、其生命を支持する所の農民力工を除くの外、其健康保存する者果して幾許かある、而して其中より奮時の武士を除くときは、余者の体状又如何ん、其軟弱なる真に歎息に堪えざる者あり、剰え目下惰弱の弊習日に長し、奮時の武士と雖、早已に之に違い、下流に沈溺せざる者甚希なり、余が此に論ずる所は、身体の能力をさえ進むれば、他事は皆姑く舎て置きて可なりと言うに非ず、亦偏に之を先にす可しと言うに非ず、要する所此能力をして、徳義智識の二能力と倶に併い進み、能く其権衡を保たしむるを以て主眼と為すなり

凡そ事は、皆其因ありて生ず、今我が邦人偏に其身体の能力に欠乏する所あるは、亦必自から其因ありて然る耳、今之を補い、教育を身体上に行わんと欲せば、猶医師の病因に於ける如く、須らく先ず此因を捜索せざる可らず、而して其業たるや、固より博識の理学に頼らざれば、能く効果を致し得ざることなれども、今試に茲に其最見易き者を挙て、以て諸君の参考に供せん、此因たる、素より数綜の密着せるあり、又其の類種の同じからざるあり、今一々之を細索詳論するは、恐らくは不要の事業に属す可し、故に其中最著しく、且重なる者を挙げんに、第一沃土、第二暖気、第三食料、第四住居、第五衣製、第六文学、第七宗教、

即此七項に止る可し、第一に土沃なれば、耕業甚便易なり、故に甚筋力を費さず、亦多く人夫を用いず、第二気暖なれば、寒凍の痛苦なし、故に寒中身体を運動して之が温燠を求むる快楽を感ぜす、亦従て諸の体操遊嬉に進まず、第三食料、専ら植物に頼る、故に筋骨堅牢ならず、血液又潤沢ならず、加之飲食に節なく、酒を温めて妄飲して食物の消化を妨げ、又且懶惰の弊を長ずること甚し、第四住居、畳の上に膝脚を屈めて坐し、又蹲踞して安逸を取る、故に自然に懶惰を来たし、其慣い性と為りて身体の使用を厭い、且為に背腰湾曲して傴僂の形を為し、又膝腰弓屈して平直に長伸するを得ず、第五衣製、袖を長くし、且衣裳を各別にせざるより、身体の運動に便ならず、故に亦自ら懶惰の悪習を来たせり、第六文学、儒教と倶に漢土の文字を入れたるより、其教の高尚深遠なるは姑く置て論ぜず、之を学ぶに要具たる文字は、初祖形を見て之を模することを習うより、後其義を解するに至る迄、刻苦勉励過多の年数を費さざれば之を利用する能わず、故に之を学ぶ者は概ね身を静坐に沈めて其健康を損し、惜むべきは到底柔弱の一書生に変ず、而して又中止する者最多し、彼か其間に被ふりたる身体の損害は尚各差あり、又漢学を以て斯の如く人を柔弱に陥るるの弊害のみならず、其教の法良正ならず、其治国平天下の事業を懐きて身を進むるの外は、世に志を得るの道無き如く説き、徒に書生を空遠に誘う、此れ文弱の弊害を世に来たすの根源なり、第七宗教、仏教の我が邦に入りしより、念仏の法盛に行われ、為に人の思想を一方に局して、現世有為の気象を損せり、故に此法に帰依する者は、専ら期し難き未来の事に念を尽し、却て此身体

に係る事は皆軽視するに至れり
以上七項の因の外、或は遺漏もある可し、然れども、先ず此等の因を明にして、将来教育の法を考究するを緊要とす
我邦人に欠く所の身体の能力に就きて、各種の因を挙ぐる、乃上文の如し、其第一沃土、第二暖気の二因は、前に鎖国の世に於て専ら力を逞うせしも、今や已に外国と通商を開き、其業日に長進するの実況あるに由り、漸く其勢を挫き、或は却て之を変じ、我が欠く所を補うの良因と為るに至る可し、此二因は、目今深く以て意と為すに足らず、第三食料、第四住居、第五衣製の三因は、恐らく急に改め難からん、今より須らく幾多の年数を経て、或は漸次移易するに至り得べき歟、第六文学、第七宗教の二因より来たれる害は、多く中年以上の人に在り、少小の者は、其教育の宜を得るに従いて、早晩必能く免るる可し、斯の如く見を定むれば、第一、第二の二因は姑く之を舎く、第三より第七迄の五因より生ずる所の害、即我邦人の身体を害せる者は、須らく諸君と共に之を免かれ、尚且之を除去するの良法を考究せざる可からず、前三因、食料、住居、衣製上より生ずる三害を除くには、要するに法令の力、或は理論忠諭の能く転動し得る所に非ず、後二因、文学、宗教の二事に生ずる弊難に至りては、先ず、従前の教育法（即経書の素読及寺門の通学）を止め、只漢学国語を連接して、直下読み易き文を用い、加うるに体操の業を以てせば、庶わくは将来少小の者をして、多少の難事を免かれしむるを得可し、是れは今の当局者が夙に意を此に注ぎ、着手する年あり、而し

て其法の善にして効あるは諸君と共に目撃する所にして、尚其能く普く行われんことを願うの情に於ては、亦当局者に異ならず、然れども、仮に此法普く行われ、又其間に費す所の歳月に限ある者と想定せよ、請う思え、我が題起したる身体の能力を進むるには、是れにて全く足れりと看做し得るや、又以て敢為の勇気を養い成すに足るや、余其尚未なるを憾むと断言せざるを得ざるなり、蓋し身体の能力は（既に前文に述えし如く）、人生至重たる三徳の一にして、其職とする所は、則人の善を行うに方りて、其力能く之を助け成すに在り、而して此力は独身体の健康上より来るのみの者に非ず、敢為の勇気も亦之に加わらざれは完全なるを得ず、斯勇気を含める健康の力を、遊嬉の業に頼り進めんと欲する、敢て期し得可きに非ず、殊に彼の食料、住居、衣製の三因尚存するに於ては、其力を我所要の点度に伸達せんこと必得可からず、然らば則、到底別に良法を求めざるを得す、其法蓋一にして足れりとせざれども、余の所見に拠れば、強迫体操を兵式に取り、成り丈普く之を行うを最良と為す、即現に瑞西其他の国に行わるる所の兵式学校の制を参酌し、我国相応の制を立つるに在り、但し預しめ茲に一言を附す、夫れ兵式を取るの主眼は、専ら其教育せらるる所を身体上に行うに在りて、決して軍務の為に設け、意想を其間に寓せし者に非ざることを明らむ可し、倭て此兵式の学制を行わんと欲するに方りては、之に従いて得る所の利と不利とを明暁するを要とす、其利果して顕然用を為し、其不利果して患うるに足らざる時は、当に断乎之を行う可し、但し余は素より其有利無害にして、亦且是に由て前文所揭の五因の害をも除去し得ると

確信する者なり、故に若し、或は之を不利、或は不充分なりと見るの異説出るあらば、当に欣いて教を聆き、更に考うる所あらん耳

（『東京学士会院紀事』第一冊）

## 附載　東京学士会院への返翰（明治十三年三月四日）

貴院第十五会に於て余は英国に在るの間尚余を貴院定員と御議定の報告を送与せられ、茲に恭しく余が感謝の情を諸君一同に呈す、余は為に力の及ぶ丈応さに注意して教育上の事件を四方に捜索し、或は間々意見を書して送呈することを怠らざるべし、却説余が曽て呈したる身体の能力論の主旨に付院議如何に決したるや、其後反覆考究するも前説の不可なるを発見せず、却て益々其実行の緊要なるを覚う耳、又若未だ尽さざる所あらば速に高論を辱うし、尚之を詳明にするの幸を得んことを望む　敬具

十三年三月四日　　在倫敦府　森　有礼

東京学士会院諸賢

（木村　匡編『森先生伝』）

# 三 (1)

## 学校唱歌の智育体育に於ける関係

伊沢修二

信濃教育会編『伊沢修二選集』信濃教育会、一九五八年、三四七―三四九頁

音楽の事は近時一の問題となり学校唱歌の何物たるやも漸く世人の注意を惹起し遂に堂々たる帝国議会の衆議院に於て音楽の智育体育に就き関係の有無を問わるる君子あるに至りたるは兎に角喜ぶべきの一時とや言うべき。此時に当り余輩斯道に従事する者己が知り且つ信ずる所を吐露し以て諸君の参按に供するは当に尽すべきの本分なりと信ず。是れ余が此一文を草して本誌に掲載する所以なり。

先ず最初に唱歌の智育に関係ありや否やを述べんに吾人の知識は其始め皆耳、目、舌、鼻、身なる五官の助によりて物理界より心理界に収め来り以て各自所有の知識に同化して之を保存増殖し時に臨で之を運用するものなるは何人も自己の経験に照らして自ら悟ることを得ん。然らば則ち右五官中の頗る重要なる二官即ち耳と舌とを教養するは智育の宜しく務むべき所なるは明にして唱歌は主として此目的を達すべき一科なり。尤も此説は決して新奇の立論に

関するに非ず。余が今より八九年前に著したる教育学智育の部五官教養の法及其要を論ずるの章に左の一節あり。

聴官（耳覚）を教養するは音に非れば能はず。小学の教科に読方唱歌等の科を設くるは主として該官を教養する為めなり。人は聴官の教養によりて美育を喜ぶようにも悪音を好むようにもなるべく正音を学ぶも不正音を習うも唯其方法如何に在るのみ。故に我国東隅の人は「ゆき」を「ずき」の如く言いて正しきと思い西陲の人は「りょうごく」を「ぢょうごく」の如く言いて正しきと思う。是れ他なし。聴官の教養正しからざるが故に自ら其音の不正なるを悟らざるに因するのみ。抑人の思想を通ずるに最要なるものは言語にして其発音を受け其意義を伝うるの具となるものは聴官なり。唖子の言ふ能はざるも必竟聴官の具備せざるによるもの多しと云う。されば聴官教養の教育上忽にす可らざるや明なり。

此に少しく実地上の経験を述べんに曾て青森県師範学校長某氏卒業生徒数名を伴い来り東京師範学校の事業一覧の後話次東北人の言語発音不正の事に渉り余に向て該生徒等の発音を正さんことを求めたり。乃ち之を諾して発音矯正法を施したるに二週間余の実習に依り其五名中三名は既に東隅人の通癖なる鼻音の訛を正すを得たり。其後余は同法に依りて純然たる唖生徒に正しく言語を発せしむることを試み又今日にては東京音楽学校にて生徒の発音を正すことを務め居るが皆能く其奏功を見るに至れり。余が実験に依れば世の中には発音甚だ正からずして殆ど半唖と称すべく聴音甚だ鋭からずして殆ど半聾と称すべきもの少からず。此等の人々は自ら其不完全たるを悟らずと雖ども之が為め其知識の収得運用上に欠失あること明なり。若し斯る人にして幼時より純正の唱歌を習いたらんには一層完全の発達を為したらんこと疑なし。又時に雄弁家にして善く楽律を解する者が堂々弁論の際巧に音声に抑揚高低を施し金玉の名論をして益々鏘々の音を発せしめ為に聴衆の心胆を奪い多衆の同感を得るが如きも亦今日稀に見る所なり。抑知識は図書の文庫に於けるが如く徒に頭脳の中に貯蓄し置くべきに非ず。能く之が増殖運用を計りてこそ真の知識とは云うべけれ。今日の活世界に立ち実用の知識を収得するもの聡耳の助を仮らずして可なりと云うを得べきか。其知識を運用するもの快舌の力に依るを要せずと云うを得べきか。此二官の教養に資する唱歌の智育に必要の関係あること又明ならずや。

次に唱歌の躰育に関係ありや否やを述ぶべし。是亦別に新説に関するものには非れども明治十七年に余が音楽取調掛長として時の文部卿に呈出し爾後印刷に附して広く世上に公布したる音楽取調成績申報書中音楽と教育との関係の条下の一節を抄出し以て我社友の閲覧に供せん。

以上は教育の学説と実地の経験とに就き其大要を掲げたるに過ぎざるのみ。社友諸君請う、之を諒せよ。

因に云う本論の旨意に就きては古来東西諸名家の定説数多あるに拘らず専ら自著の書を引用したるは他日大方の教示質正等あるに際し若し其説の謬妄なるを発見することあらば其

責を全く一身に負担せんと欲したるに依れり。更に他意あるに非ず。

（旧、国家教育五号。明治二四、二、一二発行）

# 三(2) 音楽と教育との関係

伊沢修二

信濃教育会編『伊沢修二選集』信濃教育会、一九五八年、三〇一―三〇六頁

## (一) 長短二音階の関係

音楽の人心に感動する影響の大なる所以はまた更に喋々するを要せざるものの如し。然りと雖も呂律の旋法に種々あり。其良否を審察して之を取捨せざれば其得失利害を異にし音楽の妙用却て其反対の結果を来すは古今の史乗に徴するところなり。蓋し音律の旋法は古今東西其種ありといえども之を約するに長音階と短音階と此長短二音階を混同せるもの少許とに

止まれり。此混同の一種は姑く之を舎き単に長短音階の得失利害を照査するに長音階の旋法に属する楽曲は勇壮活潑にして其快情実に極りなし。之に反して短音階の旋法に属するものは柔弱憂鬱にして哀情の甚だしきものとす。故に長音階の楽曲を演ずる者は心性の淵底より歓楽を覚え其快情発して容貌に顕われ之を見聞するものといえども知らず識らず亦其快楽を享くるに至る。而るに短音階の楽曲を演ずる者は哀情計らず悲歎の感を催おし其外貌に露わるるや覆わんとするも得べからざるに至る。是を以て幼時長音階に由て薫陶を受けし者はよく勇壮活潑の精神を発育し有徳健全なる心身を長養するを得。また幼時短音階に由て教練を受けし者は柔弱憂鬱の資質を成し無力多病なる気骨を求むべし。而して勇健は人の要するところにして柔病は人の免がれんとするところのものなり。是故に欧米の各国其唱歌を学校教科に充つるや皆此長音階を採て短音階を棄つ。是其子弟をして勇偉快活ならしめんことを期し欝閉無力ならしめんことを避くる所以なり。

希臘のプラトーは則ち国人をして強豪ならしめんとの熱心より啻に婉柔なる楽曲を禁ぜしのみならずなお此類の楽器もまた尽く之を禁ぜり。即ち四絃琴、立琴、牧羊笛のみを用い横笛及び一切の糸楽器を廃し音階も心身の勇壮を致すに適せる「フリージアン」の如きもののみを用ひたり。ペインの如き音楽を知らざる者もなお其教育学中グロートを援き之を弁ずること詳なり。且長音階は東邦に於ても固より之ありといえども西邦に於ては実に近世表出のものにして理論よりするも実地よりするも教育上に於ては此音階の優れるに若くものなし。

短音階は古代のものにして楽曲にては益々古製のものに属せり。故に長音階製の楽曲は文教最進の国に多く短音階的は其未進の国に多し。実に此一事を以ても教育上に用うべき楽曲は長音階に帰するを知るべし。即ちインゲル万国音楽論より左に抄訳せる表は長短調楽曲の多少に由て其国教育の進度を察すべき一助とす。

| 国名 | 長調 | 短調 | 長起短止 | 短起長止 |
|---|---|---|---|---|
| ゼルマン | 九八 | | | |
| スウィス | 九二 | 八 | | |
| ポーランド | 八八 | 一〇 | 二 | |
| セルビア | 八八 | 一〇 | | 二 |
| ボヘミア | 八七 | 一二 | 一 | |
| ポルチュガル | 八五 | 一二 | | 三 |
| アイルランド | 八二 | 一六 | 二 | |
| スペイン | 七八 | 二〇 | 二 | |
| イングランド | 七八 | 二二 | | |
| スコットランド | 七二 | 二五 | 三 | |
| フランス | 七〇 | 二八 | | 二 |
| グリース | 七〇 | 三〇 | | |

| | | | | |
|---|---|---|---|---|
| ウェールス | 六九 | 三〇 | 一 | |
| トルコ | 六四 | 二六 | 六 | 四 |
| イタリー | 五八 | 四二 | | |
| ホンガリー | 四九 | 五〇 | 一 | |
| フィンランド | 四八 | 五〇 | 二 | |
| デンマーク | 四七 | 五二 | 一 | |
| ワラキーア | 四〇 | 五二 | 八 | |
| ノルウエー | 四〇 | 五六 | 二 | 二 |
| ロシア | 三五 | 五二 | 一二 | 一 |
| スウェーデン | 一四 | 八〇 | 四 | 二 |

### (二) 健康上の関係

人体中重要なる機器は其数少なからずと雖も中に就きて呼吸に関せる諸機の最も重ずべきは皆人の知るところにして人の生命は呼吸機の健否に依り身体の強弱は此機関の良否に依ると云うも可なるべし。是れ人は数日食わざるもなお其生命を保つを得べしと雖も呼吸を廃して秒時も之を保存する能わざる所以なり。人幼時に在ては其筋肉骨骼柔軟なるが故に適当の良法を用いて之を発育するときは能く胸隔を開暢し肺臓を廓大することを得るもまた難からず。然り而して此目的を達するの方法は現時教育家の研究せる結果に拠れば適当なる唱歌を施すを以て最良とす。何となれば自然の定律に従いて教授するところの適当なる唱歌は声音を練り体格を正し呼吸を適度に使用して胸隔を開暢し以て肺臓を強健ならしむるの効益あるを以てなり。有名なる音楽家の説に拠れば欧米の諸国唱歌を小学に導きし以来統計上人民健康の度を進めたりと云う。現に本掛伝習生并に本掛に於て臨教するところの両師範学校及学習院生徒の如きも唱歌を修むる以来其日たる尚浅しといえども其中往々血色を進め健康を致せし者あり。是れ各種の因由の致す所にして一二の単因に帰す可らずと雖も亦以て唱歌の健全（康）上に益する一端を見るに足るものと云ふべし。

## (三) 道徳上の関係

音楽は人生の自然に基き其心情を感動激蝕するものにして喜悦の歌曲は人心を喜ばしめ悲哀の歌曲は人心を悲歎せしむる等の如く一も心情の感動を生ぜざるものなし。故に正雅の歌を歌うときは心自ら正し。和楽の音を聞くときは心自ら和らぐ。心和き正しきときは邪悪の念外より入る能わず。心に邪悪の念なきときは善を好み悪を避くるは人の常なり。是を以て心を正し身を修め俗を易ふるは音楽に如くものなし。古語に曰く「礼楽不可以斯須去身」と聖賢の礼楽を重んずる其れ斯の如し。抑々幼時は人の畢生に於て最も感化の速なる時期にして後来善悪の別を顕わすは則ち此時の薫陶に因由せざるものなし。故に此幼稚に授くるに至良の歌曲を以てせば温良純正の徳性を発育するに足るや疑を容れず。

夫れ楽は同を主とす。故に三軍の将千万の衆を率い其進退井然として序を失わず以て勝を戦野に恣にするは実に金皷の力に依て正しく之を指揮するに由れり。教育者の子弟に於けるも亦之に異ならず。千百の子弟相和諧して坐作進退恰も一教師の心を以て其手足を使用するが如くに至らしむるもの平素和諧の心情を育成するにあらずんば能わず。抑和諧なきの子弟は校中に在ては或は喧闘を好むの生徒となり。家庭に在ては或は不和を生ずるの子弟と為り。世上に出ては或は不信の人民と為るなり。然り而して此和諧の心情を発育するは音楽の力与りて効ありとす。蓋し音楽は同情相憐み彼此相親睦するの至情を感発せしむるの基礎を為すものなり。

凡そ人は貴賤長幼を問わず。皆快楽なくして一日も生活し得べきものにあらず。概するに多く労苦する者は随て多く快楽を求めざることを得ず。然るに快楽の類たる一にして止まず。情慾に関するあり、智徳に係るあり。其孰れたるを問はず此等の一に依らずしては日々夜々我心身上に起り来るところの憂苦を去りて我生存を楽しみ我生命を保つこと能わず。既に快楽の人身上缺くべからざること斯の如く然りとせば不良の快楽を去て善良の快楽に就かざる可らず。抑快楽の類たる千差万別なりといえども其至善至良なるものは音楽に如くはなし。

何となれば雅正の音楽は人心中最高の感情を発動して無窮の愉快を与へ邪慾を去て心根を清潔にし耽色酾《メン》酒の醜行に陥るを妨ぐの効あり。然して音楽の物たる之を行う決して巨多の浪費を要せざるを以て貧福を問わず之を享有するを得べければなり。現今我諸学校の生徒を見るに或は酒食に関するの快楽を求めて困学の苦を免れんことを謀る者少からざるに似たり。是他なし別に適当の快楽を求むるの途なきを以て遂に酒食の如き最下等の快楽に陥るに至れるものならん。故に此弊風を除くの良法はただ音楽の如き善良なる快楽を得せしめて他の不善なる快楽を易うるに在りとす。仏帝なぽれおん《ナポレオン》嘗て曰く音楽は人情上に至大の感化を興し人心上に非常の勢力を及ぼすものなり。故に政府は音楽の一学術に就ては他の諸学術に於けるよりも一層奨励するを勉むべし。名家の作に係る道徳上の歌曲は深く人心を感動せしむること「道徳を論ずる書の唯智力に訴るものの比にあらざるなり」と。

前述の目的を達せんには先づ何れに於て之を施すべきや。曰く小学に於てするの善きに如くものなし。夫れ小学は嬰児を薫陶鋳冶するの最緊要場にして嬰児は人生の萌芽なり。蓋し萌芽軟緑は風化感染の効最も鋭し。故に之が滋養に供し之が周匝に布するものは最も謹んで之を撰択せざるべからず。故に歌曲の如きも快活優美にして風致あり。善く人を正路に導き自ら其心の邪穢を去るに足るべきものを以て妙とす。是を以て本掛に於て撰定するところは多く此意を主とし勉めて平和にして議論に渉らざるものを取れり。間々理義を説くものあるも多くは花鳥風月の辞を其間に雑えて心神を悦懌せしめ識らず知らず善に化し邪を去るの意を寓し専ら徳育に資するところのものを取用せり。例えば幼稚進学の快情を鼓舞するものには「進め進め」の如く、朋友を愛慕し交際上信義を厚うするの心情を養成するものには「霞か雲か」「螢の光」等の如く、父母の恩恵を慕わしむるものには「大和撫子」「思い出れば」等の如く、聖主の徳沢を欽慕し臣道を尽すべき至情を養成せしむるものには「雨露に」「忠臣」等の如く、尊王愛国の赤心義気を喚発せしむるものには「君が代」「皇御国」等の如く、敬神の心を起さしむるものには「栄ゆく御代」の如き是なり。

以上述ぶる所によりて唱歌の教育上に関し特に体育及び徳育に資するの大なるは自ら明了なるべし。

（音楽取調成績申方要略一四三―一五六頁）

# 四

## 女子の体育（女子高等師範学校に於て）

ドクトル　エ、ベルツ君述　医学博士　三島通良君訳述

『婦人衛生雑誌』一〇五号、二二九―二六三頁、一八九八年（国立国会図書館デジタルコレクション）

私は先づ茲に日本婦人の服装に就て、最も特異なる処の点を挙て見ようと思うので御座います、

第一、日本女子の衣服と云うものは、上部の方に於ては、大へんに潤々《ひろびろ》として居って、下部殊に脚と膝の辺に於て、大へんに窮屈になって居る事、

第二、帯紐を結ぶ所の場所が天然の身体の凹みの在る処に結ばないで、宛も足の運動を妨碍する様な骨盤の下の方に結ぶこと、

第三、帯は其幅が広く、其地質が剛く硬くして不便である殊に晴の衣服を着飾った時に於て甚だしく、身体の運動に不便なる事、

第四、日本女子の穿き物は足の運動に伴わざる事、

第五、髪の結び方が、総てからだを強く動かすことに適せずして、強く動せば自然髪が揺

すれ、又は壊れる事、
以上が日本女子の服装に就て掲ぐべき特殊の点であります。斯う云う衣服故、自然と歩行を妨げ、胸及び腹部の内臓に障害を及ぼすのであります。歩行を妨げ、胸腹の中の内臓に障害を及ぼすものでありますからして、其の欠点は引いて四肢の筋骨一般より、内臓等に影響を及ぼすと云うことを能く記憶しなければならぬ、一体此身体のしっかり厳《シャン》とするとか云うことは、其人の骨格に因る訳で有ります。骨格が強ければ、身体の容儀が、自然厳然《シャン》とする、其骨の強いと云うことは、其骨の中に含んで居る土質、若くは石質、即ち塩類の多寡に関する訳であります。一体健康なる母親から生れた子供は、生れ立ちから、からだの形も好し又骨組も確乎して居る。併しながら其骨格をして益々強くしようと云うのは、其生れ立ちの強弱を論せずして、専ら食物中から塩類を取らなければならぬ、人間の乳、即ち母親の乳の中には、自然多量の塩類を含んで居りますから、将《ママ》来弱い小児でも、一年位の間には、随分能く発育を致します。又米と云うものは、塩類を含むことが比較的少ないもので有ります。其米を始終常食とする処の日本人、殊に中等以上の日本人と云うものは、矢張米を以て小児を養います、然るに其小児の消食器が極健全でなくして、加うるに運動が不足であると云うことであると、骨に対する必要な塩類を十分に取ることが出来ないソコで斯う云う様に小児の骨格が極く軟かであつて、成長後までも其軟かなままに止まって居る。処に以て来て、衣服と云うものが余程健康上不利なるものを用い。其中にも最欠点とするところは、小児の帯紐を締めて遣る位置が大へん高い処である。それ故日本人の小児を見ると云うと、丁度胸の……乳の下の処に一つの溝が出来て居る、是れは実に沢山に例のあることでありまして、ベルツ先生のみならず、私なども常に沢山診て居る。殆んどの小児でも此溝あるといって宜しい位なものであります、それは茲に図を掲げて置きましたが、日本の小児の紐を締めるのは、乳の下の処、此図に赤き線を引いた処であります、

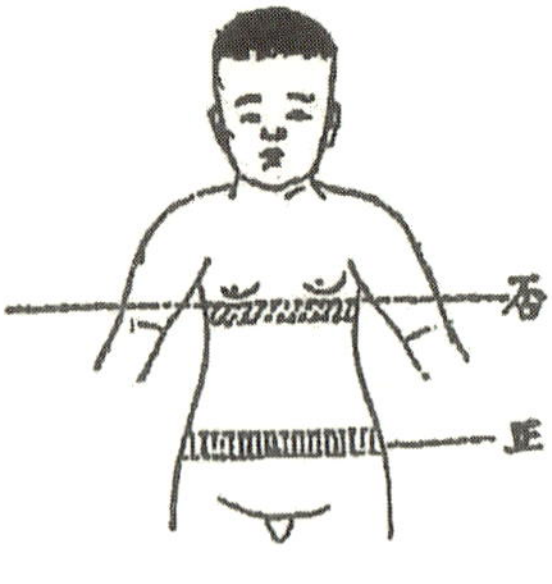

即ち斯う云う風で有りまして、腋下から紐を通して、此乳の下で結んで置く、或はもう少し紐を下の方に附けて置いても、小児は御承知の通り、抱いたり揺り上げたりするので。遂には乳の下処ではない、甚だしきは乳より上の処に迄も紐が往って仕舞います。処でまだ小児の骨格が軟か故、それを締めて居る間に、真中に一つの溝が出来る、是れは皆様が御覧になると解るが大抵の小児は、乳の下に溝が出来て居りますので、自然肋骨の下の処が、外の方に翻りかえって居る様に見えて居ります。こんな風にしてありますると云うと、自然小児の発育を妨げるは無論の事にして、肺の下の方の部分、及心臓の自由なる運動を妨げ、進んで胃の腑、肝臓と云う様なものは片方に寄せられます。又斯う云う風になって居りまするから、自然其小児が後には肺勝に罹ったり、或はそれ程の事でなくても、諸種の病症、消化器の病気に罹ると云うことは、免がれませぬ。小児が斯う云う風にな

りますのは殊に冬が甚だしいのであります、何故かと云うに、冬期は少し虚弱な小児があると、殊に親達が気遣うの余り、我愛児を取扱うに、丁度大事の茶器でも扱う様に、無暗に沢山に着物を着せる、而して其衣服には一枚づつ附紐が附いて居る、それを一枚毎に締めて行く、私の勘定したので一番多かったのは、大学の小児科に来た小児で九枚衣服を着て居たのが有りました。そう云う風に着せるのでありますから、冬になると尚一層胸が圧されてそれが遂に一つの溝の如くになって、体の形となって残って居る、而してそれが所謂鳩胸と云うものになるので有ります、今斯かる小児の胸を胴切にした形を図に示して御目に懸けます、即ち是れは人の胸を胴切にした図で、上の線は十七歳になる極く健康な娘の胸を切つた型で、下が前で上が背骨の方で、殆ど前も後も余り変りが無い位いです。之に反して今の鳩胸の方を切ったのは、前の処が出張って両側がへこんで居る、斯くの如き変形を生じます。又中には斯う云う風に前が飛び出したのではなく。反対に引込んだものもある、

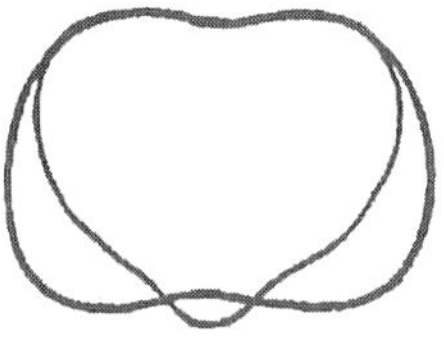

太き外線は正しき胸廓を示し
細き内線は不正なる鳩胸を示す

さて胸の形を取るには、まさか真実に胴切にする訳にも往きませぬが、どうして型を取るかと云うに、鉛の薄い紐を造って置いて、其紐を胸の処に、悉皆当てて型を取りそうして静かにそれを脱して紙の上に載せて筆で型を取ると、斯う云う形状が出来るので、今の溝の出来て居る小児の胸

は、丁度斯う云う風な形になって居ます。斯やらな風な形状の胸を直すことが出来るかと云うに、未だ小児の骨格が軟かい間は、或は体操や治療法に因って之を矯め直したり、又は全快させることは容易く出来るので有ります、処が其年齢が十四年以上の者になりますと――もう骨格が堅くなつて、思う様に治することは出来ない。そこで斯う云う風な胸の小児が有ったならば、それは成たけ十歳にならん中に、治療する様にしなければならぬ。処が一体どう云う様な骨格を有する小児が健康であるのかと云うことを、母親たる人が知らなければ、我児の胸に溝があっても、凹みがあっても、皆世間の小児も一体にこう云う風なものであろうと軽く看過して、遂に治療の時期をも失しますから、平素より母親が健康なる小児の胸は、如何に虚弱なるものの胸は如何と云うことを予め知って居らなければならない。茲に掲げましたのは、即ち健康なる小児の胸の型、又即ち下に画いたような胸の型は、不健康なる小児の胸の型であると云うことを皆様が記臆せられなば直ちに解ります。

仍で小児の身体が虚弱にして、胸廓も不完全なる事を知ったならば、速かに医師の処に連れて往って、これを治さなければならない。私が今医者と茲に言うのは、病人の手を握って処方箋を書く医者を云うのではない、機械的に骨格の形を変じたような疾は、矢張り之を機械的に治すという術を知って居る医師を指すのであります、それから次には日本の小児の衣服という者が、余り長過ぎて、従って歩行の練習をするには大なる妨げになることは明かなる事実で有ります。仍で斯う云う風な衣服を着せて置くと云うと、自然衣服の為めに容儀が悪るくなる、乃ち其為めに内臓までも悪るくなると云うのは無論の話である、此事は尚お下に於て別に論じますから今は之に止めて置きます。尚お此日本の男児の方は、今日より十五年乃至二十年前に比ぶれば、身体が著しく強壮になつた、是は畢竟何程か学校が注意して、体育を行うことが自然の結果を現わして来たのであるが、同時に男児の衣服が女児の衣服よりも運動に適して居る、言い換うれば運動するに便利の為でもある。殊に今日の如きは小学校では皆悉く筒袖を用いなければ不可ないことになったので、大に運動の便利になったと云うことが、余程男児の体格を好くしたので有ります、

それから其次に申上げたいのは、日本の女子は晴衣として振袖と云うのを用います、此振袖というものは以前から在ったもので有りますが、殊に此両三年以来、この振袖の長きが益々長くなって、大振とか、中振とか、小振とか、なんだか夕立雨の名前のやうな振袖が出来て来ました。成程振袖を着た姿という者は、其処に出して飾った所は、如何にも立派なものであるけれども、一方から考へると、実に是れは小児に対して残酷なる所業と言わなければならぬ。何故かと云うに、頑是なき小児の方では未だ衣服の利害などは少しも考えない、只好い衣を着て奇麗に見えれば嬉しくて耐らぬのみである、乃ち只傍の者次第である、けれども其母親たる人は、少しく考えて見なければならぬ、即ち振袖は、普通の袖よりは甚しく重いもの故、自然臂から手首の方に重みがかかって手を自由自在に動かすことが出来ない、同時に是れ（肩より上臂）へ重みがかかるので、自ら肩を引張って下の方と前の方とに屈めるよ

うにします、肩が引張られて撫肩となれば脊が前の方に来ますから、自ら胸廓の発育を妨げるので有ります。

故に日本の娘の着る振袖又は袖の大なる衣服は、成程見る処は立派であるけれども、小児の身体の発育を考え、衛生上から論ずれば又どうも非常なる有害のものである。と云うたからとて私は決して今日の女子の着物を男児と同じ様にして仕舞えと云う様な、そんな極端の事をする積ではない、只女子の着物もどうかもっと簡単にして軽くする工夫は無いか、現今用いて居る様な復雑にして重い着物でない、簡単な軽い衣服にする工夫はないか、どうかその軽くする御工夫を皆様に願いたいと希望致すのである。此事は衛生上から、我々などが始終注意を与えて居るが、又教育上でも学校に通う女生徒の衣服が立派になり、殊に卒業式の時などは、実に精一杯に華美を競うと云う弊風が、近来漸く甚だしきに至りましたから、教育上でそれ等を矯め直す方針を取って居るが、一体此事は学校ばかりでなく、近来は小児に立派なものを着せるのが流行るといって宜しい。啻に衣服ばかりでなく、其他の装飾にも実に驕りを極めて居って、傍らより之を見れば小児を、親が人形扱いにする様になって来て、そこで衣服も立派なものを着せ、装飾品にも金をかけ、袖を長くし、帯を巾広く且つ厚くし、それからして簪の如きものも大へん大きな平打の重き簪などを挿しかざします、それから髷の形などもいろいろ大きな髷を結うと云う風になって大へん贅沢を尽してをります又……是れは少し側道に這入りますが御参考にお話しておく。私の住って居る銀座は実に同じ東京の都の中でも、最も贅沢な所であるが、或時町へ入浴に往って、人の話を聴いて居ると、隣の女湯に小学校の生徒が這入って居って互に談話をして居る、其話は髪道具の事で、一人の曰く「あなたの挿して御いでの櫛は真物ですか贋物ですか」と云う様な事をいって居った。何も小学校の生徒などが贋物でも真物でも馬爪でも本甲でも宜さそうなものを、爾う云うことをいって居る。而して僅かに十三四歳位いの者が湯に来れば流しを取ると云う様な、実に高慢《こまっちゃくれ》た遣り方をして居る、先ず一寸としてもそんな風である、以て其一般は推して知るに足ります。そんな風故衣服、履物、装飾品は少女に不似合な程贅沢を尽して居るというのが今日の世の中の状態であります。殊に又……何といって宜いか、俗に遽分限とでもいうような人は、尚お一層甚だしきまで只金を遣って娘を飾ることを以て自慢をして居る、斯う云う処の少女は実に立派な風をする、処が私は是等の有様を見て、其両親に対して段々質問しなければならんことがある。即ち第一あなた方は自分の娘を何んと思って御出なさる。活人形とでも思って居るのですか見世物とでも思って居るのですか、そうでなければ今云う如き立派な着物を着飾らせて、而してそれを只他人の前に見せるのが如何にも自個の楽み、又名誉であると云うのか、どうも私には解らん、そうしてそんな風に小児を育てて行くから、遂に其少女は段々弱くなって了って、遂うとう終いの果ては、或は長病みをするとか、又は体が何所となく一体に弱くなって了って、小児ではない、まるで自然の少女と云う状態を失って、少さな大人の様なものが出来る、而して其少女が自然身躰が弱ければ始終面白くなくって活きて居る甲斐もないと云う様な考を起します、さて之れを顧みれば少女をしてさような不幸に陥らしめたのは何に因るか、即ち其子の父母が大へんに金を消費て、其不幸を買ったと云うに過ぎないのである。一体人が女の児を飾ると云う風は実に甚だしい、男子は飾っても飾り栄えがないと見為て飾るというようなことはしない。斯う云う様な考えを持った親は、一体小児が生存して居るのは、玩弄物にする為に活して置くのか、どうか、それとも後年有為の女子たらしめん為、之を教育して良妻賢母たらしめん為めに養育するのであるかと、斯う聴いて見たくなる位古から諺の有る通り『人は容貌《みめ》より只心』又水戸烈公の言に『腹の中に錦を飾れ』といえるが如きは、皆此事を言われたのであろうと思う。只単に一時の快楽をむさぼらん為に外形の美を飾って後来不利益かあっては何んにもならない。又我々が常に上等社会の家の少女を見ますと、誠に可愛らしい而も誠に美しい、けれどもなお能く之を見まするると極く真面目で大人らしくって淋しい顔をして居ります。処が海辺にでも往って漁夫などの処の少女を見まするると、実に始終嬉しそうな風をして、活潑に而して満面に笑みを含み、而して体格の立派なること上流の女の遠く及ぶ処でない。何故に物の不自由の無い家の少女は淋しそうな、大人らしい、悪るくいえば古こびた容子をして居って、それで却って其日々の物にさえ不自由を感ずる、漁夫などの家に養わるる小女が能く太ってぽちゃぽちゃして、活溌な顔色をして居るのが、私はそれを見る毎に心の実に中に之を痛んで、比較をするに堪えぬ。斯う云う風に傍から見ると如何にも何不自由なく暮して居って、立派な家に住み、華美なる衣服を纏いつつ在る其時こそ、人にも羨まれ、親達も亦其子を思うから乳母日傘で蝶よ花よと人にも羨まれて見たいと思うて居る。然るに其御嬢様は後にはそれと反対になって羸弱い奥様となり、どうか少しは不自由をしても宜いから、丈夫になりたいと云う様になる、是れは畢竟其人自身が悪るいのではない、所謂『親の因果が子に報う』と云うのである、然らば斯う云うことの無い様にするにはどうしたら宜いかと云うと、先ず少女の衣服を出来るだけ軽くする様にして、其着物に附ける処の附紐の如きは成たけ其巾を広くして、而して結ぶ処も先刻御話をした様な、間違った処でなく、正しい処に結んで遣る様にしなければならない。なお帯で有ります、此帯も近来にどう云う量見か知らぬが。堅（や）の字が流《はや》って来たが、私に言わせると堅（や）の字に帯を締めた御嬢様は恰も武装をした兵士の様である。加うるに戸外に出る時には高い駒下駄を穿いて居る、其駒下駄の中には鈴を附けて置いて、一歩を歩む毎に鈴の音を響かせて居る、斯う云う風な有様は見た処は立派であるが、からだは周囲の物を以て拘束されて居りまして、運動が十分に出来ませんから、自然からだが羸弱になるので、女子の躰育は先づ第一にそれ等の事を改むるのが必要であります、

茲に小児の帯を締めるに正当なる場所は、臍の上であります、従来普通少女の帯を締めるのは此処（図に就て示されつつ）乳の下でありましたが、帯や紐は此処（臍）の辺に締めなければならぬ、

それから躰操遊嬉をするときの衣服は、成たけ短かくしなければならぬ、さうして其長さは

膝に達するだけでなければならない、又穿物は成べく底の薄い軽いものを穿かせて置かなければならない、殊に夏などは成べく着物を薄く軽くして、跣足にして置くが宜い、夏足袋を穿かせて置くなどは途方もない間違いである。此跣足と云うことは学校衛生上の問題で私は数年以来諸方に向って跣足を奨励して居る。此跣足と云うものは極く好いものである、然るに世人の此跣足を怖がって、どうも炎天に焼けた石の上を跣足で歩るいては霍乱でもしはせぬか。又極く寒い時に、霜柱の上を跣足で歩るいたら感冒にでも罹るだろうといって心配をされる。それは成程常に足を包み掩て居って、外の空気にも触れない様にして居た者が、一時に冷熱の甚しい処に出たら、そんな目にも遇うだろうが、一体小児と云うものは左程に心配をすべきものでない、成べく素足にして置いて宜しいものである。若しも夏は勿論冬の最中でも足袋を穿きたがる様なものは、弱い小児と診断しても差支はない。跣足でどんどん外へ追出す様にしなければならない。爾うすると自然足が空気寒暑に触れても、風を引くなどの事はなくなります。一方には着物が薄くなり又足は素足であるから、自由勝手に運動することが出来る。是等は皆様が海辺に御出になって御覧になると直ぐ解る。跣足の事は男の児に就て言うばかりでは有りませぬ、女の児もそうしなければならぬ。

なお注意すべきことは此も矢張上流社会のことであるが、此家には所謂乳母と云うものが附て居る、此乳母さんと云うものが始終御嬢様の御機嫌を取ったり、又御世辞を言ったりして、此御嬢さんを極めて臆病者にして了う。「御姫様そんな事を遊ばしますと御風を召します」。

やれ何うだ斯うだと始終そんなことを四方八方から言うので、御嬢様が悉皆臆病になる。此乳母の為めに御嬢様の身躰の発育を妨げられる事は実に非常のものである、此に此等の乳母が御嬢様を取扱うのを見ると極く薄い布か薄手の磁器でも取扱うようなもので、日本ではそれを俗に腫れ物に触るようだと云いますが、そう云う様な取扱をされてはどの様に丈夫のものでも迚も健康になれようはない。家庭に於てさような有様に育てらるるよりは、寧ろ其組織さえ良ければ幼稚園に遣って置く方が宜い。併ながら私は孰れの幼稚園でも皆宜いとはいわない、組織の完備したる幼稚園であるならと申すのです。此所に於て保姆の教育を受けたれば、無暗に贅沢を云うようなこともなくなり、又規律も幾らか覚為それから人に対して温順なる考えも養成されるから、幼稚園に遣るのも宜しい。併し折角教育ある保姆が注意をして育てましても、母親か後から其を破壊するようなことも有りますから、是等の事は教育上、衛生上から観て家庭に於て余程注意しなければならぬ。……是れまでは主に小さい女児の事を御話をしたが、是れからは少し成長した御嬢様時代の御話をするつもりで有ります、少し成長した娘になれば、恐らく着物などの影響も少ない、小児程では無かろうと思います。けれども此の衣服等が相応に身躰の害を為すと云うことは同じようである。殊に日本では、女児の身が丁度十分に育とうと云う時代に、前に言うたような帯を堅く締める、此帯を堅く締めると云う癖は、私どもの知って居る処では日本の女子の一般の習慣である。歯ぎしりをしながら堅く締める、此が大へん悪るい。さればとてズルズルに、猫じゃらしで困るが、帯

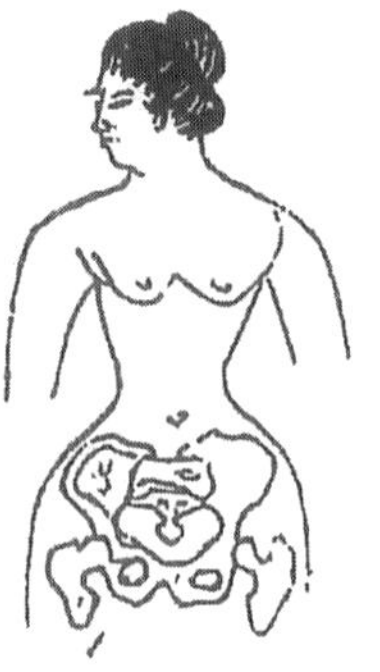

を余り堅く締めるが為め、腹の中の臓腑も其為めに影響を受ける。尤も真個に悉皆からだが出来上った後なれば、骨格が堅くなって居ますから、些と位い帯を堅く締めたからとて、それに向って抗抵する力があるが、骨格の軟かい中は、酷く締めれば締めたなりに内臓までも影響を受くるに至る。併し是とても欧羅巴の婦人が用いて居る処の「コーセット」の様に酷くはない。「コーセット」を酷く締めると、其害は実に恐るべきものであります。「コーセット」を締めた為めに悉皆内臓の位置、身体の形体を変じて了う、其図は茲に掲けて置きましたから御覧を願います、

上の図は、丁度仏蘭西の第一革命時代の貴女の姿で有ります。即ち「コーセット」の為めにからだが悉皆畸形になって了った、是れは其頃の美人の標本といっても宜いのである。斯う云うのを若し日本で形容したら「腰細のすがる少女」とでも申しましょうか。なお此下の方に掲げて有りますのは、是れが所謂医学上の美人、医学上から観た処の美人のからだ、此図と前の図とを比較をすると、健康なる人の胸廓と「コーセット」を用いたものの胸廓と、どれだけ差があるかと云ふことが能く解る。そこでもう一つ話を致したいのは、私なども此比まで爾う云うことを思って居ったがベルツ先生の近年の経験で爾うでないと云うことが解ったのである。此れ迄は一体女子と云うものは主に胸で呼吸をする、男子は腹で呼吸をするも

のだと云うことになって居た。是は西洋の学者も今まで其説を唱えて居る。即ち西洋の学者の云うのに女と云うものは主に呼吸を胸でするものである、此が女の天然の呼吸だと云うた。それで女の呼吸の仕方は男とは違って居るということを言って居った。処が之は大へんの間違いで、決して女子の呼吸の仕方でも、男子の呼吸の仕方でも、天然の呼吸の仕方に変りはない、孰れも主に腹でするのである、然らば何故に違うものと思って居たかと云うに、西洋の学者が西洋の女子の呼吸を見た時分には、「コーセット」で腹を締めて小さくした女の呼吸ばかりを見たので、西洋の学者も女子は胸で呼吸をするものだと斯う思ったけれども、是れは今の「コーセット」を強く緊めるとか、帯を締めるとか云うことの為めに、横膈膜と腹部の運動とを妨げられたので、拠処なしに胸の方で息をして居るのであった、此頃、日本の女子に就て、呼吸の運動を機械に因って測りました、処が帯を締めない女子に呼吸をさせて見ると、少しも男子と違いない、矢張り腹が動いて胸は余り動かない、処で帯を締めると、女は無論の事、男でも胸で息をしなければならんようになる。そこで尚此研究を確める為めに、此頃皆様の御承知の「レントゲン」の「エックス」光線に照らすと、活きて居る人の腹の中が解る、此光線に照して活きて居る人の腹の中が解る、此光線に照して活きて居る人の身体の内部を見た処が、女子の呼吸をする時にも、矢張り帯を締めずに呼吸をさせて見れば、其横膈膜の動き方が、矢張り男子と同じことであった。斯くの如く男子の呼吸も女子の呼吸も同じであるに。其違って居ると思ったのは、女子か西洋では「コーセット」日本でいえば

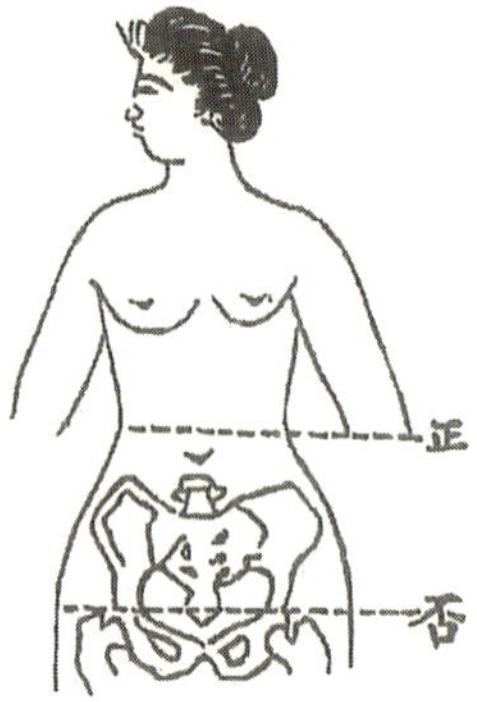


帯を締める為めに違って居ったのだと云うことが、明かになった。処で帯を堅く締めると云うと、横膈膜の運動を妨げる、横膈膜の運動は単に呼吸の為めに必要なるのみならず、腹の中の内臓の為めに必要である、即ち其血行の上に大影響がある。若し横膈膜の作用を妨げるときは、内臓の中に血液が循環する運動が不十分になって、自然と食物の消化を害し、其為めに或は病気を起し、或は女子に於ては内部の生殖器に鬱血を起し、而してそれが為めに、いろいろの病気に罹ります、此は少女と云わず、婦人と云わず、吾曹の沢山に見るところの事実であります、尚又振袖でありますが、矢張此年齢に達した処の娘に対しても、振袖は自然肩や胸の発育を妨げ、又自由活溌なる運動を妨げます。殊に撫肩の人は日本では好き姿としてある、「男の様に怒り肩の人は、どうも肩が怒って居って」といって恥かしがる位である。処が撫肩の御嬢様が、振袖を着ると尚更斯う云う（博士は自から其態度を為しつつ）風になって了まう。斯の如く日本の女子の着物と云うものは、色々不都合の事が有りますが、就中甚だしきは歩行に不利なることであります。第一に其当を得ぬのは、紐や帯を結ふ位置が違って居る、それは茲に掲げて置きました図で御座いますが、日本の婦人の紐を緊めるのは丁度此処（図に付て示されつつ）……即ち腰骨の少し上の処、而して真正に着物を着る時には、上下に四本

の紐を要する、其中の一番下に締るのが腰紐で、是れは乃ちこの足の動く処の上に緊乎縛るから、到底自由に足を動かすことが出来ない。然らば那処に結んだなら少しも害が無いかと云うに、それは此処（図に於て示されつつ）即ち臍の辺の腹に凹みの在る処、此処が帯紐を結ぶに適当の場所である。もう一つ日本の女子の着物の欠点は、歩く時分に、着物が大腿と膝との辺に緊しく纏わり著くの一事です。女子の着衣を見るに先ず下前を斯う（手真似にて其風を装ひつつ）持って来て、復斯う（上前を左より右へ）持って来て、腰のはずれを紐で結び留めて、それからまた紐を締め帯を締めると云う次第故着物が自然上脚と膝とに纏まり着く、それで少しも自由に足を開くことが出来ないのです。一体人の歩行するは足を真直に蹈まえて、それより少しく外側に爪先の向くように歩まなければならぬ筈であるべきに、日本の女服は前申したような訳で迚も股を自由に開くことが出来ぬ、依て足の運動を妨げまして、正当前に足を出すことが出来ないで、踵を外に、爪先を内側に向け、脚部を曲って歩るく、正当に云えば実に醜い歩き方です。然れども之を古来の習慣として毫も怪まざるのみならず、偶々正しく歩く人があれば「あの人は女の癖に大股だ」とか「外輪」だとかいって悪るく言う。斯う云う風な衣服の欠点がある為に、日本の女子は歩く度に、裾が足に纏まるから足の方に余計な荷物を背負って居るようなものであるそれ故に歩く時には僅に爪先迄地上より掲けて絶えず膝を央ば曲げて、腿と蹠とを擦りながら地面をすって歩るくより外仕方が無い。（女子歩行の姿を所作にて示す）人間の歩行は男女に拘らず爪先が中心より両方に出るのが即ち外輪が当然であるのです。処が日本の女服では到底当然に歩行ことが出来ないのです。之を歩こうとすれば、褄をとるか。裾を開かねばならぬ。あなた方は始終それを見慣れて居らるるから歩き方の正しいのと不正のと、其差が判然とは御解りになりますまいが、能く気を附けて御覧になると分ります。

それから又日本の女子が真個に盛装したとき又は立派な衣服を着したとか云うときに、裾を長く引き、巾広き帯を締め、其上に袿でも着たときには何う云う風に歩くかと云うに、礼服を着て、歩む姿は之れを裸体にして見ると斯う云う風な形になります（図を示し、又女子の姿を所作にて示す）それから又西洋の婦人を裸躰にして、真直に立たして側の方から見まするると、斯う云う風に足が真直になって居る。之を比較して日本の婦人を直立せしめて側の方から見ますると、斯う云うのである、

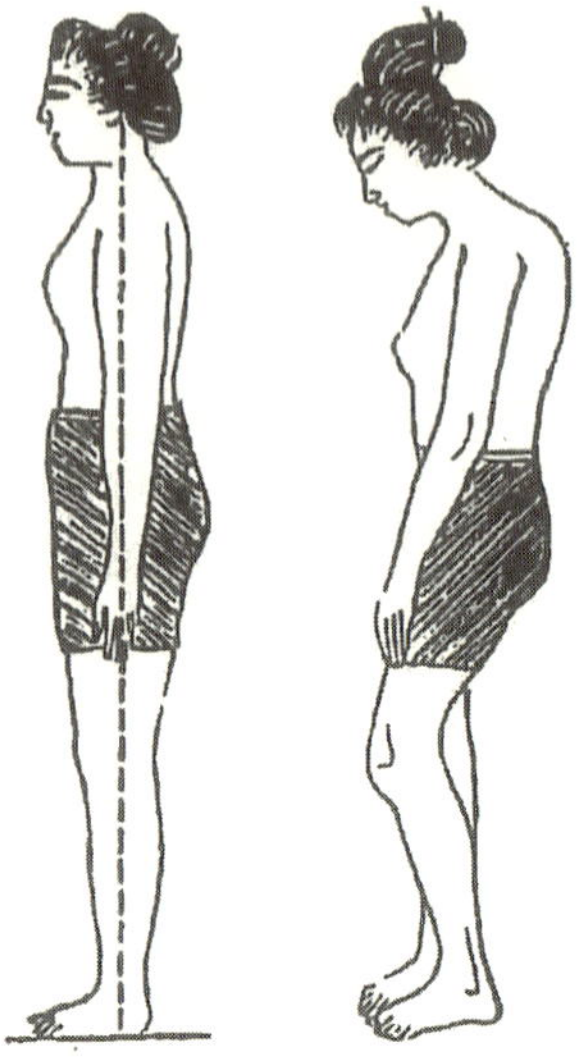

一寸此図のみで御覧になると、区別が解らないが、足が是れだけ曲って居る、（定規を以て図に当って其曲直の差あることを証明せらる）殊に差の有るのは、膝です西洋の婦人は膝が真直になって居るのが、日本婦人は膝の上下が引込んで、膝頭が飛び出して居る。もう一つ殊に差の

甚しいのは足ですがそれが為め、日本婦人の体は自ら前の方に曲って居ります。是も自分では解りませぬ。併しながら足の曲って居るのなどは、湯にでも這入る時に、自分で気を附けて御覧になると、解ります、それたら此衣服の事に就て、もう一つ言って置かなければならないのは、日本の女子の衣服の端折というものは、どう云うものであるかと云うに（之に依って腰部の大なる部分に衣服の融通をつける理由もあり）着物を引くときには此端折を降して長くし、又歩るくときには、端折って置く為めに附いて居るのである。それ故に日本の女子が衣服を着る時には、始めに上の方はどうなっても一向搆わずに、先づ褄尖を揃え下の腰紐を緊めて、此処（端折の少し上）のところは好い加減に繍着して置く。それ故に紐を以て腰を強く緊めるばかりでなく、端折の余りたる襞まで、皆腰の処にたぐめて置いて、益々此辺（腰）の運動を妨げる、即ち其処のだくだくの始末を附ける為めに、紐が幾本も要るので、又帯を締た上でも背負揚げ、パチンと云うように沢山の紐を結び附ける、此端折の為めに運動を妨げることも亦実に非常なもの、それ故に平素戸内に在って裾を引くような生活をしないものは何も別に端折を拵えなくても宜い、端折をする必要のない婦人は、始めから男衣の様に着だけに仕立てて了えば宜い。礼服は長くして置く必要もあるが、通常の着物は始めから着丈に拵えても差支えはな

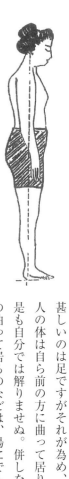

い何も此処に衣服の貯蓄をして置くには及ばない。是れだけはどうぞ速かに、明日からでも廃して戴きたい、古の女子の衣服を見ると、決して端折は無かった、端折が無くても差支はない、

次には穿物であります、日本の穿物は余程不便である、成程日本風の畳敷の住いをして居る処に靴にて昇り降りは出来ませぬ、けれども今の下駄草履と云うものも、甚だ不便なものである。殊に下駄は草履歩行の上に余ほど困難を感ずるものである。何故かと云うに下駄にせよ、草履にせよ、歩く時に踵の運動に伴わぬ。人間の足は歩く時分には踵が反えるものである、然るに下駄草履と云うものは少しも反えりのないものである、乃で足だけに下駄や草履の上で反して居る都合になる、それ故に大へんに穿き悪いのです、穿物は総て足袋足に合せて拵えたのが一番宜い。若し草履や下駄を穿いて居ると、今申す如く踵が反えるのみで下は少しも動かない。そこで我歩く時には足だけを反さなければならない。一体に足が内側の方に捩れて、而して足の裏から踵の方に掛けても、少し曲る、それであるから自然と足の内側の髁がヒョコンと飛び出して居る。西洋の婦人の足は真直で内側も外側も違わないが、日本の女子の足を見ますると髁がヒョコンと飛び出して居る、是れは穿物の為めに捩じれるので、骨が内側に出ざるを得ぬので有ります。之を漢文で言うと飛び出さざらむと欲すと雖ども得べからず」と云う処でありましょう。私は今月の一日に華族女学校の運動会を観に往った処が、其時に運動会を観て居りますと、靴を穿いた御姫様がいつでも勝つ、動作が活溌で、足

が疾くて、常に何を遣っても、靴を穿いた御姫様が勝つに極て居る。処で其靴は普通の西洋婦人の穿く底の高い、踵の細い靴で運動靴ではない、それにも拘らずいつでも勝つ、それで草履を穿いた御姫様に比べると大へんに疾く、力も強く、活溌で其間に非常な差を生ずる、之れにても穿物の直接の利害が判るです。

殊に下駄の中でも足駄と云うようなものは極めて足の運動に伴いません。併ながら日本の東京の様な路の悪るい処で、足駄を廃めることは到底出来ませぬ。足駄を穿くことの不便は、凡そ下駄を穿いたこともない外国人などでは少しも歩るけるものではない、余計な談であるが、横浜の或外国人は、足駄を穿いて一町の処を往復するのと、煮豆を五十粒箸で挟んで食べるのとの競争をしたことがあると云う話がある位です。馴れないものが足駄を穿くというのはなかなかむづかしい事である。然るに近来は足駄が益々高くなって来た、是れも序でながら御話して置きます

之を要するに衣服穿物、もう一つは膝を折って座ると云う此三つの事を合せて、日本の女子が、今御目に懸ける処の図に示す如き不都合なる躰格となったと断言するを憚りませぬ。其不都合の形はどう云う者かと云うに、普通の体格と筋肉とを具へた婦人が、踵を揃えて立ちますと、斯う云う様に大腿と大腿との間には少しも隙が無い、膝の少し下の処には腓腸筋の頭の所迄僅の隙が出来て、それから腓腸筋の腹の下から踝迄の間に

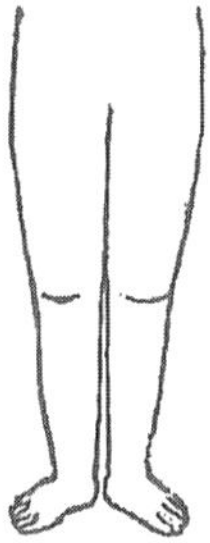

隙が出来る、……是れが先ず日本否世界各国の普通の体格を具えた女子の足であります。併し乍ら此如きは日本の婦人には珍らしいのであり升。之に反して此方の図は普通より少し丈の高い痩せた人の型である。それ故に脛が割合に高いけれども是も能く日本婦人の足の形状を現わした、之で見ると第一に大腿の間に隙が出来て居る、此と云うのは元来大腿骨も曲がって居るからで、それから膝の処から腂の間には非常に大きな隙が出来て居る、此処（姿勢を示す）が外に斯うなって居ると、同時に此処（姿勢を示す）が斯うなって、なお腂が飛び出して居るので、腂の下の処にまで隙が出来て居る。而して殊に著しき点のあるのは膝であり升。外国の婦人は真直に立つと、腿から足の先まで正しく斜に真直になって居る。然るに日本の婦人は此処（膝）まで来ると膝頭が飛び出して、脚が曲って居ります。此図は前から見たのでありますが、つまり斯う云う様な婦人を真直に立たして、側から見れば、斯う（前に掲げたる全身を示せる日本婦人を指して）なって居るのであります。膝の骨が斯う飛び出して、脚が曲って、又腂が突出して居る。一躰腂などと云う者は男児は脂肪が少ないから出て居るが、女子には出ずべきものではない、然るに日本の婦人のは、欧羅巴の男子よりは腂が著しく見為る位で有ります、（以上は一々図に就て比較説明せられたるものにて其詳細を尽すを得ず、読者之を諒せよ）

それからもう一つ坐ると云うことは、余程不都合の事である、此坐ると云うことの為めに、足及び骨盤などの血液の循環を妨げ。それから足と骨盤との血液の循環を妨げる結果、骨盤の中に血液が停滞し、欝血して、従て子宮病、消化器病とか云うようなものを発します、是れまで段々御話を致しましたが、只是れまでの様な御話をして居ると、私が唯皆様に向って叱言を言って居るのみの様である。それなら何うしたら宜いか、御前の意見を聴きたい、と必す被仰るに違いない、其時に私は答えて申しますするのには、私は日本の女子の衣服に、不完全の箇所が有るからといって、さればとて決して皆様に西洋の女服を御着なさい、と云って御勧めをする訳ではない。と云うのは、西洋の女服は日本の婦人には似合うものと似合わんものとが有る。又費用も懸り従って家も其様な装置にしなければならない。其他総ての風俗を変えなければならんから、今遽に之を皆様に爾うなさいと御勧をする訳には往かない併しながら日本の女子の健康を進めようと云うには、どうしても現今の女服を改正しなければならない。処が女服を改正すると云うことに至っては、是れはどうも男子が喙を容れべき事ではない、何故なれば男子が喙を容れまするると、自然男子の方に都合の好い事を条件として持ち出すから、「夫れはあなたの被仰るのは宜いかも知れませぬが、斯く斯くの不都合があって、日本の女子には適しませせぬ」と云う御詞が出るかも知れない。故に一躰女服の改正問題には男子は関わらないが宜しいので、女子の中に於て、御研究を成さるのが然るべきことで有ろうと思う。併しながら男子に於ても其尽衝き離して仕舞って顧みないというのも、余り不親切故、取捨は貴女方の御随意として、先ず私は私だけの意見を述べて見ようと思いま

す、
第一、第一の希望は、帯は往時のように巾を狭くして、地質の軟かいものを締めて戴きたい。而して此事は特に年齢の少き女子に向って必要の事である。近頃のように、巾の広い帯を堅やの字に結んで、まるで武装をした様な風をするのは、女子の身体の発育を妨げます。
第二、袖はどうしても短かくしなければならない。それは元禄の古に戻って改正をして貰いたい、即ち袖を短かくしまするとと袖口の下が狭く、振の方が幾らか濶くなって居つも自然袖の重みが手首の方に懸らないで、袖の為めに手の運動を妨げらるる恐れが有りませぬ。即ち其形は此画（祐信筆美人画前に在り）の如きもので、斯う云う袖の短き衣服を着ても、決して見悪いことはない。或は見馴れぬ間は多少見悪いかも知れないが、馴るれば決して見悪いことはない。帯も巾は狭くても少しも見悪いことはない。ソレから端折を廃して仕舞いたい、是等の事は敢て今日私共が只珍らしいことを言おうと云うのではない、只元禄の古に戻って、女服の改正をすると云う事にしたら少しも批難をすることはない筈です。私思うに、近来は大分いろいろ粧飾に関することが、往時に戻った、其一例は、あの「ハコセコ」と云うものの如きも其一つです。あれは実に私共が見ると、何の用になるのか、殆ど邪魔のように思うが、近頃は大へんに流行て、「ハコセコ」を持たないものは、立派ではないような有様である、あの様な装飾品でさえ、往時に戻って御用いになる位いの勇気ある婦人方故、衛生上から観察して苟も利益の有ることならば、元禄時代に戻って衣服の改正をする位いは何の訳も

ない噺であります、
第三、小児の附紐、是れは何うか巾を広くして、結ぶ位置は脇開《あけ》より下即ち此処に御目に懸けた図（小児半身の図前に在り）の如く適当の処に締めるようにしなければならない、
第四、大人の帯と雖も、胴より下の方に結ぶように拵えなければならない、
第五、今日の足に貪る処の衣服の欠点を補うのがなかなかの大問題である、足に貪わらぬ様に衣服を拵えるは、余程衣服の上に大改革しなければならない、で私は此点に向っては、只足に貪わらぬ様に衣服を御造りなさいと申上げて、其他の工夫は一切婦人方に御任せをするつもりで有ります、
第六、学校の女生徒に袴を穿かせると云うことは、今日の衣服からいうと余程宜しいことである、併し折角袴を穿いても、下に通常の着物を着て、在来の帯を締めては何にもならないから、若し袴を穿くには衣服の丈は膝位いにしなければならない、
第八、結髪の事、日本の女子の髷は、活溌の運動をするのに適せぬ。日本の髷を結って居れば、縦い丸髷でも、島田髷でも、結い髪でも、少し烈しい運動をするとバクバクになり、馬などに乗ると、一丁も往かぬ中に解けて了いますから、どうしても日本の髷では運動は出来ない。乃で束髪はどうか是れは長面の人にはよく似合うが、丸顔の人には何とか結い方を少し変えなければならないと云うような点もあれど、これも只そっと載せたばかりでは頽れますから、何とか工夫をしなければならない、

以上八っつの事柄が、日本女服改正に就て、私が御婦人方に向って、御忠告をする要点で有ります、

# 第Ⅰ部　身体の規律化　解説

## 1　身体の規律化

十九世紀末日本は国を開いた。緊急に軍隊が要る。資本主義も要る。早急に生活レベルを向上させる必要があった。制度を整え、機械を輸入し、国威発揚に邁進した。

その時、課題となったのは「身体」である。軍隊のためには軍隊に相応しい身体が必要である。命令に従う整然とした行動を可能にする身体なしには、軍隊は機能しなかった。ところが、江戸期以前の社会においては、身体の「振る舞い方」は身分ごとに違った。歩き方も違った。それでは統一が取れない。隊列を組んだ行動ができない。軍隊の強化のためには、何よりも、統制の取れた「規律化した身体」が必要となった。

同じ困難は、近代的な工場労働でも生じた。工場労働は均質でなければならない。そのためには、誰もが同じ秩序を一定に保ち続けることのできる「管理された・統制された身体」が必要となった。

言い換えれば、近代社会において身体は、規律化されないことには、社会に適応することができなくなった。兵士として役に立たない。近代的工場の中で仕事ができない（使い物にならない）。人々は、自らの身体を規律化せずには、生きてゆくことができなくなったのである。

## 軍隊と学校

そうした身体の規律化において、軍隊と学校の果たした役割は大きかった。軍隊は若者に「規律」を教えた。若者の身体を秩序に従う身体へと作り替えた。一人一人の個性を生かすのではない。号令一下、意識せずとも命令に従う従順な身体。一斉に誰もが同じ行動をとることのできる（代替可能な）標準化した身体が目標とされた。

江戸期までの普通の農民は「時計」を持たなかった。靴を履く習慣もなかった。洋服も洋食もなかった。軍隊が、時計によって「時間感覚」を教え、新しい靴や衣服を与え、食事を用意し、身体を新しく整えた。入営以前の暮らしと兵営生活との間には大きな断絶があったことになる（吉田裕『日本の軍隊―兵士たちの近代史』岩波新書、二〇〇二）。

そしてその軍隊の秩序が社会全体に波及した。とりわけ学校教育は大きな役割を果たした。学校の集団行動は軍隊に倣い、軍隊の中で身体に刻み込まれる秩序が教育の目標とされた。近代学校は読み書きそろばんを教えるだけでなく、子どもたちを規律ある集団生活に適応させるための訓練機関であったことになる。

学校は、子どもたちを、彼らの生活世界から切り離した。姿勢や歩行は矯正され、号令に対応する機敏な行動が期待された。あるいは、「地図」によって自然を認識する訓練を受けた。それによって子どもたちは「自然を支配する主体」になってゆく。自然の中で自然と共に生きる身体ではない。自然を利用し自然を人間の都合に合わせて作り替える主体（開発し搾取する主体）へと訓練された。

軍隊の行軍を想定した遠足や修学旅行が始まり、運動会などの学校行事も、すべてこうした訓練の一環と見做された。博覧会を通じて視覚を矯正することも試みられた。近代の軍隊・工場・学校における「規律訓練」として様々に議論されてきた問題領域である。

## ナンバ歩き

しかし「身体のしつけ」は、実際には、容易ではなかった。よく知られているのは「ナンバ歩き」である。江戸期の民衆は「ナンバ」で歩いていたため、軍隊式行進が困難であったという説である。では「ナンバ」とは何か。それは、現代の私たちから見た時「奇妙な歩き方」である。右手と右足が同時に前に出る。緊張した卒業式のギコチナイ動きに似て、右足が前に出る時、右手と右上半身も前に出る。左足が前に出る時、左手と左上半身が前に出る。つまり「半身の構え」で歩くことになる。

能のすり足、相撲のすり足、あるいは、日本舞踊や、歌舞伎の動作「六方《ろっぽう》」などが知られる。そして力仕事においてもしばしばこの「半身の構え」が見られる。クワで田畑を耕す時、右足が

(振り下ろす右上半身を支えるように)前に出る。あるいは、天秤棒を担いで歩く場合も、同じ所作になる。飛脚が走る場合は、「足を後ろへ高く上げ、手を横に振り、ナンバの姿勢のままで」走ったという(三浦雅士『身体の零度』講談社選書メチエ、一九九四 一二四頁)。

この動きは履物の問題とも関係する。下駄《げた》や草履《ぞうり》には「踵《かかと》(ヒール)」がない。江戸期まで、人々は「踵から着地する」歩き方(踵接地)をしていなかった。むしろ「足の前半分で着地」していた(前足接地)。おそらく、和服のために歩幅が小さくなり、踵で着地する必要がなかったのだろう。踵を浮かすように歩いていた。それは雨に濡れた「ぬかるみ」を歩く時の姿であり、険しい坂道を歩く時の歩き方である。そして実際、踵を浮かすように歩くと、脚全体がバネのように働き、力が入る(踵を浮かして立つ時の「ふくらはぎ」の張りを思い出す)。

さらに、江戸期の庶民は「足半《あしなか》」を履いていた。長さが半分しかない草履である。それは、裸足を常とした者にとっては「すべり止め」の機能を持ち、足さばきがよいので戦闘に用いられた。あるいは、労働用として農漁村で広く使われ、葬送・祭礼に着用する風習もあった。その場合も「すり足」になった。

なお、近世の武家礼法を伝える「小笠原流」においても、歩行は「摺《す》り足」を基本とする。屋内においては踵も爪先も床から離さず、足音はたてない。屋外においては草履の裏を見せぬよう爪先から接地する。腕は振らない。体はねじらない(体幹を回転させない)。膝が伸び切ることもない。急ぐ時ほど歩幅を小さくし、歩調で速度を稼ぐ。動きを最小限に抑えた静かな歩行である。

それと対照的に、欧米人の歩行は、両手両脚を振り子とする。腕を大きく振ることによって、足の振り幅を大きくし、しかも脚と腕が交互に動くから腰が旋回し、全身運動になる（「競歩」の歩き方を思い出す）。「洋服」はこの動きに合わせて発展した。対して、和服は、この動きに適さない。

ところで、こうした「ナンバ」の所作に注目したのは武智鉄二である。歌舞伎の演出を手掛けた武智は、歌舞伎における「ナンバ」の希薄化を指摘した。そして、ナンバの原風景を、水田稲作の農耕作業に見た。腰を深く落とし、しっかりと据える。息のつめかたがはっきりしている。武智によれば、民族の身体は「生産の様式」によって決定される。ある民族がその民族としてまとまり始めた時期に、いかなる生産の様式であったか。その仕事の仕方が、その民族の言語も身体も決定するというのである。そして武智は、江戸期以前の日本人の身の動きを「ナンバ」と見た。ナンバ歩きを一般的と見たのである。

ナンバ歩きは個人のリズムに沿って動く。整列行進（行軍）には適さない。武智によれば「この動きからは、戦闘に必要な機敏な動作がうまれてくるはずはなかった」（三浦前掲書から引用、一三一頁）。そして学校が、とりわけ「唱歌教育」と「体操教育」が、ナンバの身体を弱めた。加えて、都会の消費生活の拡大が、ナンバを消してしまったというのである。

柳田国男によれば、「腹に力を入れ腰を落として歩く旧士族の姿勢を、人々が笑うようになった」のは、明治期後半（一八九七年頃）のことであったという（「時勢と姿勢」『故郷七十年』一九一四年)。

## 身体の抵抗

さて、人々は社会から、その社会に「相応しい身体」を求められる。健康的・機能的・生産的であること。自分の身体を適切に管理すること。むろん文化により年齢によりその中身は異なるのだが、社会から「相応しい」身体が要請される点は変わらない。

しかし、ただ一方的に受身的であるわけではない。私たちの身体は、社会からの要請に応えることもあれば、その要請を拒否することもある。身体は社会の側からの過剰な要求に対して抵抗する。そうした「抵抗」を、本書は単なる病理と見ない。逸脱や失敗として切り捨てることもない。

確かに身体は社会からの要請に応える仕方で「居場所」を得る。社会から承認を得て活躍する(生き生きとする)。しかしその要請があまりに過酷である場合(身体の自然に反する場合)、身体は反抗する。その反抗する可能性を大切にしたい。社会からの要請に反抗する可能性を秘めながら、かろうじて社会と折り合いをつけ、葛藤をかかえつつ生きる身体を見たい。

その際、M・フーコーの理論枠組みが、問題の整理に役立つ。図式的に言えば、前期のフーコーは「規律訓練」を説き、晩年のフーコーは「自己への配慮」に期待した。

「規律訓練 discipline」の理論枠組みに倣えば、身体の反抗も、結局は、社会統治の中に組み込まれてゆく。むしろ統治の側は、そうした反抗を初めから承知であって、反抗を上手に「規律訓練」する仕方で取り込んでゆき、それによってますます統治の秩序を深く浸透させてゆく。身体は、結局のところ、統治されることによって生きるしかない。

それに対して、晩年のフーコーは、身体に固有の論理を重視した。「自己への配慮 souci de soi」を核とした自己形成。それは「自己に対する統治」のひとつには違いないが、しかし政治的に統治されることとは違う。個人は「道徳的主体として」自らを構成するが、しかしそのすべてが「規律訓練」に回収されるわけではない。「身体の反抗」が重要な意味を持つ。身体に特有の論理を大切にし、社会からの要請に異議を申し立てる。フーコーは、古代における「養生 diet」の実践に注目し、「養生主体」の形成に注目しようとしていた（拙著『修養の思想』春秋社、二〇二〇、『養生の思想』春秋社、二〇二一）。

本書はそうした「身体への配慮（養生）」を大切にする。しかし同じだけ、社会からの要請に応える身体も大切にする。つまり、葛藤をかかえつつ、かろうじて社会の中で生きてゆく身体の姿に注目したいと思っているのである。

## 2　第一章　西周『兵家徳行』

啓蒙思想家として知られる西周《にしあまね》は、オランダ留学から帰国後、森有礼らと明六社を創始し西洋思想を紹介した。「フィロソフィア」を「哲学」と呼んだことでも知られる。その彼が、ある時期、陸軍省参謀局に勤務していた。そして『軍人勅諭』の草案を作成した。

収録した「兵家徳行」は、陸軍省参謀局に勤務していた明治十一年（一八七八年、五十歳）、偕行社で行った講演である。陸軍将校クラスを聴衆とし、四回にわたって行われた講演の内容は『内外兵事新聞』に掲載された。「軍人訓戒」草稿を作成した年であり、その二年後には『軍人勅諭』[*]草案に関わることになる。

講演の中で、西は、古今東西の兵法（軍事）に関する要点はただ一点であるという。「その一つの考えというは、すなわち、いわゆるメカニズムにて、器械仕掛けということなり」。「器械仕掛け」とは単なる機械のことではない。西は「人を器械のごとく用うる考え」という。千軍万馬でも大将一人が自分の手足を動かす如くに指揮することができる。それをメカニズムという。訳して「節制の兵」。この「節制」は自己統御ではなく、「規律」に近い。統制の取れた、乱れのない集団行動を可能にする。

この「節制（規律）」は、「規則」と「操練」によって可能になる。今日の陸軍はかなり目標に達しているが、まだ足りない。「徳行（徳を基礎にした身の振る舞い・徳を大切にする心性）」が必要である。徳行を欠いた軍隊は成り立たない。「節制と徳行は車の両輪、鳥の両翼」である。

では、軍人における「徳」とは何か。戦時においては「勇敢」が徳であるが、平時においては「仁愛」が徳になる。平時においては、仁愛を尽くして部下の心をとらえ、信頼を得る。つまり、戦時における徳と、平時のおける徳を区別し、その両面を共に強調した。

しかし講演は第二回目から「平常社会」と「軍人社会」の違いを強調するようになる。軍人（「兵家」）の徳行は服従である（西は「従命法 obedience」という）。その点が「平常社会」と異なる。維新以後の平常社会においては、人はみな同じ権利を持つとされるが、軍人社会は違う。軍人社会には「官階・等級の差別」があり、新旧の別がある。長官・上官に対しては絶対的に服従する。そうした軍人社会の規律（「軍秩」）があって初めて「メカニズム」が可能になる。

当然、「平民・市井の人」の常識とは違う。「軍人武家」は維新以後の社会の「風潮」とは正反対である。そうした新たな風潮として、西は、「民権家（自由民権思想）」・「状師家（法律の専門家）」・「貨殖家（蓄財に励む傾向）」をあげる。彼らは「民権」を尊び、上下の秩序より個人の権利を尊重する。あるいは、人民自治を尊び、自己の権利を主張する。

平民はそれでよい。しかし軍人は違う。軍人にとっては上下の秩序こそ重要である。軍人は自己の権利を優先してはならない。あるいは、稼ぎ儲けることに馴染んでもいけない。維新以後の風潮は、軍人にとっては、「いましむべき、避くべき、背くべきこと」であり、「その風習に染ま

＊『軍人勅諭《ぐんじんちょくゆ》』は、一八八二年（明治十五年）一月四日に明治天皇が陸海軍の軍人に下賜した勅諭。西周が起草、福地源一郎・井上毅・山縣有朋によって加筆修正されたとされる。設立から間もない軍部に（西南戦争・竹橋事件・自由民権運動などの社会情勢により）動揺が広がっていたため、これを抑え、精神的支柱を確立する意図で起草されたと考えられている。

らざるをよしとす」というのである。

こうして、明六社の結成に関わり新しい時代に相応しい新たな「自己」を説いた西は、他方では、参謀局に身を置き、同じ論理をもって、軍人社会のエトスを説いたことになる。

なお、成沢光によると、この「メカニズム」は平常社会にも必要とされた。単に軍隊のエトスではない。近代社会は「人を器械のごとく用いる考え」に貫かれていた。人々を「器械のごとく」に動かすことができる身体は、近代社会に生きる人々すべてに求められたことであったというのである（成沢光『現代日本の社会秩序—歴史的起源を求めて』岩波書店、一九九七）。

## 3　第二章　森有礼「教育論—身体の能力」

明治国家の初代文部大臣・森有礼は「兵式体操」を学校に取り入れた。軍人の養成だけが目的ではない。国民の意識・気質を根底から変革し、新しい身体を養成しようとした。

森によれば、近代国家は、常に戦争状態である。軍事戦争だけではない。工業や商業においても常に諸外国と戦争している。それに打ち勝つためには日々闘う国民が必要になる。加えて、そうした国民を養成する教員が必要になる（森は「教員養成」に関心を払い続けた）。つまり「教育」によって、新しい国家の担い手を育てる。森は「総力戦」の発想を持っていた。

明六社の結成に参じた自由主義者・森は、早くから教育に関心を持っていた。代理公使として米国に赴任した時には、既に多くの学校を見学し、教育関係者に意見を求めている（一八七一年／明治四年）。しかし本格的に論じ始めたのは、ここに収録した、東京学士会院で論じた「教育論──身体の能力」である（一八七九年／明治十二年）。

教育は「知識、徳義、身体の三能力」を育てるが、今日の「我国人」に最も欠けているのは「身体の能力」である（『森有礼全集』第一巻　三二五頁）。それを欠いては「気力（勇気）」に満ちた近代人が育たない。ところが「勇気」の習得には時間が掛かる。普通の体操では足りず、法令や理論に頼っては歳月が掛かる。そこで兵式の「強迫体操」を導入し、強制的にでも「身体の能力」を引き出す。森は「教育を身体上に行う」という。身体の習慣を作り替えることによって勇気を奮い起させ、身体訓練を通して人々の気質を変えようとした。

伊藤博文に宛てた「学政片言」の中では、日本の教育に必要なのは「鍛錬法」であるという（一八八二年／明治十五年）。身体の健康は社会の風俗を改善し、個人の健康こそ国家を強くする基礎になる。

森は「学校」を政治的な装置と見ていた。カリキュラムや教員の思想を統制するのではない。学校という舞台を丸ごと使って、子どもたちを、近代的な身体を持った主体へと調教する。しかもその主体が、天皇を頂点とする国家的な共同体の中に収斂されてゆくように工夫する。学校という舞台を通して子どもたちは「国家のための主体＝臣民」へと調教されてゆくべきである。

その方法のひとつが兵式体操であった。兵式体操は子どもたちに「従順の習慣」と「相助の情」と「威儀」を養成する。「身体の能力」を改造し、身体訓練を通して国民の意識・気質・体格を根底から作り替えるための、軍隊から借用した、政治技術であった。

子どもたちは国家の中に組み込まれてゆく。無理やり組み込むのではない。むしろ子どもたちが従いたくなる制度を用意する。一方的に従わせるのではない。子どもたちが個人として成長し社会の中で活躍できる道を用意する。天皇を頂点とした国家の一員となるという生き方の魅力を示し、天皇の「臣民」という近代的主体の在り方を提示した。

「運動会」に焦点を合わせ、この時期に関する考察を行った吉見俊哉に倣えば、森は「天皇のまなざし」を利用した（吉見俊哉「運動会の思想─明治日本と祝祭文化」『思想』八四五、一九九四）。明治天皇の「行幸」はよく知られている。天皇は全国各地に赴き、人々の前にその「カリスマ」を示すとともに、その「まなざし」が国土にあまねく広がっていることを実感させた。森は、その「まなざし」を補うように、全国各地の学校を巡視し、訓練状況を視察した。吉見によれば「運動会」は、生徒や教師が、森に対して、兵式体操や身体訓練の成果を集団で提示する機会、「最も効果的な仕方で演出する仕掛け」であった（むろん「運動会」には「村祭り」という別の側面もあった）。

さらに森は祝祭日における学校の儀式を促した。それまで「休日」であった祝祭日に、全員が登校し、天皇を頂点とした国家の儀式を執り行う。生徒も教師も参加が義務づけられる。国を思い、天皇を祝い、自らが「国家のための主体」であることを、身をもって確認する。いわば「ナショナル・アイデンティティ」を、身体儀礼を通して、身体の内に共有する機会を促したのである（「小学校祝日大祭日儀式規定」が制定されたのは森の死後である）。

なお、森は「体育」を制度として学校教育の中に位置づけ、上司の命令や規律に服従し、集団への帰属感を高める訓練とした。洋装の制服を徹底し、生徒たちは、一挙手一投足が監視されることになった。また、師範学校（教員養成）にも全面的に軍隊式教育を取り入れ、師範学校を「兵営」とし、師範学校の建物まで士官学校に似せた。

軍部との関係で注目されるのは「兵式体操に関する建言案」である（一八八七年／明治二十年起草とされる）。一般の教員が兵式体操を教えても迫力を欠くため、現役の軍人に担当させる。「体操の一科」は文部省の管轄を離れ、陸軍省の管轄とした。こうして現役の軍人が学校に入り、「体操」を担当することになる。兵式体操は大正期には「教練」と名前を変えてゆく。

森は軍国主義を求めたわけではなかった。しかし森の施策は軍国主義へのレールとなった。しかも国民の身体の最も深いところに影響を与えたことになる（兵頭裕己『演じられた近代――〈国民〉の身体とパフォーマンス』岩波書店、二〇〇五）。

## 4　第三章　伊沢修二「学校唱歌の智育体育に於ける関係」「音楽と教育との関係」

明治の学校カリキュラムで注目されるのは「唱歌」と「体術」である。国民の「身体」と

「声」を近代化することは緊急の課題だったのである。どちらも伊沢修二が担当した。

米国で教育学を学んだ伊沢は、帰国すると(一八七八年/明治十一年)、招聘したリーランドと共に文部省「体育伝習所」の基礎を築いた。「握力」や「胸囲」などの訳語を作り、人体を測定して数値にするという手続きを始めた。翌年には「文部省音楽取調掛」の御用掛となり、米国人メーソンと共に「唱歌」を作った(この「音楽取調掛」が「音楽取調所」となり「東京音楽学校」となる。初代校長はむろん伊沢である)。

伊沢が「体操」と「音楽」の両掛の主幹を兼任した。明治政府も音楽教育と体操教育をワンセットに理解していたことになる。「身体の所作」と「音楽のリズム感」が連動することを認識していたのである。

伊沢に関する貴重な考察を残した奥中は、若き日の伊沢が、故郷・高遠藩の鼓手(西洋ドラムの鼓手)であった点に注目している(奥中康人『国家と音楽—伊澤修二が目指した日本近代』春秋社、二〇〇八)。軍隊の近代化には、統制の取れた組織的な動きが不可欠である。その際、西洋ドラムの号令が重要になる。とりわけその訓練の場においては、ドラムが極めて重要な位置を占める。武士たちは、西洋式の訓練に馴染まなかったから、十代の若者が鼓手に採用された(和太鼓の叩き方とも違ったから、誰にとっても初めての経験であった)。下級武士の家に生まれた伊沢にとって、西洋ドラムという職は、出世のための千載一遇のチャンスであったというのである。

伊沢はドラムによって西洋音楽を身に付けたのではなかった。「ドラムは芸術音楽ではなく、

「近代的な身体」をつくりだす音であった」(奥中前掲書、三三頁)。ドラムによって全員が足並みをそろえ、一元的な命令系統が確立する。しかも近代社会の多くの制度がこうした軍隊システムを雛型としていたのであれば、ますますドラムの意味は重要である。「ドラムはそうしたトレーニングを効率よく進めるための有効な手段であり、近代化を促進する装置であることを、伊澤は自分の職務を果たしながら実感したのだろう」(同書三四頁)。伊沢は、ドラムを通して、芸術としての音楽を体験したのではなく、近代的国民を創り出すメカニズムを学んだことになるというのである。

さて、そうした伊沢が、米国に渡り、教育学を学び、帰国して日本の学校に「唱歌教育」を導入した。「体操教育(隊列運動・軽体操)」とともにカリキュラムの中に取り入れたのである。なお、この唱歌の導入に際して、従来の「音楽」が排除された点は注目したい。長唄・常磐津・清元など、お稽古事として親しまれていた歌曲は「猥歌」とされ、学校でも家庭でも歌わないように指導されたという(兵頭前掲書)。

しかし、西洋の音楽をそのまま取り入れたわけではない。独特の折衷が工夫された。例えば、初期の唱歌は「ヨナ抜き音階」であった。「ファ」と「シ」がない(「ドレミソラ」の五音階)。日本民謡や江戸の俗謡と同じである。スコットランドやアイルランドの民謡が多く選ばれたのも、それらが同じくヨナ抜き五音階の歌曲であり、親しみやすかったからであるともいう(千葉優子『ドレミを選んだ日本人』音楽之友社、二〇〇七)。

また、初期の唱歌の多くは、四分の四拍子であり、それに七五調の歌詞がつけられていた。むしろ七五調のリズムを基盤として、それに西洋音楽の「拍」を重ねたことになる。「七五調の朗誦リズムをベースにつくられたヨナ抜き五音階の歌曲という点では、民権歌謡や壮士演歌のたぐいと、学校唱歌との距離はみかけほどに大きいものではない」という（兵頭前掲書、一〇五頁）。

伊沢も唱歌を作詞・作曲した。そのひとつに、体操授業における隊列運動のために作られた「小隊」という唱歌がある。「在来の二拍子系リズムに、洋楽の規則的な拍（タクト）をなかば強引に接続して作られた日本近代のリズムである」（兵頭前掲書、一〇七頁。同頁には楽譜が掲載されている）。それを子どもたちは、隊列を組んで歩きながら、声をそろえて歌った。

伊沢の下で唱歌教育に尽力した東京音楽学校の上真行（一八五一―一九三七）や小山作之助は、数多くの軍歌を作曲し、文部省も小学校の兵式体操に軍歌を用いることを奨励した。この時期の軍歌は、「西洋式マーチの強弱拍を、日本式の長短拍に置き換えたリズム形式」であり、それは「鉄道唱歌」や「箱根八里」のリズム形式と重なり、旧制高校の寮歌とも重なる。さらに、そうした曲が宴会などの席で歌われる場合、しばしば手拍子が伴う。その際、手を打った後、手のひらをこすり合わせる、あるいは、手を揉む。それによって洋楽の規則的な「拍《タクト》」は、酩酊した気分の中で間延びし、あるいは威勢の良い二拍子になった（同書、一一二頁。本来は強弱を持たない日本語の「拍」を、西洋的な「拍子《タクト》」に乗せるためには、「強拍は音をながく弱拍は音をみじかくとるという対応」しかなかった。江戸期までの日本音楽は「二拍子」を基本とするが、「不等拍や拍の伸縮という現象」が著しかったという)。

三浦雅士は「零度」の身体と語った(三浦前掲書)。近代の社会のいかなる領域にも適応しうる「零度」の身体。それはこうした兵式体操や学校唱歌によって作られた。しかし簡単には入れ替わらなかった。そこで折衷の試みが続いた。二拍子のリズムに洋楽のタクトを折衷し、従来の武道を近代スポーツとして再編成することによって、近代的な身体感覚を作るための試行錯誤が続いたことになる。

## 5 第四章 ベルツ「女子の体育」

江戸期以前、女性は「体育」と無縁であった。むろん女性の身体は注目されてきたのだが、若い女性の身体を壮健にするという発想はなかった。明治二十年代にも、「女子体育」は珍しいばかりか、むしろ体育は女子を害するという主張が続いた。若い女性に薙刀《なぎなた》や柔術を学ばせると、後年、乳を病み、腰痛に苦しみ、性格がお転婆になる(「お転婆(「てんばお嬢様」)という言葉は、オランダ語「ontembaar 手に負えない」に由来するという説や、機敏に動く様子「てばし(てばしこい)」に由来するという説などあり、はっきりしないが、この文脈では「所作が荒々しく・粗暴な・男勝り」という意味で、しばしば登場した)。

では、なぜ女子体育は必要とされたか。国家のための女子身体である。丈夫な子どもを産むためには、女子の身体は健康でなければならない。女子の身体は「母親たる身体」である。男子の身体が「兵士の身体」であったことを思えば、正確には女子の身体は「兵士の母親たる身体」である。来るべき対外戦争を見越して優秀な兵士が必要になる。そのためには、母親である女性の身体を壮健にしておかねばならない。女性の健康は国家のためである。「富国強兵」のために、女性の体育が推進されたことになる。

背景には、欧米人との体格差が切実な問題としてあった。さらにその先には「人種改良」が控えていた。その時代、社会ダーウィニズムに影響されて人種改良が叫ばれ、西洋人との体格差を克服するために、母となる女性の身体を壮健にする必要があるとされた（例えば実吉安純（若林玵蔵半記）「人種を改良せんには婦人の体育を必要とす」『女学雑誌』一八八七年）。

確かに、日々の暮らしの中で身体を鍛えるべきとする議論もあった。女学校の教科とする必要はない。家事に励み、街を歩くことによって身体を鍛える。しかし「体育科」は単にトレーニングの機会ではない。それは「女性像」の修正の機会であった。「美人像」を修正する。華奢で青白かった伝統的な「美人像」に対して、壮健な「母親たる身体」を新しい理想として提供する。若い女性たちに「母親たる身体」を理想として植え付ける機会を必要としたのである。

では、若い女性たちにいかなる運動が適しているか。明治期初頭（欧化主義の時期）には、欧米の影響を強く受け、体操・舞踏・乗馬・遊戯など、西洋式体育の導入が試みられた。しかし揺れ戻しが来る。舞踏は色恋に発展して危険である。日本古来の運動を見直すべきである。そして

「薙刀」や「合気」といった武道が主張される。西洋由来のスポーツに頼らずとも、日本の伝統にも女子の武芸がある。しかも身体の鍛錬のみならず、独特の精神論と結びついていた。重要なのは心の修養である。何事にも揺るがない「強い心」を作ることが大切である。女子体育はそうした精神論へと傾斜してゆくことになる。

さて、こうした女子体育の文脈で興味深いのは、ドイツ人医師、エルヴィン・フォン・ベルツである。ベルツは、お雇い外国人として来日し、二十七年間、日本の医学界に尽くした。日本人の体格に関心を持ち、日本における生体測定を本格的に開始し、「蒙古斑」の命名でも知られる。ベルツは日本の女子の健康を憂慮した。しかし憂慮すべきは中流・上流階級の女子であって、下層階級の女子は問題ない。この時期に来日した欧米人たちはしばしば日本の下層階級の女性の「強壮」を称えた。日々の労働の中で十分に鍛えられているから、身体運動を行う必要はない。しかし日本では一夫一婦制度が確立しておらず、女性は経済的自立ができない。女性が男性の従属物となっており、浮世絵に描かれるような「体の細長い弱弱した」「人形のような」女性が美人の標準とされている。ベルツはそれを憂慮した。

収録した演説「女子の体育」(一八九九年／明治三十二年)は「女服」の改良を説いている。日本の「女服」は、女性の身体に無理を強いている。帯は内臓を圧迫し、裾の長い着物は姿勢を悪くさせ、下駄・草履は膝を湾曲させる。

ベルツは図によって解き明かす。着物は歩行に不利である。腰紐を結ぶ位置が、足を動かす股関節と重なり、自由に足を動かすことができない。着物が大腿部と膝にまとわりつき、足を自由に開くことができない。足を出すことができず、踵を外に、つま先を内側に向け、脚部を曲げて歩く。それを「実に醜い歩き方」と評するのはベルツの美意識であるとしても、しかし、日本ではそれが正統とされ、逆に「正しく歩く姿」が「女のくせに大股である」と悪く言われる、という観察は、かなり正確である。

ベルツは文化人類学的素養を持ち、各文化に固有の習慣を尊重する視点を持ちつつ、しかし他方では、近代医学の視点から見て、身体の健康を損なう習慣に対しては改善を促した。西洋人医師が明治初期の日本人の身体動作をどのように見ていたか、そして健康のためには、いかなる点を改善するべきと考えていたか、ひとつの貴重な事例である。

なお、この講演を受け、女子体操服の改良が検討され、衣服の制作方法などが『婦人衛生会雑誌』に掲載されている。例えば、上下を別にし、上着を膝丈で切り、足の動きを自由にした改良服があり、また筒袖にし、ボタンを用いて帯紐を減らし胸や腹への圧迫を回避した試みがあり、和服と洋服との折衷案なども考案された。

## 6 人種改良論

日本は遅れている。西洋に勝てない。科学や文明の以前に体格において劣っている。ならば、優秀な西洋人との間に優れた子孫を残し、民族を改良すればよい。「人種改良論」は、一般的には、そうした過激な主張として知られる。

その嚆矢は、『時事新報』社説記者・高橋義雄の『日本人種改良論』(一八八四年/明治十七年)とされる。時代は欧化主義に傾いていた。その時勢を受けて高橋は日本人を「欧米人と肩を並べしむる」には、「まず矮小なる日本人の体格を改良し、なお進んでは、彼らと結婚して、根本的に人種を改良すべし」と説いた。

確かに「雑婚(国際結婚)」の勧めである。日本人と西洋人の「雑婚」により優れた子孫を残し、日本人種を改良する。しかしそれだけが人種改良ではなかった。高橋によれば、人種改良は「習養」と「遺伝」に分かれる。つまり「日本人種」の劣勢は、遺伝的に決定してしまうわけではなくて、「習養」によって乗り越えうる側面もある。しかしやはり「遺伝的」に規定される側面は残る。そこで「雑婚」が語られたのである。

この「習養」という見慣れぬ言葉は「習慣形成」と「修養」を兼ね備えた意味を持ち、「体育」と「生計の品位(生活レベル)」に分かれる。前者(体育)は、「智育」「徳育」と合わせて教育の一環である。しかし体力の向上には後者(衣食住)の向上が前提になる(「国民衣食住の品位高ければその心身これに応じて共に優等の地位に進むべし」)。つまり「衣食住の程度」が人種の優劣を決定する。西洋人が優秀であるのは、「衣食住の程度」が優れているためである。そこで栄養学的・衛生学的な視点から、「日本人種」の劣勢の要因を指摘し、その改良を説く。「習養」の実践によって、教育・栄養・衛生・犯罪と幅広い領域が改良されると説いたのである（この守備範囲は後藤新平の「衛生」概念と重なる）。

しかし「習養」では解決されない「遺伝」の側面が残る。そこで「なお進んでは、彼らと結婚して、根本的に人種を改良すべし」となった。

こうした主張に反論したのは、時の東京大学総長（綜理）加藤弘之である。「日本人種改良ノ弁」（一八八六年）をはじめとする講演や論説で雑婚の危険を説いた。雑婚は、日本人種の血液を一世代ごとに半減させる。結果として、日本人の「我」の消滅を招くことになる。この「我」は現代の用語法では「アイデンティティ」に相当し、日本人アイデンティティの消滅を危惧したのである。

福沢諭吉も議論に加わった。むしろ、高橋が福沢門下であり、福沢は『日本人種改良論』に「序」を書いていた。熾烈な国家間の優勝劣敗の中で、いかに小国日本は生き延びるか。その文脈で「人種改良」を説いた。興味深いのは「家畜改良法」への言及である。牛や馬など、家畜の体格・品質を良くするためには「血統を選ぶ」ことが重要である。良き体格の牛を父母として子どもを産ませ、さらに、その子の中から良い牛を選んで父母とすれば、四世五世の後には、驚くほど優れた牛を得る。この「遺伝の約束」は人間においても変わらない。「人間の婚姻法」は「家畜改良法」に倣うべきである。優秀な子孫は優秀な父母から生まれる。

そうした流れの中で、次のような発言が出てくる。「その体質の弱くして心の愚かなる者には結婚を禁ずるか、または避孕〔避妊〕せしめて子孫の繁殖を防ぐと同時に、他の善良なる子孫の中に就ても善の善なる者を精選して結婚を許し、あるいはその繁殖の速ならんことを欲すれば、一男にして数女に接するは無論、配偶の都合により一女にして数男を試みるも可なり」（福沢諭吉「人種改良」『福沢諭吉全集・第六巻』岩波書店、一九六〇）。

文字通り「優生学 eugenics」である。遺伝の改良によって人類の進歩を促す。福沢の場合は、日本人種の改良進歩を願い、近代国家日本の繁栄を願った。福沢は、理念としては「天は人の上に人を造らず人の下に人を造らず」と説いたが、しかし現実には人間の優劣を見た。ならば「家畜改良」に倣い、優秀な子孫を残し、劣等を排除すべきである。それが社会の繁栄を保証する。優勝劣敗の思想であった。

こうした優生学の影響は二十世紀初頭の雑誌にも見られるようになる。雑誌『人性』は欧米優生学（民族衛生学）を紹介している（その後の展開については『性と生殖の人権問題資料集成・編集復刻版』第十五巻、第十六巻、不二出版、二〇〇〇が詳しい。例えば、海野幸徳『日本人種改造論』一九一〇、澤田順次郎『民種改善・模範夫婦』一九一一、氏原佐蔵『民族衛生学』一九一四など）。

出発点は「劣等」の認識であった。日本人は西洋人に比べて劣っている。日本人種の体格的劣勢が日本国家の劣勢を招く。ならば、国家富強のためには、日本人種そのものを改良しなければならない。そうした西洋に対する卑屈な劣等意識が、その裏返しとして、アジア諸国に対する優越意識（蔑視）と結びついてゆくことは、歴史の示すとおりである。

# II

# 衛生と健康

身体は「健康で・正常で・清潔で」なければならない。人々が自発的にそう感じ始めたのではない。衛生と健康は国民の義務となった。個人の「養生」ではない。衛生と健康が、例えば「公衆衛生行政」として、国家の関心事となったのである。

衛生行政官（医者・政治家）後藤新平は「国家」を「人体」と類比する（第五章）。国家の構造を人体の諸機能と重ねて説いた。そして個人を、国家を支える最小単位として、身体における細胞と重ねて説いた。一方向的な支配ではない。個人の健康を援助することが、国家の衛生を可能にする。衛生は「資本」である。公衆衛生が普及し個人が健康になることは、個人の財産であるのみならず、国家の資本である。労働者や貧民の健康も援助すべきである。それは生産力を向上させ、治安対策の意味も持っていた。

ドイツに留学し衛生学を学んだ陸軍軍医総監・森林太郎は、体系的な教科書『衛生新篇』を書いた後、一般向けに『衛生学大意』を書いた（第六章）。「衛生」は「養生」と違う。単なる「長生きの工夫（「延年の術」）ではない。「人の健康を図る経済学」であり、公衆衛生の政策的視点が重視される。しかし「栄養」や「衣服」など個人の実践にも注意が払われる。『衛生新篇』は死者を弔い祀るのではなく、公衆衛生の問題として、遺体の取り扱い方を説く（「埋葬の事」）。

明治後期から近代的衛生観への批判が出てくる。近代知に対するオルタナティブと重なる仕方で「非・近代医学」が「代替医療」として注目された。施術者による身体への直接的な働きかけが注目され、施術における相互作用や霊性も重視された。また、肚・腰・呼吸を重視した修養的健康法も一世を風靡した。

陸軍の薬剤監・軍医を勤めた石塚左玄は「食物養生法」を説いた（第七章）。食品に含まれる「ナトリウム」と「カリウム」を数値化しその成分構成によって献立を組み立てる。科学的（「化学的」）であることが強調されるが、理論的背景は易の「陰陽」である。儒学の古典からの引用を近代科学と独自な仕方で結合させた理論である。

岡田虎二郎は独自に「静坐法」を開発し多くの信奉者を得た（第八章）。その静坐法の要領は全身の力を臍下丹田に集めることにある。禅との違いを強調し「悟り」を特権的に重視することを嫌ったが、他方では、静坐が「病気を治す為ではない」と強調した。

なお、西洋医学と伝統医学（漢方医）が対立する議論も興味深い。西洋医学を学んだ医師・和田啓十郎は、理論においては西洋医学が優れているが、実際の臨床は東洋医学に優れた一面があると、東西医学を統合した「和漢診療学」を提唱した（和田啓十郎『医界之鉄椎』一九一〇）。

# 五

## 国家衛生原理

後藤新平纂述

『国家衛生原理』一八八九年、一—三五頁（国立国会図書館デジタルコレクション）

### 第壹編

#### 緒　論

宇宙開闢の神妙斧鉞の痕無く吾人をして其秘を窺うに由なからしむるものの如く其真相を諦認するの難き亦如何そや然れども造物悠久行蔵の機を存し吾人に其理窮むべしと告る所あるが如し是学者難を辞せす試考百端益益勉る所以に非らずや而して其説今日に到る迄粉々雑出未だ醇乎として醇なるものあらず或は唯心論に偏し或は唯物論に僻し更に分れて幾多の流派を生し互に相降らず其極端に走るの哲理は痛快にして之を聞くものをして倦むことを知らざらしむるものありと雖ども却て其常に戻るものあり若し衛武公をして之を諷せしめば哲人之愚モ亦維レ斯レ戻ルと誦せられん盖其説の紛々たるは尚進歩の中に在るの徴なり学者宜しく観察実験して帰納的に尋求し原理に道りて演繹的に推究し形而下より挙て形而上に達せんことを

期し所謂下学して而して上達を図るの外なかるべし是固より旦夕の業に非ざるなり

故に数千年来天然とは何ぞや（Natur?）と謂える一大懸賞問題は吾人の前に在り吾人をして天然の法則即万般の顕象其原因及秩序を講究せざるべからざるに至らしむ若し此問題にして一たび満足なる解説を得ば世路事物の真相自ら明確とならん随て衛生の本位も亦明確となるべし惜哉古今聖賢の解説多しと雖も未だ曾て満足なりと為す能わず唯此十九世紀に到て其解説愈愈新にして一段の進歩を加えしことを覚うるのみ将来神明正確の解説を捧げ来りて以て覇旗を芸林に建るものは果たして何人ぞや

豈啻此一大懸賞問題の在るのみならんや数千年来天然（Natur）と題せる天錫の宝典も亦吾人の前に開かれ解読に便ならしむ此宝典は彼の文字に写したるものに比すれば其天真を失わざるのみならず仮令国家顛覆し学術衰頽するも依然として不滅なり秦の李斯再生し来るも之を火にする能わず嗚呼天然こそ実に永遠不磨の宝典と謂ふべし之を読み去り之を読み来れば夫の一大懸賞問題に対し明中の解説を得るに庶幾からん乎

惟うに先聖先師なるものは何人ぞや此天然なる宝典を解読して其説を言語に発し吾人をして之を聞かしめ若くは之を文字に写し吾人をして之を見せしめたる人に外ならず故に周易聖書《テスタメント》の類皆此天然なる宝典より訳出せられたるものと謂うも可なり更に他言にて之を謂うときは天然なる宝典の写生画或は写真と云うも可なり然ども未だ之を以て完璧と謂うを得ざるべし

当初此宝典を解読するには先ず観察法によらざるべからず漸く進んで字書とも鑰鍵とも頼むべきもの即ち試験法、経験法、推測法等を生ぜり然れども尚お今日其蘊奥を窺うこと能わず仮令先聖先師其人の如き明は固より明なりと雖ども此宝典を集成せる経緯本末の関係を諦明すること固より容易ならざるや知るべきなり故に其解読は宝典の或る篇章に局することを免れず或は心理篇を読み或は物理篇を読み其所見も亦偏重偏軽の勢を生し宝典の全面に及ばの余力を欠き遂に唯心論となり唯物論となり其説互に撞着して相容れず畢竟其述る所は宝典の或る篇章に止まり未だ天然の全を得ざるに職由するなきを得んや是猶方位の異なる各処に於て撮影したる数様の富岳図を携来りて各孰れか真なるやを争い各其一方の美を専にせんとして全体の衆美を見ること能ざるが如し其諸説互に異同あり全く一致するを得ざることは固より怪むに足らず然れども其間に於て大に世人の迷を惹起し人生の本原及目的（即本末）を了知するに苦ましめ動もすれば之れが為に人事の先後軽重をも誤らしむることあらんを恐るるなり庶幾くは将来に於て眼光此宝典の紙背に達するの士出て来らば数千年来の雲霧を払うて全形を見るの幸運を迎うことを得ん然るども則互に異同あれども其相関係する所あることを明示するを得ん此の如き希望は真正の満足なき人世に満足を索るの笑を免れざるが如しと雖ども敢て将来に之を期すべからざるに非らざるべし看よ第十八世紀以来此宝典中盛に学者の解読を経て未曾有の進歩をなせしもの少からず其万有篇中殊に生物学の章は著明なるものにして人類生活上殊に衛生を興隆に致したる影響鮮少に非ざることを是に於て乎人類生活に関する偏僻の空論は従来の根拠を維持すること能わずして諸般の変遷を来すと同時に衛生は人事の大本たるの理も漸く明晰ならんとするの新顕象を見るべき気運を迎うるに至れり学者の労深く之を謝せざる可らざるなり」

抑抑此新顕象の縁る所を稽るにヨハンネスミュルレル　ヨット、エル、マイエル　ヘルムホルツ　トムソン　ユールエー、ドユボア、レーモンド及其他の諸氏の苦学に依て初めて生力説を排斥し殊に一千七百八十九年仏人ラボアシェ氏の物質不滅説（Die Kostanz der Materie）を立て当世紀の中頃（一千八百四十七年）に於てユリウス、ローベルト、マイエルハー、ヘルムホルツの二氏は物力不滅説（Die Erhaltung der Kraft）を唱え継でダアウ井ン氏説起る同氏出でしより心理及物理の説に変易を生ぜしこと一にして足らず殊に生物学は頗る長足の進歩を致したること実に驚くべし之れか為め人類の生活上に幸福を与えしこと極めて大なり以上の諸氏の如きは宝典中先聖未解の篇章を読破せしものと謂うべし輓近国家学も亦其基礎を生物学に取らざるべからずとの説はダアウ井ン氏の説を紹述し来る科学の力なり彼の空理妄談より流れ来るものに非ず且国家は実に至高の人体なり実に至尊の機体なりと為せり其説更に一転して此に国家衛生原理の起源即新顕象の起原となれり

前日国家衛生原理無く今日国家衛生原理生じ前日衛生の実微にして其名無く今日衛生の実顕われ其名有り夫れ此の如く有無相変易するの状を呈する所以は果して何の為ぞや

前日衛生の無は則真の無に非らず只胎生の間に在りしなり今日衛生の有となるは則其胎内発

育の期已に過ぎ此に誕生して漸く成長を遂げんとするに在るなり畢竟衆人の識は近く只其著るる所に就かざれば其有を認め得ざるが為なり而して其胎生発育の間に於ては如何なる有様を呈せしかは是此に一言せざるべからず何れの国に於ても古代衛生は宗教の意中に含孕し禁圧医療の事は僧侶神官の司る所たりしことも亦疑うべからず之を祈念的衛生の時代と謂うも可なり当時衛生の名なく只息災延命子孫繁昌天下泰平国運長久の句を以て其意を表出したりしなり此中に衛生私法及び衛生公法の萌芽隠然として存せり人文漸く進み理学の開くるに随て祈念的（即唯心的）は実験的（即物理的）に変じ今日の衛生を産出せしなり（其詳細は近日著す所の衛生進化論に譲る）

以上述る所に拠れば世路の極めて広く事物の頗る繁く且時代と場所とに随て変遷する諸般の顕象を呈するものは畢竟文明なる燈火の力に依て天錫の宝典を照らし文明なる風潮に依て天錫の宝典を払い吾人の視聴を刺衝して更に試考を促すものの所致なり嗚呼天然なる宝典の溥博淵泉実に文字に飜訳したる書籍の類に非ざるや知るべきなり是に於て乎聖賢の見は如何に遠大なりと謂うと雖尚お狭且小なるを感ぜしむる所あるが如し聖賢の見は如何に日光と其明を競うべしと謂うと雖尚お暗く且足らざるを覚えしむる所あるが如し是余が一家言に非らざるなりシルレル氏已に言えり人の行くべき軌道に散布せる事物は無算なり然れ共聖人の見は尚其幾分に過ぎずと（An dem Eingang der Bahn liegt die Unendlichkeit offen, Doch mit dem engesten Kreis hört der Weiseste auf.）即子思も言えるが如く聖人も亦知らざる所あるに非ずや然らば則先

聖の言未だ此に到らざるを以て日新の説を疑うものは却て聖人の罪人たるを免れざるに非らずや

今夫れ聖人の見は明なること人皆之を知る然れども人能く之を知らず日光の明は明なること人皆之を知る然れども人能く之を知らず人無レ不二飲食一セ也鮮二能知一レ味也とは其れ此謂乎而して人皆之を知るは之を知り易きを以てなり人能く之を知らざるは之を知り難きを以てなり聖人の見日光の明古来吾人の見聞に馴るると雖尚然り況んや耳新しき衛生の道をや人皆之を知るが如くなれども人能く之を知らざるべし夫れ事物を知ると知らざるとは其有無の分る所にして且行わるると行われざるとの源因なり仲尼曽て謂う道之不行　也我《ワレ》知レ之矣知者ハ過レギ之愚者ハ不レ及也と是知に過不及あり知者は知り過ぎて既に道を以て行うに足らずと為し愚者は知に及ばず又之を行う所以う知ざるに坐することを歎せしなり衛生の行れざるも亦然りざれば衛生原理の出るも亦止むを得ざるに出るなり豈に弁を好むの致す所ならんや

嗚呼有知と無知とは豈啻其行るると行れざるとに関するのみならんや用不用、軽重、先後、本末の定まる所なり故に有知と無知と相変遷するの顕象は利用厚生に関すること甚だ大なり請う日光に就て其関係を一言せん日光の無色にして其通する所明白なり其照す所煦温なることは皆之を知らざるものなし然れども日光を分散すれば色象（紅、橙黄、黄、緑、青、深藍、紫の七色）を呈し更に合して一となれば無色即白色に復す時に或は不透明を生ずるも亦光の作用（屈折）に由ると謂うに至ては人能く之を知ること無し況んや螢石光《フルオルレスセンツ》及化学的作用等に於けるをや試に無色硝子を通して物体を観若くは無色玻璃窓の室内に坐して室外を窺い自ら以為らく無色透明なるべしと偶偶無色硝子中に色象を呈するを観或は虹霓を観或玻璃窓の不透明を来すことあらんには其真理を諦認するに苦むべし其甚しきに至ては之を神力に帰し神意に託し神罰と呼び其誤信の築く所の迷路は益益迂にして愈愈遠きを見る然れども一旦豁然として其理に通暁するに至れば其作用皆無色の日光に存することを知らん而して人皆知ること有るの性に於けるよりも人能く知ること無きの性に於て却て貴重の作用あることを知らん其貴重なる作用とは何ぞ日光の化学的作用の如き是れなり全く之を欠くときは草木繁茂するを得ず人畜成育するを得ず然るに世人日光の明にのみ依頼して其一層貴重なる作用に至ては更に之を顧みざるもの多し回顧すれば万般の人事亦然るが如き感を生ずるもの少からず専制政府の虐待に厄せらるるも未だ立憲政体の利を知らざるものの希望は未だ国会の設立に及ばざるべし鉄瓶の沸騰して其蓋を揺挙し蒸汽の迸出するを見るも理に通ぜざるものの智は汽車汽船の便に及ばざるべし雷鳴を聞き電光を見て蚊帳中に蟄居するものの智は伝信、伝話、電燈其他の電気工作等に格らざるべし怒濤を恐れて海神を拝し暴風を懼れて風の神を崇むものには風波の人生に致す効用を語るべからず気象観測の理を談ずべからず伝染病の流行を聞き疫神に祈のる徒には種痘の利を語るべからず予防摂生の理を談ずべからず井戸に水神を祭り台所に釜の神を祭りて清潔の実行を怠るものは未だ衛生除害法の効を信ぜざるものなり是皆知る有ると知る無きとより生ずる顕象なり其他事物の大本なるものは或は世人の有用視する所よりも却て無用視する間に存し其注意する点よりも却て注意を怠り等閑に附せし間に在るを知らざるべからず例之富の本は貨財に非らずして生命に在り寿の本は薬餌に非らずして清気に在り人情動もすれば衣食に注意すること厚くして空気に注意すること薄きを常とす何ぞ知らん清浄の空気を絶つこと数分時にして其命立ろに亡び衣食を給せざること数日に渉るも尚能く之に堪ることを得んとは以て文明の変遷に由て此に従来無用視せられたる衛生の有用視せらるべき新顕象を来す所以も亦偶然に非らざることを推知するに足らん

其れ此の如く世事の文明に進むや幾多の変遷あり世事の変遷は則人々の智識の変遷なり人々の智識の変遷は則人々の福寿の変遷即衛生の変遷なり昨日は是今日は非豈啻是非変易するのみならんや前日認めて無と信ぜしもの今日は変じて有となる其智識の疎密単複実に驚くべきのみ而して前日の無と為し単と為すものは其智識の疎にして観察実験証明推測の足らざるが為めなり今日の有と為り複と為るものは其智識の密にして観察実験証明推測の到れるが為めなり

已に述る所に拠れば世路事物の変遷窮なく吾人をして聖賢の見も尚狭小にして足らざる所あらん歟の如く又諸説紛々帰する所を知るに苦しましむるが如しと雖細かに分析し去り総合し来れば其間に於て化育の大本不易なる理の存するを覚らしむるに至るべし抑化育の大本不易なる理とは其れ何を謂う乎已に述るが如く此十九世紀に於て発見したる進化説是なり其理必然なるあれば則殊途同轍に帰し其言至当なるあれば則時代の古今を論ぜず相応すること合符

の如しとは其れ進化説の謂乎

今や生物世界に於て生存競争の道須臾も絶ることなく適者生存の理須臾も離る可らざるの説は当世の諸家挙て肯許する所なり故に苟も生を有するものは競争の攻撃に抗抵し若くは之を剋制して適当の給養生殖を営み得るに非ずんば其生存を全くすること能わず独人類に至て何ぞ然らざるの理あらんや人類も亦実に生物の一なり蓋し人類の生存競争に於けるや其生活を侵襲し来る所の種類夥夠なりと雖ども要するに幽現の二体即形而上と形而下の二類なりに過ぎず故に人類畢生の行為は殖産貿易と云い道徳経済と云い学術工藝と云い忠君愛国と云い千差万態に渉るが如きも皆此幽現二体の侵襲に抗抵し若くは之を剋制し若くは其平和公正を維持して給養生殖を営み以て心体の健全発達に満足なる生活境遇即生理的円満（Physiologische Integrität）生理的円満とは神心及五官の感覚肢体動作生殖給養の機能健全にして外来の害因を節制し生活上不足なきを謂うを享有せんとする目的に外ならず夫のスペンセル氏は道義感情説を唱えベンザム氏ミル氏の実利主義即最大幸福の主義なるものを駁し其説漠然として標準となすべき所無きに苦しむべしと謂えり斯く両説は互いに相容れずと雖ども其最終の目的を問わば皆生理的円満の外に非ざるべし余を以て之を見れば人類は生理に準て形神の生活上（即身体上にも精神上にも）円満を享有せんことを力むべきものなり而して其本源は各人の自体に固有せる一種の天性即生理的動機（Physiologischer Trieb）動機一に本性と訳す生体に賦与せられたる天性を発すべき力を云う凡そ生活体と或る場合と相遇うて其意思を誘動し某事を為さんと欲せしむる力（時として意識外に之を為さしむる力）なり此動機は啻に人の百行を胎出する本原たるのみならず百行を制止する本原ともなるなり其制止するものを控勒動機と云うに発す是れ生物固有の力にして一に衛生的動機と名く只人類に在ては其力の発育他の生物よりも

極めて高等に進むが故に動もすれば不全智識の人をして人類は全く他の諸生物と其性を異にするものの如く偏信せしむるに至りたるのみ然れども此の力は諸生物悉有にして啻に動植物の生存に必要なるのみならず吾人の生涯にも必要にして常に百行を支配するの本源たり若し吾人一朝此支配の下を脱し得べきの時は則形神共に死滅するの時なり否全く此力の干渉を離るれば則死滅せざるを得ざるなり嗚呼人事一として生理的動機の力に関せざる者なきことは恰も百科の学術尽く数理に関せざるものなきが如く然り衛生の関係する所豈大ならずや故に衛生法とは生理的動機に発して生存競争自然淘汰の理に照準し人為淘汰の力を加えて生理的円満を享有するの方法を総称するものなり衛生は国の要素死生の地存亡の道察せざるべからざるなり蓋当世の人挙て此旨を首肯せざるも実に是れ矯誣す可らざるの原理なれば後来此に通暁するの人益多からんことを期して待つべきなり

然るに世人は学術及人事の一小区域例之胃弱症に不消化の食物を禁じ関節痛に寒冷を避けしむる等のことのみを指斥して衛生の範囲とし其一小区域外例之権利の消長、徳義の隆汚、工業盛衰等は全く衛生と連絡なき一種特別の人事なり学術なりと信ずるものあり今より此信認の縁る所を稽るに上古心性の学は人の明知達識に欠く可らざるの門とせしも万有物理の学に至ては未だ全く闢けず形体と心性とは一団の天賦にして形体の用を詳にせざれは精神の性を究むること能わざるの理を知らざるに在り其甚きは衛生学を以て唯医師の修むべき学科なりとのみ信じ衆人の学ぶべき学科となさず是健康の精神は健康の身体に舍ること（mens sana in corpŏre sano）と云える金言は久しく存すれども近世迄其言の実際に行われざると人事百般の最終目的は如何と云うことの点に通暁し得ざるとに職由することなきを得んや苟も最終の目的生理的円満に非らざるの人事あらんが是実に無用の人事なり苟も最終の目的生理的円満に非ざるの学術あらんが是寔に無用の学術なり若し夫れ果たして生理的円満に関係なきものあらば実に衛生と連絡なきものなるべし然れども此の如きものにして人事及学術の要部を占むることあるは未だ曽て聞ざるなり又今日に於て生存競争の説を信ずるの人は誰れか衛生を以て人の修むべき最要の一科となさざるものあらんや誰れか衛生以て人事百行の明光を発すべき中心の焼点と看做さざる者あらんや実に衛生は自助の力を強くし自衛の道を固うするのみならず仁心を厚うするものなり只此学の博聞達識に於て最要の一科たることは其事理を拡め晰かに察すべきのみ復た何ぞ予か弁を竢たんや

幸なる哉文明の風潮は人世の汚濁を洗浄し先入の迷霧を払い去て漸く人事の向うべき針路を覚らしめ世事の本末を明にし従来人事の末に置きし衛生は却て其本たりしことを知り之を措て道徳、言辞、史伝、経済等の諸科に通ずるも復何の要なきを覚り且今日まで衛生の声価は其真価に比すれば遥かに低位に潜みたりしことを嘆ぜざるはなく前日認めて衛生と信じたる区域は所謂全豹の一斑にして今や井蛙管見の識を免れざることを覚り且其範囲の広大なることに驚かざるはなし是に於て乎上下一是に衛生を講ぜんとする勢に至れり是固より学者事を好むの情に発したる一時の流行に非ず又唯唯政府が過慮の誘導に出でたる結果に非らず臣民深く各自の身心に反省して自治自衛上其必要を感ずるの所致なり若し之を等閑に附し去る時は国は国たることを得ず家は家たることを得ず人は人たることを得ずとの理を知るに在り例之開明人民の衛生博覧会事業に鞅掌し各皇室の親しく其総裁とならせ玉うが如き英国衛生公債一億数千万磅にして其一大部分は衛生工事費たるが如き十九世紀の殖民法も亦漸く武断政略の分子を減して衛生政略の分子を増加するの勢あるが如き万国衛生会議は漸く国際法上に勢力を致すが如き万国慈恵法の漸く社会行政法に勢力を致したるが如き皆以て其一端を知るに足るべし夫の野蛮半開の人民は蠢々蚩々として遂に之を覚らず相率て将に劣敗に陥らんとす其事情洵に憫む可し啻に野蛮半開の人民のみならず甚しきは世間の有識者にして往々旧説を墨守し日新の理に通ぜざるものあり動もすれば衛生は身体内の事に関し其事小なり政治、経済、文学は身体外の事に関し其事大なりと為すものあり若し仮りに之を以て然りと為すも体の内外に於ける人類生活の関係を区別し得べしと信ずは大なる誤謬なり或は果して区別し得るとするも其内を後にし其外を先にせば夫の大事を為すべき資本たる身体を何によりて且何処に安せんとする乎抑亦惑えりと云うべし況んや日新の学理は吾人に身体内外の関係甚た深く且密にして分つべからざるものあるを教ゆるをや体外の万事万物と吾人生活体内との関係を絶たんとするは彼の外国と内国との関係を絶たんとせし鎖国説の誤謬なりしに異ならず夫れ国家に財務あるは猶心体の栄養学あるが如し農商工務あるは猶衣食の裁縫調理あるが如し財務及農商工は間接の衛生法にして人類死生の遠因たり尚一歩を進て人類消長の理を講究せば権利の得喪も亦形神の強弱に関し若し一たび之を喪えば人の衛生を害することも頗る著大なるを知ること難からず例之は北海道土人〔ママ〕ハワイ土人〔ママ〕其他南洋諸島土人〔ママ〕の日に滅絶に帰せんとするが如し然らば則衛生は体内にのみ関するが将た体外にも関するが其事小なりや将た其事大なりや弁を竢たずして明かならん此等の迷誤の来る所を稽うるに人事百般の最終目的は生理的円満に在る事を了得せざるに坐するなり苟も人類の人類たる品位を具有して活動せんとするもの何ぞ此に鑑みざるべけんやシルレル氏曰汝は人の人たるべき感覚を有すると益益深きに至れば汝の神聖に近接すること益益大なるべし（Je mehr da fuhlst ein Mensch zu sein, Desto ähnlicher bis du den Göttern.）又シセロ氏曰人にして神聖に近き事業を為さんと欲せば人に健康を与うるより善きはなし（Homineus nulla re propius ad Deas accendere, quam salusem hominibus dando.）と此二氏の言は実に吾輩の心を得たりと云う可し夫れ工芸智能徳行なる者は果して何物ぞや世人未た曽だ福寿を全くするの資料たることを知らず社会建国は果して何の為ぞや未だ曽て福寿を全くするの団結たるを知らすんば已に諸を正鵠に失するや弁を竢たざるなり寔に文明の民たらんもの深く之を考えざる可らず況んや専ら衛生に従事するものをや

惟うに国家は其至尊なる生活分子即人類より成れる衛生的団体に外ならず今国家なる衛生的団体の機能を以て一の地球に譬うれば其中心軸は衛生にして其一極は生理的動機なり其他極は生理的円満なり而して一半球は平時衛生法にして他半球は非常衛生法なりと仮想して可なり左の系譜は容易に其意を知らせしむるに便する者なり

- 生理的動機
  - 平時衛生
    - 衛生私法
      - 直接衛生私法
      - 間接衛生私法
    - 衛生公法
      - 直接衛生公法
      - 間接衛生公法
  - 非常衛生
    - 衛生私法
      - 直接衛生私法
      - 間接衛生私法
    - 衛生公法
      - 直接衛生公法
      - 間接衛生公法
- 生理的円満

此系譜に由て之を観れば平時衛生私法に二種の別あり一は直接衛生私法にして其意味至て狭し故に狭義（又は固有又は局意）衛生私法と名づく所謂養生法是なり二は間接衛生私法にして其意味極めて広し故に広義（又は汎意）衛生私法と名く各人の修むべき道徳、学術、農商、工業等の事是なり平時衛生公法に二種の区別あり一は直接衛生公法にして其意味至て狭し故に狭義（又固有）衛生公法と云う所謂衛生制度（即衛生事務及衛生警察）是なり二は間接衛生公法にして其意味極めて広し故に広義（又は汎意）衛生公法と云う政府の立法、行法等之に属す即上下院、内外務、農商務、教育、司法、兵事等を包含す以上皆其本は国民の体中に有する生理的動機に発して分れて生理的円満を得るの方術《てだて》となるものに非ざるはなし人或は曰ふ殺して身以テ成スレ仁ヲの行為は所謂正道にして全く衛生と系絡なき節義に出づる者なり、然るに衛生論一たび世に出でし以来人をして徒に生を欲し死を懼るるの心を起さしめ柔弱に陥らしむと是誤解も亦甚しと云わざるを得ず夫れ真正の節義心は衛生的動機即生理的動機に出ざるべからず暴虎彪河の死固より之を論するに足らず抑殺メレ身以テ成スレ仁ヲの行為たるや一個人か多数人の衛生（即生理的円満）の為めに其生命を犠牲に供するに外ならずされば離テレ仁以テ成スレ仁ヲは非常衛生法の一部に属す可き者なり論して此に到れば節義に悖れるや悖らざるやの標準も亦衛生の正鵠に的中すると否との間に在り嗚呼衛生を以て人を柔弱に導く者となすは冤も亦甚だしと謂うべし蓋知ルレ命ヲ者ハ不レ立二岩牆之下ニ一と謂い又君子不レ近レ危ニと謂い人は伝染病毒に接近すべからずと謂うものは皆平時の教誨なり万一不幸にして伝染病の発するに方ては勇進敢為消毒撲滅と看護医療とに力を尽すを以て文明人の真面目となすに非らずや又之を以て仁慈の行為とするに非らずや而して之を一家族の為めに一個人をして行わしめば直接非常衛生私法にして職権上より之を行うときは直接非常衛生公法に属し他語にて之を言うときは所謂忠君愛国の行為とすべきに非ずや若し兇賊の闖入したるとき之を防禦し福寿を保護せんと欲して一身の危険を忘れ遂に一命をも顧みざるが如き又往昔封建の世に在て罪を国君に得て其禍闔族に及んとするに方り血族の福寿を保護せんが為即家禄と家名とを維持せんが為に屠腹したるが如き此皆間接非常衛生私法たり而して一国危急存亡の秋に際して軍人軍属の死を以て社稷を維持するは間接非常衛生公法に属すべし能く此等の因果を尋究せば生物世界凡百の事到底衛生の一理に帰納せざるは無し人類亦生物の一なれば一個人と国家とを論ぜず大小の行為に於ける最終の目的は生理的円満に在るや疑無し故に凡天下の人事たる始めは衛生の一理に出て中頃散して万事となり末復合して此一理に帰す其循環窮りなき盖天真の道たり

吾人は衛生と人事との関係を説くこと其れ此の如し国家と衛生の関係を述ること其れ此の如し然れども一も衛生二も衛生として以て漫に世人を駆て衛生の範囲内に擁し其外を顧わずとは謂わず又昔時プラトー氏が希望せし如く希臘風の倚偏なる衛生旨義を首張すべしとも思わず然るに衛生の要を感じ之を説くこと其れ此の如くならしむるものは十九世紀文明の力に帰せざるべからずされば此文明を致したる諸要素は衛生の為に将来益欠くべからざるのみならず愈隆盛ならんことを希望するものなり彼の頑陋なる学者己れが学部の広からんことを欲し我宗旨にて天下の事足れりと誇れる輩の顰に倣うものと為す勿れ吾人は高等なる事物の一部は全部に関渉すること益益親密なるを知る故に人の一肢を傷るときは動物の一肢を傷るよりも其害を被ること愈愈大なることを知る吾人は高尚なる進歩は諸多の幇助を要することを知る故に高尚なる一科学の進歩は諸他の科学の幇助を要することを知る然らば則一の衛生のみ急進躐等を許さざるべきを知るなり看よ複雑なる間に主客、本末相紊れず調和的の進歩を為すものは則文明の進歩なることを夫れ数理は凡百の学術に欠くべからざるの要素なれども唯数理のみを専修して学術の全を得可らず道徳は人事に欠くべからざるの要素なれども一の道徳のみを以て人事の全を得べからず故に仮令衛生は人生の大本なりとするも余は一衛生を以て人事学術の全を得べしとは謂わず然れども衛生は人生の大本なるが故に之を欠くときは此競争世界に於て人事学術の大成を得べからざることを断言せしなり只人々数理及道徳を以て必修めざるべからずと信ずるが如く未だ衛生を以て必修めざるべからざるの学科と覚らざることを揚言せしのみ然るにスペンセル氏が其教育論に於て従来哲人の愚を排斥し児童に授くべき五綱目を挙げ其第一に生理衛生の知識其第二に間接衛生の知識其第三第四に間接衛生上の知識中家内の道徳及国家の義務に関するもの其第五には生理及直接並に間接の衛生上知識を得るの後美術快楽の知識に及ぶべしとせり実に卓見と謂うべし此の如くにして漸く理に明かに能く事を察し理に順て其身を守ることを得ん詩に曰く既ニ明且ツ哲以テ保ツ二其身ヲ一と此言豈独り道義家の栞のみならんや其他有名の教育家にして多少異同あるも従来の如く語学、歴史等に徒労せんよりも形神の生活に於ける知識の一層必要なることを賛成せるもの鮮からず吾人の意の在る所世に行るるや蓋遠に非さることをトすべきなり

世間ピーロー氏已に逝くも尚懐疑の徒なきに非らざれば理の有無を疑い説の然るや否やを疑うものあらんカント氏の如き亦半懐疑の徒なり其流を汲むもの蓋少からざるべし如何なる懐疑家と雖ども自己の存在を疑うものはあらざるべし又自己の存在を知らざるものはあらざる

べし古より身を忘れ吾を忘る等の語ありと雖ども皆哀楽の極より生ずるの言にして其実忘るるを覚る時は早く既に自己の存在を知るの時に非らずや苟も自己の存在を知らば則我が生命あるを知らん我生命あるを知らば我が衛生の理に通暁すること能わざるに非ざるなり生物学の権与とも称すべき振古の教典に汝を繹ねて汝我身を知れ（Kennen Sie selbst）と題せしが如き子思が反二求ス諸ヲ其身一ニと曰うが如き皆以て吾人の木鐸と為すべきなり懐疑の極我を主とすることを知らざるものは吾人之を奈ともするなきのみ

汝を繹ねて汝我が身を知れとは先我を主とし詳に我を知ることを求めよとの義なりと思わるざれば人たるものは我の実在、我の体用、我の生命、我の位置、我の歴史及自他の関係等を知ることを第一とせざるべからざるなり

人の思想一たび此点に格れば則第一我は生物の一にして人体的国家と謂える集合体の分子なること第二生物の爪牙角蹄鰭翼及毒腺を有するが如く人体的国家も亦武備なかるべからざること第三生物は皆生命を有し衛生法を有するが如く至高有機体たる国家は人類の生理的集合体なるが故に生命を有し衛生法を有すべきこと第四生物の栄養法あるが如く国家も亦経済法なかるべからず此の理に通ずるときは則国家衛生法を講ずるの必要を感ずること固より難からざるべし

今夫れ国家に於ける衛生の原理を知らんと欲せば先ず社会及国家の本性を知るを要す社会及国家の本性を知らんと欲せば先ず社会及国家を組織する単体たる一個人の本性を知るを要す

一個人の本性を知らんと欲せば先ず生物界の通性を知るを要す、生物界の通性を知らんと欲せば先ず生物学の大要を知らざる可らず故に苟も経綸の大志を有する人は少くも此等の学の大意に通して然後に人事理す可く政法議すべきなり徒に必性の一途に迷い形体の用を詳にせす社会の顕証に就き忘想空談を起すの覆轍は近世社会哲学の歴史に徴して明なる所にして又衛生科の蔑視せられし所以も此に関係なしとせず、

故に此書は動物生存の状態に就き本然の正理を覈鑿して以て人類の上に推広し衛生は人間万機の基本にして一国の休戚一家盛衰の縁る所たることを明にし国家生活に於ける栄養法即理財法中固有衛生の発達に関するものを論じて以て結局となすべし

# 六 (1)

## 『衛生学大意』緒論

森林太郎

『衛生学大意』(一九〇七年)、『鷗外全集』第二十九巻、岩波書店、一九五三年、二八七—二八九頁

衛生学と云うものは、僅か六十年以来の新しい学問である。衛生に縁のある学問で、養生の教と云うようなものはもとからあったので、貝原益軒の養生経と養生訓とのようなものは広く世間に行われて居た。又原南陽の砦草と云う戦の時の養生の事を精しく書いた書物がある。是等の書物の外には、日本に古い衛生書はない。

今の衛生学と云うて、六十年来次第に開けて来て居る学問は、養生の事のみを論ずるものではないのであって、一言で云えば、人の健康を図る経済学のようなものである。体の外に在る物を体の中に入れ、又中の物を外へ出すに当って、その釣合を取って健康と云う態度の、そこなわれないように務める法を研究するのである。たとえば人が息をすると云うは、清い空気を外から体へ入れ、その代りに汚れた空気を体から外へ出すこと、又飲食をすると云うのは、飲食物を体へ入れて、その代りに飲食物のかすを体の外へ出すことである。

国の開けないところでは、民がまばらに住んで居て、家の中に多く集って住むことがないから、吐き出す空気が溜って、吸い込む空気の足らない憂もなく、又飲食物のかす、即ち両便のやうな物が、わりに狭い面積に溜って、其為に土地が汚れると云うような虞も少い。なぜと云うに、空気はいつも動いて居て、殊に風があれば、直に遠いところへ行くものであるから、自然に清くなるし、又土地もはいって来る汚が少いうちは、同じように自分でそれを清めてしまう。

此空気と土地との自分で清める性質が、世が開けて、人が一つところに多く集まるようになる為に、おっつかなくなって、空気も殊更に器械を以て新らしくしなければならぬようになり、土地もいろいろな溝などを掘って、わざわざ清めなければならぬようになる。其空気を清め又土地を清める手段などを、衛生上の事業と云うのである。

凡て衛生上の事業は、人の健康を保護して、人に長生をさせるのを目的とするのである。それで延年の術即ち年を延べるてだてと云う詞は、衛生学の目的を示すところに使われて居るが、しかし其目的を達するには、衛生の事業を起さねばならず、而して衛生の事業を起すには、空気は如何なる物か、飲食物は如何なるものかと云うことを、一々極めなければならぬ。

衛生学の沿革を考えて見るに、其萌芽のようなものは、太古からあったのである。元来獣類ですらも、身の害になることは避けて、身の為になることは取ろうとして居るくらいであるから、如何なる野蛮の民でも、それに似寄った仕事をして居るが、然しこれは唯好むのと、嫌うのとの感じで、そのやうな仕事をするので、あながち其道理を考えてするわけではない。たとえば羅馬の時代などには、盛んに水道の仕事などを起し、又チーベル河の水が濁って悪いとて、大下水の工事を起したり、又は大きな湯屋をあまた建築したりしたが、是は衛生学と云うほどの、学問の道理を考えてした事ではない。

支那(ママ)では、古い時に、多く礼の中に衛生の仕事がはいって居る。たとえば灑掃《しやそう》と云うて、水を撒いたり、掃除をしたりして、今の下水工事などと同じ部類にはいる仕事をすることも礼に算えて居る。それに反してながいきをする法と云う事は、おもいのほか今の衛生家の眼から見ては、益《やく》にたたぬ。従って支那(ママ)の道学の風を承けて著わした日本の養生の書物なども、左程衛生学上におもしろい事が載って居らぬ。仙人になる術は、人間の交際を離れて始めてなりたつ長生の法であつて、今の衛生の事業は群衆のまんなかにて働いて居て長生をしようと云うのであるから、其目的こそ長生の為なれ、昔の道家の語は、今の衛生学者の語に較べると、甚しい違いがある。

中昔《なかむかし》の衛生事業に似たことは、西洋では基督教の慈善事業の中にあって、病院を立てたり、看病をしたり、其類の事を務めて居る。

日本でも仏教の影響で同じような仕事をしたことは、例の施薬院、悲田院を立てたので知られて居る。

今の世紀になってからは、次第に理学、化学などが盛んになつて、それを利用して衛生の事を一般の学問に組みたてるようになったのである。

# 六 (2)

## 埋葬の事

森 林太郎

『衛生学大意』(一九〇七年)、『鷗外全集』第二十九巻、岩波書店、一九五三年、二九五―三〇一頁

掃除をする最良法は、下水を設けるにあると云うことは、既に述べたが、塵埃を掃除するように、人の屍骸を掃除する法を埋葬と云うのである。

人の屍骸を其ままに置けば、バクテリアが其中にはびこって、屍骸を腐らせる。埋葬の主意は、此バクテリアのはびこるのを止めて、黴の生えるようにするのである。バクテリアは黴と同じような小さな植物であるが、バクテリアの方は、亜爾加里《アルカリ》と云うて、えぐいようなたちの物の中に育ち易く、黴の方は、酸性と云うて、すっぱい物の中に育ち易いので、自ら

別になって居る。屍骸にはバクテリアの育ち易いところを、それを抑えて、つとめて黴を育てるようにするのが、衛生の本意に適うて居るのである。バクテリアが育てば、屍骸が臭を放ち、黴が育てば、臭い瓦斯が出ないで、屍骸が分解してしまう。

昔から屍骸の処分法にはいろいろある。印度などでは風葬と云うて、空気の中に屍骸を打棄てて腐らせたことがある。此しかたは、現に朝鮮には今でもあって、空気の中で腐らせて置いて、髑髏になってから始めて葬るのである。屍骸の分解するのは、風葬の時が一番早く、水葬之に次ぎ、土葬又之に次ぐのである。気中にて一週間目の分解と、水中にて二週間目の分解と、地中にて八週間目の分解とが同じである。

水葬は水中に屍骸を葬る法、埋葬は土に埋める法であるが、水葬は多くは秘密に屍骸を葬る時などに用いるのであるから、法医学の方で研究する。

土葬の時に屍骸が骨まで分解してしまう年限は、土質によりて違う。砂地などでは、小児が四年、大人が八年で骨になり、粘土などでは、小児が五年、大人が九年で骨になる。

屍骸は時としては分解しそこなうことがある。たとえば、屍骸が十分に乾くと、木乃伊《ミイラ》になる。埃及などで薬をつけてこしらえた木乃伊のようなものは別であるが、高い山の巓などで、空気の圧が弱い為に、熾んに水気が蒸発してしまい、又砂漠などで、暑い為に早く水分が蒸発した場合に、木乃伊が出来る。

次には屍骸が脂になることがある。それは巴里の墓場などに多いのであって、わりあいに狭い墓場に沢山葬るから、土質がだんだん汚れて来て、分解した屍骸から出来た物の為に緻密になって来た為に、此変化が起るのである。脂になれば形が壊れずに、いつまでも残って居るから、腐り気なしに分解させようと云う埋葬の趣意にそむいている。

屍骸は人の恐れるものであるが、衛生学の上から観れば、左程恐ろしいものではない。屍骸の毒は解剖をする人が過って指を截り、其瘡口《きずぐち》に屍骸の液がはいったときなどに、感染することがあるが、屍骸から出る臭い瓦斯などは毒ではない。唯あぶないのは、伝染病で死んだ屍骸である。

葬《ほうむり》をするには、屍骸のまわりについて居る物をそっくり棺に納める事が肝要である。此注意は殊に疫などを煩って死んだ屍骸を扱う時に必要である。

疫の中でも、皮膚にふきでものある病気は、屍骸の皮膚に病毒がついて居て乾けば塵になって空気にまじり、遂に人を犯すやうなことがあり、又虎列剌《コレラ》などのときは、皮膚について居る糞便が乾いて、其中のバクテリヤが塵の中へまじることもある。それを防ぐ為には、屍骸はまず濡れた巾《きれ》にて包み、おりおり薬液を上からそそぐがよいと勧めた人がある。

棺桶は上から流れ落ちる水を、なるたけよく拒ぎ、下へ流れ出る水をなるたけよく通すのを最上とするのである。土の中に埋めてから、降った雨が棺桶へはいるようでは、上等の棺桶とは云われぬ。それで衛生学者の中に、棺桶の蓋を屋根の形にして、地面の浅いところから落ちて来る水を雨垂のように脇へ避けさせる工夫をした人がある。棺桶の下から水の通るようにしなければならぬわけは、屍骸が分解するときに、多く水が出来るものであるから、それを早くはけさせて、分解を早めさせる為である。空気の中では分解が早く水の中では遅いと云うた通に、屍骸から出た水が、棺桶の中に溜って、屍骸が其中に沈んで居ては、水の中にあると同じようなわけになる。之を防ぐには、棺桶の底を格子のように作るがよいと云うた学者がある。

棺桶の中に屍骸を入れて、其間にいろいろな物をつめる法は、商売人のすることで、衛生学には背いて居る。何故と云うに、たとえば炭の粉をつめることがあるが、是は分解の妨になる、つまり屍骸をいつまでも保存するようになる。

屍骸を早く分解せしめようと云う考で、薬を用いることは、一人一人の屍骸を葬る時には必要ではないが、戦場などにて、一つ穴の中に大勢の屍骸を葬る時には、此法を施すがよいのである。たとえば食塩、酒石酸などを屍骸のまわりに置いたり、或は屍骸の腹をあけて中へ入れたりなどすれば、黴の発生が早く従って分解も早くなる。

埋葬の土地は乾いたところがよい。即ち空気のよく通う土地を貴むのである。

墓場と人家との隔りに就ては、西洋の諸国には、法律上の定めがある。ちょっと考えると、なるたけ人家は遠くしたがよい、近かったならば、健康の害になろうと思われるが、学問の上からは、埋葬地の近所はあまり恐しいものではない。埋葬地で屍骸から出るくらいな有機物は、掃除の行届かぬ町には、どこにでもある。それで今の学問の位置から云うて、いよいよ墓所と人家との距離は、何間がよいと極めることはとても出来ぬ。しかし墓所は、人の拝みに往くところであるから、あまり騒しい人家の近所などは好まぬものである。

屍骸を埋める深さは、大抵きまりがある。若し黴ばかりが屍骸の中に生えてバクテリヤが少しも育たなければ、すこしも臭い瓦斯を発することはない。しかし実際には黴が生えるようにしても、多少バクテリヤも出来て、分解するまでには臭くなる。あまり埋めようが浅いと、其近所を通った者が臭気を嗅ぐようになる。それで十分にくさみを吸い取ってしまうだけの深さには、是非埋めなければならぬ。大抵は棺の上に、土が六尺あれば、臭い憂はない。

埋葬地は、おりおり前の墓を除いて、そこに新しい屍骸を埋める時が来る。たとえば日本などでは香花をたむける者が絶えて、其墓が滅びることがあるし、西洋では又国々に定めがあって、数十年目に墓を倒して、新しく屍骸を埋めることが出来るようになって居る。しかし既に話した通りに、九年立てば、大抵大人の屍骸が、分解してしまうのであるから、十年前に発《あば》くことさえなければ、見苦しい屍骸が墓地から露われる憂はない。

西洋の墓地には棺桶を置く所があって、なるたけ早く屍骸を人家から出し、其墓地の中の家に安置し、暫く時を経た上で葬ることにしてある。なるたけ早く人家から出すのは、衛生上の意味よりも、道徳上の意味があって、棺桶を睹て居る間は、殊に婦人などはなげきが止まないからのことである。

又墓地の家の中に暫く安置して置くのは、法律上のさだめで早く葬られぬ訳もあるし、たという法律では構わぬまでも、病によりては、まだ命があって、死人のように見えることがあるので、埋めてから生き戻ることのないように置いて見るのである。其しかけにはいろいろな工夫をした人があって、墓場の屍骸を置く場で、棺桶に番号をつけ、棺桶の中にしかけがしてあって、もし屍骸が動けば、電気の鈴が鳴るようにしてあり、番人がついて居て、之は第何番の屍骸が動いたのだと、恰もホテルの客の番号を知るように、知って往って見る法がある。

墓地には草木を栽えるがよいのである。何故と云うに、屍骸の分解して出来た物を草木が吸取る。そればかりでなく、分解を早める力もあるからである。其草木の種類はあまり根の張らないものが好い。それは土を掘るに当って、盛んに根を張るものは害をするからである。花の咲くような灌木の類が至極適当である。

今迄話した外に、火葬と云うものがある。死骸はそのままで土へ葬っても、世俗の恐れるほど、健康を害するものではないが、直に煙にしてしもうて、灰を埋めるほど清潔なことはない。唯此煙が臭《くさみ》を放つ為に、人に嫌われるが、火葬の法を改良すれば、くさくない瓦斯を発生するように焼くこともでき、又たとい臭があっても、屍骸の煙は魚を焼く煙と同じことで、少しも毒にならぬ。しかしこれは屍骸のにおいだと思うて嫌う為に、自然深い呼吸をせずに、用心するようなことがあって、多少健康の害にならないでもない。

西洋でも火葬のよい事を知って、独逸のゴタと云うところなどには、立派な火葬場がたててある。而《そう》して学者の中には未来は人を葬るには、火葬ばかりを用いるだろうと唱えて居るものもある。

火葬に反対するのは、法医学者であつて、直《ただち》に焼いてしまわれては、人殺しの嫌疑などのあった時に、調べがつかぬと云うて居る。しかしこれは法律上の焼く前の検査を厳重にすれば憂うべきことではない。又宗教上から火葬を妨げるのは、基督教で、中には火葬を許さぬ牧師もある。しかし一方には、又新旧約全書に火葬をするなとは書いてないからよいと云うて居る者もある。

西洋で最も火葬の妨になるのは、焼賃の問題である。たとえば独逸の伯林の市街から、一つの屍骸をゴタへやって焼かせるには、汽車で遣る為に、伯林からゴタまでの運賃が凡そ九拾円かかり、ゴタの焼賃が四拾円かかり、都合百三拾円になるのである。しかし近頃は会社にたのんで、掛金をして安く焼くこともできる。

## 七

### (1)

# 『通俗食物養生法』より凡例・目次

石塚左玄

『通俗食物養生法　一名・化学的食養体心論』（増補訂正第七版、三省堂、一九〇九年）、『近代日本養生論・衛生論集成』第十二巻、大空社、一九九二年、凡例一―二頁、目次一―一八頁

## 凡例

一本書は、食物中に有る飽気と塩気との能と毒とが、人体《からだ》に人心《こころ》に及ぼす所の道理を説明《ときあか》せしものなり。

一学問上の都合を以て、其飽気は加里《カリ》塩と名じ、其塩気は那篤倫《ナトロン》塩と称し、此二者《ふたつ》を合一《いっしょに》して、又夫婦亜爾加里《アルカリ》と命ぜしなり。

一加里塩とは、穀類、菜類、果実《くだもの》類の如き、又海草類《うみくさるい》、藻、苔《のり》類の如き、総て土《つち》質及び海河に生ずる、所謂植物性食品類の異名と知る可く、那篤倫塩とは、食塩《しお》の外に海河等の魚類、甲介類より、総て鳥獣《とりけもの》の肉類及び卵子《たまご》類の所謂動物性食品類の異名と知る可し。

一滋養分又営養成分とは、蛋白と脂肪と澱粉との三質《みつつ》にして、所謂有機性燃焼質（とは燃ぜば失せて灰も

（のこさざるものをいうなり）を云うなり。蛋白は動物に在りては肉類卵子類に、植物に在りては穀類殊に雑穀の豆類に多く之を含み、脂肪は動物植物の食品類に有る油気と仮に看做す可く、澱粉は穀類薯類より精製して取りし穀粉と仮定して看る可し。

一本書は通俗食物養生法と俗称するも、其実は化学的食養体心論と命じて、又一に食律と名ずるなり。

一加里塩と那篤倫塩と結婚して、化学的に夫婦と成る所以の道理、事実証候結婚式等其他此二者の分量が権衡《つりあい》を得ると得ざると、又過ぐると不足するとより発《おこ》る能と毒との詳細《くわしき》に至りては、化学的食養長寿論を参観す可し。

通俗 食物養生法　一名化学的食養体心論

# 目次

第二章　穀類及び其他食品の化学的性質論

# 七（2）

## 『通俗食物養生法』より第四章（一部抜粋）

石塚左玄

『通俗食物養生法　一名・化学的食養体心論』（増補訂正第七版、三省堂、一九〇九年）、『近代日本養生論・衛生論集成』第十二巻、大空社、一九九二年、第四章、二〇三―二一三頁

結論

今や上来に於ける夫婦亜爾加里塩の、性質効力及び結果を論述せし其景況を概括して結了せんとするに、我国の如き海多陸少の方土に於ては、概して智を活用すること、才を応用す

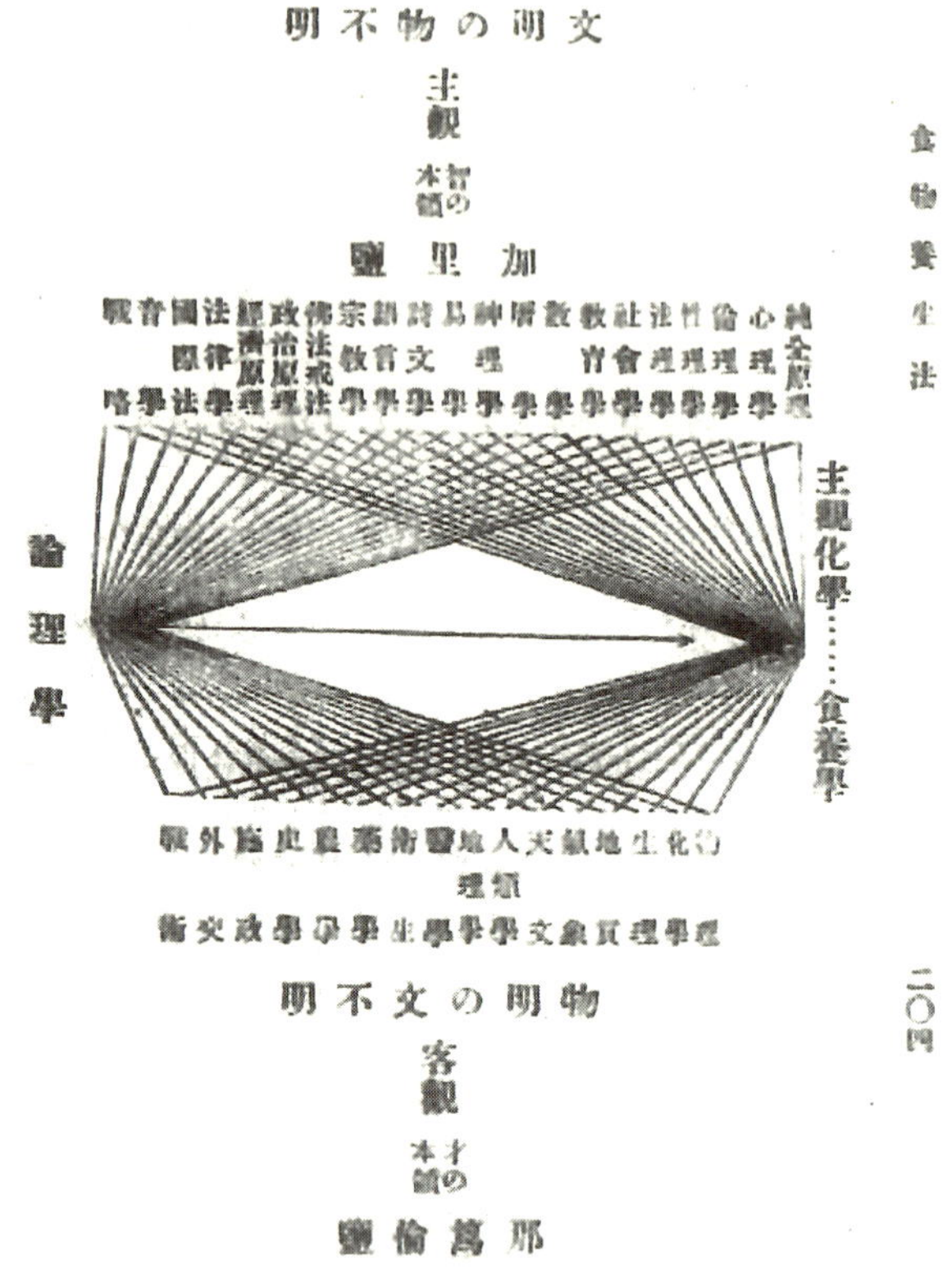


るよりも難く、之を逆言すれば才に富むこと、智より多きを免れざる自然の地勢あるに、尚且近今は利用厚生の主義に開進し、身内の食物は身外の事物に随伴し、米産魚塩国に在らざ

る大陸人と同格に、肉食奨励の道を観誘するも、本邦は元来魚塩に富む、邦土国人なるを以て、此上敢て肉食に必要なきのみならず、天武天皇が故に家畜の屠殺を禁ぜられたる、筋肉法の詔勅の如き、亦之れ智学的の理想と物学的の経験より出でたる、千古不易の食政法たるも、千二百有余年を経過したる今日は、去故就新の才機を以て不レ知不レ覚《しらずさとらず》、夫婦亜爾加里の差数を近くし、以て飯には塩類及び加里塩を少なくし、菜には肉類魚類を多くせしに搗《か》てて加えて、那篤倫塩なる食塩と曹達《ソーダ》剤との必要を説くや、大陸の遠海人に適当なる学説を以てするより、自ら不平均の身体保養法となり、都人士以上に在りては、現今益々贅沢の華食に傾き、習い性となる所の、所謂滋養肉食法に心酔するより、挙国殆んど皆才多智少の人たるは勿論、智才兼備の人も稀少にして、増々才進智退の軽薄貪心に趨する時勢なりと謂わざる可からず。食事食政を論ずる者は、必ず先ず邦国の位置、地形、天候を考察して、歯顎の形状に着目し、穀食動物たる天性を化学的に理解し、人生摂養の食物たる陽性の澱粉、蛋白及び脂肪と、陰性の無機性塩類就中夫婦二塩との、配合する其比例分量に根拠し、而して現今に於ける物明世界の人口増殖は、殊に我国に於ては遠海幽趣の山野地を去りて、近海繁栄の魚塩地に就くの傾きあるが故に、都会魚塩地人民は山野人に適当なる肉類海産物に心酔せず、加里塩の多き野菜産物を比例的多く使用して、食物を美味に調理し以て除病健康に、智才兼備に為す所の食養法を、考察せずんばあらざるなり。

其食養法の考案は我国の各人に於ける職業の種類と、体動の労佚《ろういつ》とに適当す可き、蔬肉の比例量（即ち夫婦亜爾加里）たる、加里塩と那篤倫塩との差数等差量を研究して、之を化学的に衛生的に分別して配当するは、実に容易の事にあらざるなり。況や一個人の意識見聞に於てをや。

然れども其食養法の配当たる、学問的には余未だ観聴《みきき》する所最も少なきも、自然的には亦幾分の差別あるものにして、恰も労働者の如き穀菜者の如きは、塩味の強き副食品を好み、肉食者の如き坐業者の如きは、塩味の淡きを愛するのみならず、同一の人にして充分に体動せし後は、強塩味品を嗜むも安佚の時は其淡きを好むが如く、食養上には自ら夫婦亜爾加里の差数量に関する所あるが為め、余も亦化学的理法を以て、其現物配当量の食養法を考案して、只其概略を掲載すること、左の十項に於けるが如し。

職業行務に通常す可き食養法の概旨十項

一、都会に於て大白米飯を食する力役者の如き人種は、常に夫婦亜爾加里の差数近き魚類鳥獣の肉類と、差数の遠き植物性食品の塩味強き品類とを副食して、間食には餅の如き薯の如き団子の如き、柿桃の如きを資《と》るを良しとす。

二、体力及び敏才を要することの少なき、坐業者の如き人種は、塩気の薄き植物性食品を多く副食して、魚鳥獣肉及び卵子の如き美味は之を節し、夏季は成るべく其度其量を少くせざるべからず。

三、商業及び交際上に敏腕の機才を要する人種は、常に膏梁厚味の美食を為すこと他の職任者より比較的多くせざる可からざるも、亦必ず生姜、大根、胡椒芥子泥の如き品種を後食す可し。又間食品のカステーラや煉羊羹の如き、加里塩に乏しき菓子類は成る可く、我慢して少なくせざる可からず。

四、智識の発達と体育の長大とを養成する学齢者、及び沈思深遠の考案智慮を要して、大成の業務に任ずる人種は、成る可く穀菜を主として雑食す可からず。

五、才気の発達と体力の強大とを要し、早く任用に堪えんとする人種は、食品の何たるを問わず多く雑食して、比較的穀菜食を少なくするを可とす。

六、分娩後の児童をして体格長大に、相貌優美に、体動静粛に、無病健康に養成せしめんとせば、母体《はは》が受胎中より分娩後に至るも、成る可く人為を加うる事の少なき、穀菜食を多くして、加里塩の少なき菓子の類と、塩味の強き食品、及び魚鳥獣肉卵子の類とを少なくせざる可からず。

但し蔬食者の母親が分娩する初生児は、肉食者及び牛乳を嗜好する母体が分娩する肥満の赤子より、其体貌は遥に少なるを常とすと雖も、年月を経るに従い肉食者の児童は、穀食者の児童が生育して長大となるに、及ばざること遠しとす。況や寐る児は育つ、と云う俗言あるに於てをや。

七、小学より中学卒業に至る期間の学童は、壮年期間の大人に於ける食養より塩気を強く穀菜の品類を多食せしめて、記憶力と忍耐力との発達を養成せざる可からず。

八、中学卒業より大学卒業の頃に至る期間の食養は、穀菜果実の外魚鳥獣肉及び強塩味品を、時々副食す可きものにして、即ち学識応用の時期に近くに従い、才気を要すること愈々多きに至るを以て、肉類塩味品を食すること愈々多く摂取するを可とすれども、亦必ず穀食動物の本分を忘る可からず。

九、壮年期を過ぎて老年期となるに従い、智慮と養寿とを専務とする人に在りては、孟子が『七十非レ肉不レ暖』と言いしと雖も、又我国とは地形、天候を異にするを以て、殊に近海臨水卑湿の地方に住居する人に在りては、成る可く、麦或は赤豆《あずき》の混飯或は味噌の雑煮餅の如き、穀類を主として飯の菜を少なくし、而して魚鳥獣肉及び卵子の類を食せんとするには、野菜類と合せて割烹調理したる、美味軟熟の料理品と為さるる可からず。然れども決して其量を多くすべからず。

十、徳義心を専修する僧侶及び、廉恥淑徳を自守する女子の若年期にありては敢て多く気転と才気とを要せざるが為め、成る可く穀菜食を多くして塩味の薄きを資らざる可からず、若し其輩にして酒池肉林に飽き、或は魚鳥獣の肉類及び塩味の強き美味品、或は加里塩の殆んど皆無なる蒸菓子、汁粉の類を多く嗜むに於ては、恰も肉食者の肥満家が身体より脱塩せんが為め、頻りに入浴して爽快の情を起さざるを得ざるが如く、或は破戒濫行に陥り、或は破廉恥情を犯さざるを得ざる体心の食養法となるものなり。

以上十項に記するが如き、化学的食養法を実行するに於ては、或は力役、或は、坐業、或は交際、或は智育、或は思慮、或は忍耐、或は実用、或は養成等悉く修守し易き無病健康の身体となりて、智と才とを活用し得可きなり。

茲に余がものせし化学的食養法の道歌あり、其半は上来の各章に散載せし所あるも、其半《なかば》を副記して以て本論の結尾とす。但し余固より歌人にあらざるを以て、歌としては何等の価値なからんも、之に因て化学的食養法の一端を窺知せらるるを得ば、余の幸甚之に過ぎず。

化学的食養法の道歌

塩風の吹き入る土地は身の為めにくらうて欲しき豆と野菜を
塩風に吹かるる土地の人々は夏気となるや殊に菜食
魚や塩得るによし無き山里は鳥けだものの肉を食うべし
肉ならば大根卸しか生姜汁つけてたべれば毒けしとなる
口さきの旨きばかりにだまされて命縮むる身こそ弱けれ
肉すぎて干物の如く身はしまり色黒くして病がちなり
肉すぎて命ばかりか身も智恵も短くなりて才のみ多し
肉すぎて血道のめぐりあしくなり暑さよわりに冬も寒むけれ
肉食えば野菜《はたもの》をすかぬ人となり薬々とたのむ可笑さ

肉食えば一時の力多けれど蔬食の人の根気には負く
肉食えば心強きも気はつまり長き仕事を嫌うなる可し
円心《まるみ》ある穀類多く食しなば智仁勇義の道に富むなり
動ずは動かぬ物を重に資れ動き動かば動く物食え
海国の魚と塩とに富む土地は山や畠に生うるもの食え
大陸の麦と薯とに育つ人勉めて食らえ肉や玉子を
塩風の温気ありける火の本をさます薬は野菜なりけり
遠海の北と山との水国はさむさ凌ぎに肉も食うべし
飯食って程度《ほど》よく肉を嗜まば身も健に智も才もあり
肴屋は肴のように動けども八百屋のように静《しづか》にはなし
春苦味夏は酢の物秋辛味冬は脂肪と合点して食え
米飯よりも牛や玉子が多ければ角つき合て爪もかくさず
肉はただ菜食のみに食べ合せ米食ならば日々に要せず
養《やしない》の正しき人の行は雑食人の模範たるなり
肉食うて麭や果物好くならば面も小さく巾も利かない
犬猫と同じ食物多ければ頭やまして夜も寝られず
牛馬にちかき食物多くとも楽に寝られてものも忘れず

尻倒《しりこけ》の食物多く食しなば始末悪くて尻尾出すなり
尻根《しりね》ある食物多く食しなば尻尾出さずに始末するなり
横のびの動物多く食しなば其性行は浮薄軽跳
縦のびの穀類多く食しなば着実主義の人となるなり
縦のびに横のびの物食い合えば自由自在の賢人となる
冬なれば夏減じたる肉玉子春秋よりも多くして良し
いつまでも肉食なして酒飲まばだんだんぼけて腑抜とぞなる

慈鎮和尚の歌に

山家には山家育ちの餌もあり味あしくとも命ながくて

八

# 静坐の原理

岡田虎二郎

実業之日本社編著『心身修養　岡田式静坐法』吉永進一編・解説／日本人の身・心・霊
近代民間精神療法叢書、クレス出版、二〇〇四年、八三―一〇五頁

## 人間発達の根本

静坐の方法は既に之を聴く、さて静坐の理は如何。当然の順序として此問題が起って来る。先ず問わん、草木は如何にして発達するか。此理を明にせば静坐の理も亦自から分明になって来る。草木には根がある。山中の松柏、広野の草木、敢て橐駝屋《うえきや》の手を煩はすわけではない。唯根さえ正しく、しっかり張って居れば、それだけで自然に水を吸上げ、自然に営養を吸収し、そして自然に伸びて行く。根は草木発達の本である。

此一つの本此本を修める事が、草木の健全なる発達に必要なるが如く、人も亦此本を修め、正しく且しっかりと張ることが、健全なる発達を遂げるに必要なのである。古人曰く本立て道生ずと、静坐をすればつまり自然に此本が立つという事になるのである。

心身の健全なる発達を遂ぐるには、固より種々なる要素がある。此要素から種々なる営養を吸収する必要がある。然れども之を吸収するには、正しく且しっかりした根を張らなければならぬ。此根を張ることが人間発達の大本《たいほん》である。静坐の人間に於けるは猶根の草木に於けるが如きものである。

矗々《ちょくちょく》たる幹、妍々たる花、累々たる果実、是が果樹の健全なる発達である。此発達は樹の本たる根の力である。人も亦斯の如し。根さえ正しく且しっかりして居れば、其肉体の美は、宛《あた》かも樹幹の亭々として自然に伸びるが如くなるのである。其智識の美は宛かも妍花の爛漫として自然に開くが如くなるのである。而して其品性の美は宛かも果実の累々として自然に結ぶが如くなるのである。根なる哉。而して静坐は此根を張る自然の道である。

## 重心の安定

然らば人間発達の根とは何か。

根とは心身の重心を謂うのである。重心は体の主、心の司古今の偉人英雄未だ重心定まらずして精神精力の充実したる者あるを見ない。人間発達の根を張るは即此重心を安定するという事である。

唯多くの滋養物を食するというのみにて肉体は発達するものでない。唯万巻の書を読み、賢哲の教訓を聴くのみにて精神は磨かれるものでない。其根本の第一義は、先ず重心を安定するという事である。重心安定して始めて食物も肉体の営養となり、教訓も精神の滋養となるのである。

然らば重心の安定とは何の謂か。

## 重心は中庸の司

重心とは、分り易く説明すると物の中庸を掌《つかさど》る力である。凡べて物には皆重心がある何物にても重心を失えば中庸を失して不安となり重心を得れば、中庸を得て其物は安全となる。是は理学の方則である。寧ろ自然の方則である。達磨人形の倒れざる、五重の塔の倒れざる、十二層の凌雲閣の倒れざる、幾百尺の大煙突の倒れざる、皆重心の方則に循《したが》て製作されてあるからである。即重心安定して中庸を得平均を得て居るからである。人間の心身も亦此方則に漏れることは出来ぬ。

## 心身一致の理

人間の心と体とは、仔細に観察すると玄の又玄、寔《まこと》に不可思議の関係によりて成立って居る。心身は二様に見えて元は一。其末に就て之を見れば心は心、体は体と明かに区別し得べきが如きも、其元に溯ると心身一致という事に帰着して了う。皮相の観察にても此事実は容易に説明が出来る。物に驚く時は心も驚くが、動悸も高くなる。虎列拉《コレラ》病を太《はなは》しく恐れる者は、黴菌の伝染なきに、下痢を催して来る。一心凝れば寒中滝に打たれても尚且害を受けず、愁《うれい》に沈めば満頭一夜に白髪となった者もある。心身は到底一致。離して別々に見ることの出来ないものである。既に離して見ることが出来ないものとすれば、其発達するにも又一致の本、一元の根というものがなくてはならぬ。

然るに今日は、之を強いて離して別々のものに見て居る者が多い。精神修養法というものと、肉体健全法というものを別々の器に盛て飲ませて居る。而して其一致の根を修めるという事を全く等閑に附して居る観がある。是今日の教育なるものが、心身の健全なる発達という点に於て、労多くして効少なく、愈々繁瑣にして愈々実効の挙らざる所以であろうと思う。而して其謂う所の一致の根、一元の本は則重心である。

## 重心の安定と肉体の健康

人体の組織は、実に微妙精妙複雑窮りなきものである。今日の進歩せる科学でも其精微なる組織に対する研究は僅に其門墻《もんしょう》を窺った位に過ぎぬ。而して此複雑微妙の組織が何等人為を用いず自然に滞りなく活動する所以のものは、天然の方則があるからである。則此複雑なる組織の調節が自然に保たれて行く方則があるからである。

其調節は何に依て保たれるかというと、それは則重心の力である。

人体は重心に依て自然に中庸を得、調節を保たれるのである。重心安定すれば、即重心が下に落着けば、心身は宛かも強大なる実権政府が中央に鎮坐する国家の如く、全体の組織は此中央府によりて堅固に統一せられ、命令はよく行われ、各部の機関は皆本然の任務を完全に遂行することとなる。従て血液の循環は常に円満にして、営養は神経の末梢、毛髪の尖端に至るまで満遍なく普及し、新陳代謝頗る迅速にして、体内には邪気悪血の停滞することなく、従て故障を生ぜず、疾病の状態に陥ることなく、疾病の状態に在る者も亦漸次疾病を回復し、筋肉もよく発達し、皮膚もよく潤沢して健康美の肉体を見るに至るのである。然るに重心安定せず、即重心が上に浮き上って居る時は、全身の機関機能は調節を失し、血液の運行も亦円満なる能わずして、肉体に種々なる故障が起り、疾病を生ず、而して重心が上り詰めた時が即病死となるのである。

## 重心の安定と精力の集中

重心の安定せざる人を譬ていうと宛かも現今の老支那《(ママ)》国の如きものである。中央に統一の大勢力なき為に、全国処々に騒動が起る。而して此騒動を鎮定する力もない。それなら支那には兵士なきかというに然らず、兵隊は各省共到る処に在る。之を総計すれば非常な大数になるが、唯之を統一する力がない為に、無力無能の状態に居るのである。重心の安定せざる人は丁度此支那に異ならぬ。精力なきにあらず、唯全身の精力を統一する者なく。散漫のまで集中されないからである。其統一されない散漫の力を以て事に当るから直に疲労し屈撓するのである。然るに重心安定すれば全身の精力は此処に集中貯蔵せられる。一たび事に当れば其集中されたる精力を以て之に当るから、常に綽々《しやくしやく》として余裕があるのである。即精力が常に充実する事となるのである。

## 重心の安定と七情の調和

精神の状態に於ても亦然り、肉体が重心に依て調節を得る如く、心も亦重心に依て調節を保たれるのである。人間は其周囲と接触する毎に七情の働きが起る。七情の働きが発して節に中れば、人間は始めて幸福なるを得る。然らば問う如何にすれば七情の調和を得べきか、曰く心の中庸を得るに在り、然らば問う如何にすれば心の中庸を得べきか、曰く重心を安定せしむるに在り。重心安定すれば、悲むべからざるに悲まず、驚くべからざるに驚かず、怒るべからざるに怒らず、事に当て神騒がず、胆落着き、常に泰然自若の態度を失わずに居ることが出来る。即七情の調和を得るのである。然るに一たび重心を失する時は、七情調和を失い、神騒ぎ心擾《みだ》れて混乱せる精神状態となるのである。修養の足らざる者は少し困難な事に遭遇すると、頻りに焦燥し、煩悶し、歎息する。従て分別も、判断も、決断も皆間違って来る。是は重心が上に飛上って仕舞うからである。

## 重心は心身の一致点

然らば体の重心と心の重心とは別々のものかというに、然らず。重心は心身を通じて一つである。此一つの重心が安定すれば、心の平安と体の健康と同時に併せ得られるのである。之に反して重心安定を失すれば心も平安を失い体も健康を失うに至るのである。神経衰弱という病気は一つの重心を失う為に心身共通の故障を起して共通の病的となる最も明白なる実例である。要するに重心は唯一つ。一つて心身に共通する。此に於てか微妙なる心身一致の関係は益々明白となる。而して又精神の健全と肉体の健全と融合一致する理由も之によりて一層分明となる。

兎にも角にも斯の如き理由により又事実により、重心は心身の中庸を掌る中央政府、即心身健康の鍵を握れる最上権力者である事は争われぬ。心身一致の根即是重心という事になる。

## 重心安定法

此に於て問題は更に一歩を進めて、重心安定の法如何という事になる。

人間の重心は何処に安定すべきかというに、下腹部即臍下を以て其首府とする。臍下の如何なる状態が重心の安定せる状態であるかといえば、全身の力が此処に集中して、臍下堅く膨脹し、且強靭なる弾力に富で居れば先ず重心安定の形という事が出来る。

重心の安定法に就ては、古来偉人傑士と呼ばれたる人にして、躬《みず》から之を考究し、実行し、且述作した事も少くない。所謂気海丹田に力を張るというのは即是である。気海丹田に力を張るは固より重心の安定に欠くべからざる要件である。（但し古人の方法は姿勢呼吸に於て研究の足らざる所あり、是は呼吸篇に陳べたり）即呼吸篇に於ても陳べたる通り、終日イキミの姿勢にて臍下に力を張るは此重心安定の必要あるが為である。此理を以て呼吸篇に陳べたる方法とを相対照参考すれば、読者の領解必ず一層分明なるものがあろうと思う。

然し重心の安定は之のみにては猶足りない。

## 静坐と重心との関係

既に重心が心身一致の根であることを知了せば、其重心を定むるの法も唯肉体的機械的に臍下を張縮《ちょうしゅく》せしむるのみにて、充分なる落着を得ることの出来難きは明白なる道理である。心平和にして始めて重心は其落着くべき処に安定するのである。

修養の乏しき者でも暫く騒擾から脱れ出た時には、自然にずっと胸が落着くことを自覚する。激務に追われた者が海岸や山中へ転地すると、又ずっと腹が落着くことを自覚する。是は胸や腹が落着くのではない、重心が今までよりも比較的に落着いたのである。此等の者は何故に重心が落着くか。他なし、心が今までよりも比較的に平和になったからである。心の平和が重心の安定に重大なる関係を持て居ることは是でも分る。

## 静坐は最後の重心安定法

然し常人に在ては重心の安定せざるに先ず心の平和を得ることが甚だ難かしい。此に於てか静坐という形式を取るの必要があると岡田先生は考えられたのである。何物をも求めず、何事をも考えずに静坐する、是安楽の法門、是極楽の天地と信じて静坐する。萍《うきぐさ》の水に浮べるが如く、月の天空に懸れるが如くにして静坐する。真空の静、絶対の静、静の又静、如何なる心も平和とならざるを得ぬ。斯くてこそ重心は次第に安定に近づく。初めはたとえ一時的でも、毎日継続すれば、一時の心はやがて不断の心となる。斯くして重心は落着くべき所にピタリと安定する。

此理を以て静坐篇に陳べた方法、並に初篇の中に在る岡田先生の心身発展の原動力とを対照参考せば読者の了解は更に一層分明なるものがあろうと思う。

要するに静坐をすると心が落着て気が静になる。心が落着くと重心が自然に安定に近づく。重心が安定に近づくと更に気が静になる。静坐と重心とは互に因となり果となつて、相互の働きを完全ならしめんと協戮《きょうりょく》する。

## 静坐で病が癒るの理

静坐は斯の如き理によりて心身を健全に発達せしめ、又発達の不健全なる人々をして其心身を改造せしむるのである。静坐の目的は病を医するのでもなく、又健康を増進するのでもないが、静坐の結果として自然に無病息災の身体となり得るという道理は自から明になる。人間の病の中で、甚しき遺伝、生来の欠陥、又は不慮の傷害等に由来するものは暫く別として、多くの疾病は、根本の原因が精神の不統一重心の不安定に発するものが多い。病の原は要するに血液の循環が不良になるより来るものである。血液の循環が悪いと、或局部に於て血液の停滞となり、又或局部に於ては血液の不足となる。停滞する所に於ても、不足する所に於ても共に充分なる営養を受けることが出来ないから、故障となり、病となる。而して血液をしてよく循環せしむるの道如何かというと、精神の平和と重心の安定が最大要件である。是れは科学の研究に照らしても、又実験に徴しても最早疑いないのである。而して此結果に到着するには静坐が最も有効なる方法という事になるのである。

## 一般人の誤れる衛生思想

吾人は科学を尊敬する。殊に医術の進歩は他の方面に於ける人智の進歩を飛超えて、殆んど造化に肉薄するの概がある。然れども吾人は科学を尊敬すると同時に、又天然の根本方則を更に大に尊敬しなければならぬ。吾人は医術の進歩と効果とを認むると同時に、人間が自然に健康を維持すべく造られてある自然の大本《たいほん》に向て、更により多く注意しなければならぬ。医術が進歩せるからとて人間発達の大本を忘れ、科学万能の謬見に囚われて、医学の力にのみ依頼するあらば、其人は既に生命を失えるものである。

然るに現代人を見ると、多くは此大本を修むることを知らずに、末の流を浚えて源の濁を治めんとして居る。大黒柱の歪めるに気付かず、之が為に傾廃して居る家を、単に局部の修繕さえすれば丈夫な家に引直されるものと思って居る者が多い。是は大なる謬見である。傾いて居る家は先ず之を起し直して位地を正しくすることが主要である。即大本を立て直すことが必要である。其れを外れて道はない静坐は即これである。

若夫静坐によりて絶対と交通するという事は文字のよく説明し得る所でない。唯実行感応によりて之を知るの道あるのみ。

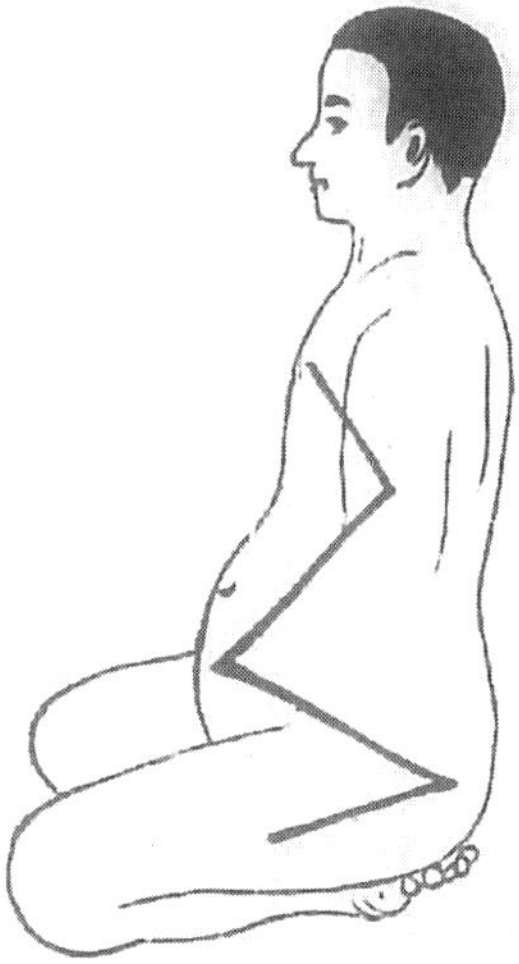

岡田式静座法の姿勢
(『現代強健法の神髄』より)

# 第II部　衛生と健康　解説

## 1　衛生

近代国家において、身体は「健康」でなければならない。健康は国民の義務である。国民は「清潔」で「正常」でなければならない。明治国家の中で、身体は「公衆衛生行政」に組み込まれ、国家の関心事となった。

例えば、伝染病があった。一人が感染すると瞬く間に社会全体に広がる。もはや個人の問題ではない。社会全体の問題、あるいは「国力」を左右する問題である。明治の初めには「コレラ」が流行した。既に文政五年（一八二二年）、安政五年（一八五八年）にも見られたが、本格的には、明治十年から、数年おきに流行した。コレラは、赤痢や腸チフスと比べても、その致死率の高さにおいて人々を恐れさせた（「コロリ」と呼ばれた。山本俊一『日本コレラ史』東京大学出版会、一九八二年）。

当時のコレラ対策は、消毒と収容に限られていた。患者が出ると「石炭酸」をまき、流行のたびに「避病院」が、応急的な仮小屋として（村はずれに）建てられた。患者は治療されるのでなく「隔離」された。そして、患者の治療より、周囲への感染拡大を阻止することが最も優先された。消毒を担当したのは、主に警官であった。

こうして始まった日本の近代医療について、さしあたり、二つの点を見ておく。

第一は「衛生」という観念。この言葉の命名は初代の内務省衛生局長・長与専斎である。岩倉遣欧使節に随行し医療制度を調査した長与は、西欧社会の中に（それまでの日本の社会にはなかった）不思議な行政組織を発見した。「国民一般の健康保護を担当する特殊な行政組織」である。「Hygiene《ヒユギエーネ》（英語のハイジーン）」と呼ばれたその組織を、長与は、『荘子』から言葉を採って、「衛生」と名付けた。

第二は、その衛生行政が警察によって担当された点である。「衛生警察」が消毒・収容に当たる。ということは、命令であり強制である。警察を主体とした衛生行政は、国家による権力の行使という抑圧的性格（「有無をいわせぬ性格」）を持っていた。したがって、人々からの反発も多かった（「コレラ騒動」）。人々は「警察」による衛生管理を、予防医学の観点から見れば感謝すべきことであったにもかかわらず、歓迎しなかったのである。

こうして人々の身体は「公衆衛生行政」の中に組み込まれた。身体の「病」は、単に個人にとっての不幸ではなく、社会的な「害」となった。害であれば、隔離され排除される。しかもその排除は権力のもとに執行される。身体は健康でなければならない。健康であることは、単に個人の喜びではなく、国民の義務となった。国家に役立つ身体が義務となったのである。

ところで、以上のような理解に対しては、批判がある。明治期に展開された衛生概念は「上からの権力行使」という一面だけでは理解されないというのである。

国家が一方的に民衆を押さえつけたのではない。国家は民衆を「助けた」。助けるという仕方で、民衆を国家の中に、上手に組み入れた。生活困難者の暮らしを助け、学校や地域社会の設備を整え、人々から感謝されるという仕方で、人々を国家の中に組み入れた。

権力は一方的に管理したのではない。より巧妙に、国家の「ありがたさ」を感じる機会を、人々に提供した。国家というシステムの中で生きる方が幸せになる。そうした調和と統合を実感する機会を、権力は人々に用意した。

そして、そのように自ら進んで国のシステムに参加することによって、人々は「主体」となってゆく。国はそのための道を用意した。個人が「主体」として独立することを阻止したのではない。むしろ「主体」となることを勧め、新しい「主体」の在り方を示した。国家のシステムに喜んで参加し従ってゆく「主体」へと人々を導いたことになる。

本書は、明治期に展開された「公衆衛生行政」にそうした側面も見る。むろん一方的な抑圧もあった。しかし人々が喜んで参加した側面もあった。自ら望んでシステムに従うことによって「主体」となる。本人にとって、それが幸せであったかどうか。その問いは最後まで残しつつ、しかしここでは、身体が「公衆衛生行政」の中に組み込まれてゆく姿を見たい。

## 2 第五章 後藤新平『国家衛生原理』

後藤新平（一八五七―一九二九）の経歴は多彩である。仙台藩領・水沢で生を受け、才能を認められ十五歳で上京し、十七歳で医学校に入学する。愛知県立病院長を経て、内務省に入り、台湾総督府民政局長となり植民地経営の基礎を築いた。一九〇六年南満洲鉄道初代総裁。逓信大臣、内務大臣、外務大臣を歴任の後、一九二〇年東京市第七代市長。関東大震災の後には、内務大臣兼帝都復興院総裁として画期的な復興計画を立案した。ボーイスカウト日本連盟初代総長、東京放送局（のちの日本放送協会）初代総裁、拓殖大学第三代学長を歴任した。

こうした経歴の中では、ごく初期、まだ医者として活躍していた後藤が、一冊の本を残している。『国家衛生原理』（明治二十二年、一八八九年、三十三歳）。ドイツに留学する前年、警察練習所における講義録『衛生警察原理』を元に整理した、若き後藤の理想論である。

後藤は国家を「衛生団体」と見た。国家は人々の暮らしを守る。完全な国家は、生命進化の過程で生じた最高の生命有機体である。国家は、「主権の保護」と「人民の自衛」が相まって「健全生活」を可能にする制度を整え、「生理的円満（満足・幸福）」を実現させる。つまり、理想の国家は、人々の健康と幸せを保証する生命有機体である。後藤は、生物学の原理を基礎に据え、「有機体的分業」によって国家経済を構想した。

むろん衛生のためには費用が要る。しかし衛生は国益につながる。もし伝染病が蔓延すれば、個人が苦しむだけでなく、国家の力が弱まる。衛生事業への投資は、結局、公益をもたらす。同様に、生活困窮者（「下等民」）の衛生を確保することも国益につながる。治安対策として効果的であるのみならず、それは富国強兵の基盤となる。衛生は「パブリック」な視点から見ても得策なのである。

後藤は、その国家論の基礎に生物学を据え、身体を比喩とした。身体の最小単位は「細胞」であり、「細胞」が身体を支える。同様に、国家を支える最小単位は「個人」であり、「個人」が国家を支える。その時、人が自分の細胞を傷つけたりしないように、国家も個人を傷つけたりしない。国家と個人は、一方向的な「支配─被支配」の関係ではない。個人は「人体的国家といえる集合体の分子」であって、個人と国家は有機的に支え合う。調和的な補完関係にある。後藤はそう理解した（そうあるべきと論じた）。

「衛生」という言葉は、こうした国家論の全体を通して登場する。個人の「生」と国家の「生」を一貫して扱う言葉なのである。その全体領域を後藤は体系的に示している（本書九八頁）。

まず、出発点（最上段）に「生理的動機」が置かれる。

次に、「平時」（日常的な対策）と「非常」（伝染病など非常時の対策）が区別される。

さらに、それぞれが「私法」（私的な養生法）と「公法」（社会全体に関わる対策）に区別される。

そして最後に「直接」（健康に直接関係する）と「間接」（間接的に関係する）が区別される。

この体系図によれば、江戸期の「養生法」は、最も右端（「平時衛生の直接衛生私法」）に当たる。伝染病などの危険がない平時において、個人が、直接的に健康に関わる領域である。その隣（「平時衛生の間接衛生私法」）は、やはり平時の話であるが、間接的に健康に関わる。その領域は広く、道徳も学術も、あるいは、農工業などすべての領域が、間接的に健康に関わる領域とされる。

後藤の議論はこの「間接衛生法」を特徴とする。直接的には健康に関わらなくても、間接的に健康に関わる領域をすべて視野に入れる。そしてそれを「私法」と「公法」に分ける。「間接衛生私法」は、健康に関連して個人が身につけるべき事柄（道徳・学術・農工業の知識）。それに対して「間接衛生公法」は、「政府の立法、行政、上下院、内外務、農商務、教育、司法、兵事など」と、あらゆる社会組織を含んでいる。つまり国家の組織は、すべて「衛生」を支えることを目的とする。健康を願う個人の動機（「生理的動機」）を出発点として、その願いを実現し守ることが、国家の務めである。それは「幸せ well-being」と言い換えてもよい。国家は国民の「幸せ」を保証することが務めである。後藤は「生理的円満を得る方向」という。「衛生」とは国家の成員が「生理的円満を得る」ための全領域を包括するというのである。

こうして『国家衛生原理』は、国家行政のすべてを、生物学的原理から導きだす。国政に携わる者は生物学を基礎教養とすべきであり、国家学は「その基礎を生物学に取らざるべからず」。国家の組織は「人類の生理的動機」を出発点とし、その目的は「生理的円満」を共有することである。国民の幸福を願うのも、権利を保護するのも、すべて結局は、生理的円満を得るためである。

そこで「個人の生」を積極的に援助することが、国家の衛生法の目的となる。個人を抑圧して、国家を優先するのではない。個人の生理的動機を実現することが、国家の生理的動機を実現することになる。逆に、個人の生を駆り立てる「動機」が弱まれば、国家も力を失う。個人の生は、個人の私的な財産ではなく、国家の財産なのである。

言い換えれば、制度を整え強制的に命令しただけでは不十分である。いかに制度が整っても、人々が衛生への理解を持たなければ話は先に進まない。そこで後藤は社会啓蒙を重視し、社会教育の必要を強調した。

なお、こうした「個人（私的な生）」と「国家（公的な生）」が重なり合う領域を、ドイツ語は「ポリツァイ」と呼んだ。国家は、国家として繁栄するために、個人の生を積極的に援助する。個人と対立し、個人を押さえつけて、国家が繁栄するのではない。個人の生を配慮し個人の「生理的動機」を実現することによってこそ、国家も成長する。

後藤は、ドイツ留学中、プロイセン首相・ビスマルクの思想に触れ、こうした「ポリツァイ」の思想に確信を得た。「生物学の原則」と「帝国」が「ポリツァイ」の思想によって結びついたことになる。

## 3　第六章　森林太郎『衛生学大意』「埋葬の事」

森林太郎（鷗外、一八六二―一九二二）は軍医であった。東京大学医学部の卒業試験に失敗し、文部省派遣の留学を断念せざるを得なくなった二十歳の森は、数か月父の病院を手伝った後、陸軍省に進む決心をする。陸軍衛生部に勤務し、明治十七年（一八八四年）陸軍より派遣されて四年間ドイツに留学した。衛生学（衛生制度調査・軍隊衛生学）研究を命じられ、帰国後は陸軍軍医総監となった。体系的な教科書として『衛生新篇』を書き（小池正直との共著、一八九七年）、その後、一般向けに『衛生学大意』を著した（一九〇七年／明治四十年）。

「衛生」は「養生」ではない。単なる「長生き（「延年の術」）」でもなく、養生訓のような「気」の思想でもない。「衛生学」は「人の健康を図る経済学」である。「体の外にある物を体の中に入れ、また中の物を外に出すにあたって、その釣り合いを取って、健康という態度の、損なわれないように努める法を研究する」。科学的学問である。

しかも単に個人の身体の話ではない。ローマや古代中国でも下水工事など衛生事業が行われていた。森は個人の健康形成（養生）と同じだけ、あるいはそれ以上に、公衆衛生の政策的視点を重視した。しかし「栄養」や「衣服」など個人の健康も大切であるから、家庭の主婦など一般向けに啓蒙を行った。

収録したのは『衛生学大意』の「緒論」と「埋葬の事」である。「緒論」で「衛生学」の方針を示した後、第一章「土地の事」では、土地が人の身体に与える影響について述べ、土地の中で物が腐る仕組みを説く。しかし土地が自然に清くなる力には限りがあるから、第二章「下水の事」では、下水の処理の工夫を説く。同じく河に流すと言っても、川の流れの速さにより（ミュンヘンのイザル河の例）、また海との距離の違いにより（ロンドンのテムズ河の例）、事情が異なることを紹介する。

その中で、第三章「埋葬の事」が語られる。「塵埃《ちりほこり》を掃除するように、人の屍骸を掃除する法を埋葬という」。死者の魂の配慮ではない。公衆衛生として、遺体の取り扱い方を説くのである。「人の屍骸をそのままにおけば、バクテリアがその中にはびこって、屍骸を腐らせる。埋葬の主意は、このバクテリアのはびこるのを止めて、黴《かび》のはえるようにするのである」。なぜなら、バクテリアが育つと異臭を放つが、黴が育てば臭いガスを発生させずに、屍骸が分解してしまうからである。

伝染病で死んだ場合の屍骸は注意が必要であるが、衛生学の視点から見ると、屍骸は危険ではない。健康の害をもたらすことはないから、墓地を人家から遠ざける必要はない。墓地に草木を植えるのは、屍骸の分解を早めることになるから好ましいが、あまり値の張らないものがよい。

火葬が最も清潔である。西洋でも火葬が始まりつつあるが、問題は「焼賃」である。ベルリンの場合、火葬場まで汽車で運ぶためにはいかに高額になるか、詳しく説明している。

死体・亡骸・遺体は、人間の身体を考える上で欠かすことのできない問題であるが、明治期の衛生学から見た「新しい時代」の学問的知見として興味深い。近代国家として繁栄するために、個人の生を援助し「衛生」を増進する。その文脈で語られた「埋葬」である。

さて、こうした「埋葬」が戦場を原風景にしていることは言うまでもない。陸軍軍医となった鷗外は、ドイツに留学する以前に、既にプロイセン陸軍衛生制度を調査し（『医政全書稿本』全12巻）、ドイツでは衛生学（衛生制度調査・軍隊衛生学）研究に専念していた。

軍医としての鷗外の経歴において注目されるのは、脚気論争である。脚気は日本の軍隊を悩ませていた（足がむくみ息切れしやがて心不全を起こして死に至る）。ところがヨーロッパには脚気がない。海軍医務局長・高木兼寛は英国留学中にこれに気がつき、白米に脚気の原因を予感し、兵食として麦飯を提案した。しかしドイツ医学の陸軍軍医総監・森鷗外は、白米を主張した。日清戦争は麦飯の効果を証明した。麦飯を兵食とした海軍では脚気による死者が極めて少なかったのに対して、陸軍では多くの脚気患者と戦病死者を出すことになった。これに懲りた陸軍大本営は日露戦争の際に、麦飯を主張したが、森は断固拒否する。その結果、日清戦争をはるかに上回る脚気患者と病死者を出すことになった。

日露戦争後、結成された「脚気病調査会」で公式に脚気の原因追究が始まり（明治四十一年／一九〇八年から大正十三年／一九二四年まで）、その中で鷗外の説は否定された。彼は途中で医務局長を辞任することになる。

もうひとつ、エピソードとして知られるのは、鷗外の「風呂嫌い」である。それは当時から有名だったらしく周囲の人々の手記にもしばしば登場する。長男の於菟《おと》は、書生時代の浴場が不潔であったことが原因すると推測し、次女の杏奴《あんぬ》は、戦地における習慣によると推測している。しかし鷗外が「風呂嫌い」になったのはドイツ留学後という。ドイツの暮らしでは、湯に入らず（湯舟につかることは稀であり）、全身を「垢すりタオル」で洗い流す。そうした習慣に倣ったものという。まして病いの原因を「細菌」とみる細菌説をドイツで学んだ鷗外にしてみれば、洗い流す方が衛生的であったのだろう。鷗外はその私生活においても衛生学に基づいた習慣を実践していた。ある種の合理的思考、あるいは、理念を優先する生き方、それが軍医・森林太郎の生涯であったことになる。

そしてそう考えてみれば、鷗外の文学は、そうした生き方を補う機能を果たしていたことになる。軍医の生き方が、自らのすべてではないことを鷗外は知っていた。そして、そうではない生き方を投影できる人物を創り出す必要があった。それによって、いわば精神のバランスをとっていたことになる。

## 4　代替医療の系譜

明治後期から昭和初期にかけて「代替医療」への関心が高まった。近代西洋医学に対する批判を基礎に、「非近代」の多様な医療実践に注目が集まったのである。

近代西洋医学は「病」を専門家の管理下においた。病は、解剖学・生理学を基礎に実験され、手術によって修復され、薬物によって改善される。病は物質的操作の対象となった。

しかし治癒しない者もいる。西洋医学で治癒しなかった者たちは、別の治療を求めた。それは西洋医学のように体系化された医療ではなく、様々な背景を持つ多様な「知」であった。「民間療法」「伝統医療」などと呼ばれることもあるが、ここでは、島薗進に倣い「癒す知」と呼ぶ(島薗進『〈癒す知〉の系譜——科学と宗教のはざま』吉川弘文館、二〇〇三)。

「癒す知」は近代医学とは異なる技法を人々に提供した。例えば、施術者による身体への働きかけを重視し、あるいは、施術者と患者との関係における相互作用を重視した。もしくは、精神性や霊性を強調し、肚・腰・呼吸を用いた健康法を説いた。田邉信太郎の整理を借りれば、呼吸法、強健法、食物療法(断食療法を含む)、催眠術(宗教的行法・心霊学を含む)、身体の自動運動(霊動療法)、掌を用いた霊気療法、療術(指圧、電気療法、温熱療法)などがあった(田邉信太郎他編『癒しを生きた人々——近代知のオルタナティブ』専修大学出版局、一九九九)。

論者たちは様々な議論を展開した。例えば、近代医療は人々の気持ちを萎縮させる(「小心的、恐怖的」に作用する)と批判した。「精神力」こそ長生の秘訣である(近藤不二『不老長生の魔術』大学館、一九〇二)。

あるいは、欧米の健康法を批判して、欧米の強健法は効果を得やすいが、いたずらに筋肉の発育のみ促すため、実行をやめるとたちまち効果が消滅する。それに対して、東洋の養生法は、心の修養を主とするため、科学的には実証されず即効性もないが、一度体得すれば終生消滅することがないという主張も見られた。

「催眠術」には関心が集まるとともに、社会問題ともなった。東京帝国大学では、大澤謙二（生理学）、呉秀三（精神病理学）、福来友吉（心理学）が研究を進めたが、誤用や悪用が問題となり、催眠術の取締法によって研究は大きく制限されることになった（警察犯処罰令、一九〇八年）。なお、こうしたオルタナティブ運動が、同じ時期に国際的な広がりをもって展開していた点は注目されてよい。例えば、パーマーの「カイロプラクティック」、スティルの「オステオパシー」、ハーネマンの「ホメオパシー」など、今日「ホリスティック医療」と呼ばれる動きが、同じ時期（一九一〇—三〇年代）に展開していた。今日、新たな代替療法として語られる多くの技法は、既にこの時期に活動を始めていたことになる。

**「癒す知」の系譜**

明治後期までに知られていたのは、貝原益軒を起点とする養生法と、禅の系譜（白隠禅師、原担山、原田元龍など）が有名である。その他には、天理教など新宗教の系譜、気合術（浜口熊獄）、筋骨矯正術（井上仲子）、食養論（石塚左玄）、強肺術（ベークマン）などがあった。

明治末期から大正期にかけて、「坐と呼吸」を強調する修養的健康法が世間を賑わした。岡田虎二郎「岡田式静坐法」、藤田霊斎「藤田式息心調和法」、二木謙三「腹式呼吸法」。それらはこの時期の修養論と連動していた。

大正期に入るとさらに多様な健康法が展開した。①呼吸を中心とした健康法（前述の岡田・藤田・二木の呼吸法、岩佐式強健法、ベーグマン式強肺術）、②筋骨を鍛える健康法（河合式強健法、鉄亜鈴体力養成法、永井式家庭体操、寺田式二十分間強健法、銀月式強健法）、③食物による健康法（石塚式、村井弦斎式標準食養法、過食療法、断食療法）、④体操による健康法（中井房五郎の自彊術《じきょうじゅつ》）など。

昭和期に入ると、大正期の健康法が勢いを増しただけではなく、さらに多様な技法が開発され、しかもそれらの多くは民間人によって創案された健康法であった。①江間式身心鍛錬法（江間俊一）、②太霊道（田中守平）、③国民自健術（嘉悦敏）、④晃道教会精神療法（沢田晃堂）、⑤木村式生気療法（木村薫子）、⑥林式健体術（林章樹）、⑦寺田式強健法（寺田勇吉）、⑧前野式静坐法（前野自錐）など。

なお、精神療法（「心霊療法」）の展開も多様であった。メスメリズムなど欧米の催眠術の紹介に刺激され、例えば、人体放射能療法の松本道別、心身統一法の中村天風、催眠術の村上辰午郎、修霊鍛身法の藤田西湖、息心調和法の藤田霊斎などが活躍した。

ところで、こうした多様な展開の中で、「指圧」と「整体操法」を整理する動きが生じた。欧米の手技療法（カイロプラクティック、オステオパシーなど）に刺激され、「指圧」や「整体操法」

の手技療術を法制化し、共通の基盤を作ろうとしたのである（「整体操法制定委員会」設立、一九四三年／昭和十八年）。野口晴哉が議長を務め、多様な療術の専門家が一堂に会した（カイロプラクティック、オステオパシー、スポンデロテラピー、脊髄反射療法、健体術、手足根本療法）。

そこで共通の基盤として確認されたのは、生命の要求に基づいた操法であること、人の感受性を利用して「自然良能（自然治癒力）」を促進させる技術であること、解剖的人体に働きかけるのではなく生きて動いて絶えず変化する人体そのものに働きかけていることなど、であった。

**「オルナタティヴ・メディスン（代替医療）」**

こうした領域は、今日「オルナタティヴ・メディスン（代替医療）」と総称されることが多く、アーユルベーダ、漢方、アロマセラピーなど、多様な治療法・健康法を含んで、ますます広がりを見せている。米国の調査では、およそ三人に一人の割合で、人々は代替医療を利用し、しかも高学歴・都市住民の利用者が多いという。

伝統医療への関心も高まり、例えば、アジアの国々では、伝統医療が近代医学と共に制度化され、医療機関で利用され、大学の医学部で教育研究されている。

医療の理解には（大まかに言えば）二通りの系譜がある。一方は、病気の原因を体内の「異変」や「障害」と見て、それを修正し、あるいは、その部位を切除しようとする。他方は、身心のバランスを重視し、全体の調和を取り戻すことを重視する。後者の立場は、要素還元主義に対して

「全体論 holism」と呼ばれる（あるいは「ホリスティック」と呼ばれる）。

代替医療は「ホリスティック」な立場をとる。身心のバランスを取り戻し、個人と自然の調和の回復を願う。そして「自然治癒力（「自然良能」）」を信頼する。病気の原因を切り取るのではなく、その個人（生命体）が持っている「自己治癒力」を高めることによって、自らバランスを取り戻してゆくことを願う。

当然、心の働きが重要な意味を持ち、あるいは、「精神的・霊的・スピリチュアル」な位相も（人の全体性を構成するひとつの位相として）尊重される。それらは、暮らしの中で体験される（近代医学の中では理解されにくい）「生きたからだ」の実感を基礎とし、体験的に積み重ねられてきた効果・効能（近代科学では検証されにくい実証性）に裏付けられていた。

近代医療と代替医療の併用、代替医療の制度化、経済効率の問題など、検討すべき課題は多いとしても、近代医療のみを唯一の正統とする理解は今日、大きく変化しつつある。

## 5　第七章　石塚左玄『通俗・食物養生法』

食養健康法で知られる石塚左玄（一八五一―一九〇九）は、今日の視点から見れば、桜沢如一「マクロビオティックス」に大きな影響を与えた人物として知られる。

福井藩に生まれ、幼少より学問を好み、十七歳の時、福井医学校の「雇員（技術職員）」となり、理化学、薬学、蘭医学などを修めた。独学であった。正確には、独学で習得していたオランダ語、ドイツ語、英語によって自ら理科学などを学んだ。東京に出て、医師及び薬剤師の資格を得た後、文部省医務局雇員となり、その後、陸軍の軍医試補となった。西南戦争に従軍し認められ、日清戦争の際には大陸に出征したが、持病をこじらせ帰国し、予備役となり、その頃から、「食養主義」を説くようになった。

食物と心身の関係を理論的に説き、医食同源としての食養を提唱した。菜食を主とし肉食を副とし、塩分を控えめに、過食を戒めるなど、食事を指導し、食事を変えることによって「病」と向き合った。正確には、西洋医学では治療できない病の位相を、患者本人が自ら癒してゆくように説いた。

面白いのは「食養道歌」として知られる「歌」である。例えば、豆と野菜の摂取を勧める歌。

「潮風の吹き入る土地は身の為にくろふて欲しき豆と野菜を」

相談に来る人々に、具体的な食養知識を歌にして与えたというのである。

その著書『食物養生法』は、大衆向けに語られた食養の解説書であり、明治から大正にかけて版を重ねた。

その食養論を、島薗は五点に整理している（島薗前掲『「癒す知」の系譜』）。

一、食物至上論。食は、単に身体に関わるのではなく、人の心を高める。食は、それぞれ異なる性質を持ち、それによって、こころの在り方を変える力を持つ。

二、穀物動物論。人類は穀物を食するのが、その身体の自然に合致している。
三、風土食論。暮らしている土地に相応しい食物がよい（後に「身土不二」と呼ばれる）。温暖な日本では、肉食は適切ではない。塩分も少量でよい（「脱塩」のために入浴と発汗を勧めた）。
四、自然食論。コメは玄米のまま食べるべきであり、他の食品も同様、丸ごと食するのがよい。野菜は皮をむかず、魚は頭から尾まで全部食べる。生物はすべて陰陽の調和を保っているので、その一部だけ食べるのは、自然に反する。なお、玄米については、医師の二木謙三が玄米を完全食と呼び、健康のために玄米食を勧めていた。
五、陰陽調和論。食事は、食事の陰陽が調和するよう配合することが重要である。陰陽は食物中の無機物に含まれる「カリウム」と「ナトリウム」によって決まる。「カリウム」は植物性食品、「ナトリウム」は動物性食品。「知」はカリウムによって育ち、「才」はナトリウムによって育つ。両者を均衡に摂取することにより身体の健康が決定すると説いたのである。

石塚は、すべての食品に含まれる「ナトリウム」と「カリウム」を数値化し、その成分構成によって献立を構想した。その意味において、科学的（「化学的」）であり、石塚は近代科学を信頼していた。

ところが、その背景をなすのは古代中国の陰陽思想である。儒学の古典から多くを引用し、易と近代科学を独自に結合させた。というより、石塚の中では、事実に即して見る限り、科学の地平と陰陽思想の地平は、互いに重なり合う。同じ事実を異なる位相で語ったものに過ぎない。したがって相補的に理論を組み合わせることによって、自らの捉えた世界を解き明かそうとしたことになる。

### 桜沢如一「マクロビオティック」

石塚の思想を受け継ぎ、食養を世界的に有名にしたのが桜沢如一である（一八九三―一九六六）。姓は「さくらざわ」、名は「ゆきかず（にょいち・じょいちとも言う）」。海外ではジョージ・オーサワ（George/Georges Ohsawa）で知られ、その思想「マクロビオティック」は世界各地で実践されている。

京都に生まれた桜沢は、少年期を病弱に過ごし（肺結核、腸結核など）、苦学してフランス語を習得し、貿易商となる。石塚左玄の食養法で健康を回復したため、その活動に関する書籍を多く出版し、「食養会」を指導する。

そしてパリに出る。食養の成果を世界に知らしめるための「武者修行」であったという。パリでは収入がなく、三年間、極貧の中、ソルボンヌやパスツール研究所で学んだ。フランス語で著作を発表するようになり、『東洋哲学および科学の根本原理』（*Le Principe Unique de la Philosophie et de la Science d'Extreme-Orient*）の他、フランス語『歎異抄』、『摩訶般若波羅蜜多心経』など。他に新聞や雑誌で、鍼灸・華道・柔道など東洋について論じ、東洋思想の紹介者としてヨーロッパで知られるようになった。

帰国後、「無双原理講究所」を開設し（大津市、一九四〇年）、食養の理論を易の理論と組み合わせる試みを行った。その間、反戦運動を継続し、軍部や右翼から迫害を受けつつも敗戦を機に「世界政府協会」を創設した。同時に、何度も、ヨーロッパ・アフリカ・北米に出かけ、マクロビオティックを説いて歩いた。

マクロビオティックの基本は「食」である。玄米を中心に、肉を少なくし、無農薬・自然農法の穀物や野菜にする。独自の陰陽論を元に食材や調理法のバランスを考えた。その土地のもの、その季節のものを中心にするなど、石塚の食養を受け継ぐが、桜沢は「身土不二」を説き、身と土が切り離せないという。

「一物全体」も強調される。丸ごと全体を食べる。皮や根も丸ごと食べる。食品のアクも取り除かない。石塚で見たように、生物はすべて陰陽の調和を保っているため、その一部だけ食べるのは、自然に反するというのである。魚など小さなものは丸ごと食べる。逆にいえば、丸ごと食べられない大きな動物や魚は、あまり食べないことになる。

こうした「陰陽バランス」の思想に倣うと、体を温めるものは陽性、冷やすものは陰性であり、暑い季節には陰性の食物、寒い季節には陽性の食物が適していることになる。しかし、単なる病状に合わせた栄養メニューの調整ではなく、万物を陰と陽の関係の中で理解することによって、生活そのものを改善し、平和運動へと展開してゆく、独自の思想であった。

## 6　第八章　岡田虎二郎「静坐の原理」

「岡田式静坐法」は大正時代に一世を風靡した。「修養」と「代替療法（民間療法）」という、その時代の二つのブームの接点で、一挙に花開いたことになる。

岡田虎二郎（一八七二―一九二〇）は三河国渥美郡（愛知県田原市）の士族の次男として生まれた。生来の虚弱で、子どもの頃は様々な疾病に悩まされていたという。高等小学校を卒業した後、農業に従事し、十数年間、農業改良に取り組むとともに、自らの心身を改良しようと鍛錬に努めた。ところが、二十九歳で渡米する。五年後にヨーロッパを経由して帰国したが、その間の詳細については、ほとんど不明である。その後の岡田の足跡を思う時、三十歳を前後するこの時期に、若き岡田が何を学び、誰から影響を受けたのか、今後の研究が待たれる。

「静坐法」を提案したのは三十五歳の年である（一九〇七年）。東京で暮らしていた岡田が、寄寓先の子息の「精神病」を治療したことが縁となり、来訪者が増え、評判を呼んだ。そして数年後には日暮里の本行寺を借りて静坐会を始めることになる。一九一一年には「岡田式呼吸静坐法」の雑誌連載が始まり、それをまとめた単行本がベストセラーとなった。

静坐会は都内だけで百数十か所で開催され、正式な登録会員だけでも二万人いたという。著名人には、木下尚江、田中正造、浮田和民、坪内逍遥、徳川慶喜、渋沢栄一、島村抱月、芦田恵之助、福来友吉など。実業家、文学者、皇族、軍人、政治家など多岐に及んだ。

毎朝、冷水浴を行い、六時に開会。日程に従い東京中の静坐会を巡り、深夜に帰宅。日記を書き、冷水浴をして床につく。洋服は夏冬それぞれ一着、食事は飯と香の物ですませた。

そうした当時の状況については、臼井吉見『安曇野』「第三部」が、岡田を聖者と崇めた相馬黒光（夫相馬愛蔵と共に新宿中村屋を開業した実業家・文化人）とその周辺の人々の傾倒ぶりを詳しく描いている。

例えば、木下尚江が岡田を訪問した場面はこう語られる。社会主義で知られた木下尚江（一八六九―一九三七）は、ある時期から岡田に心酔し、岡田の死後『岡田虎二郎先生写真帖』（一九二二）を発刊することになる。

「［木下尚江は］対坐しているうちに、長いあいだ心にのしかかっていた重荷がぐんぐん減っていくのがわかった。日が出て、松の雪が消え去るようであった。すっかり身軽になると同時に、歓喜と感謝の思いが一度に溢れてくるのを覚えた。長いことさまよい求めていた師はこの人だ、と思った。日本に出なければならないと思い描いていたその人に逢えたのだという気がした」（臼井吉見『安曇野』第三部、筑摩書房、一九七二、二二一頁）。

岡田は人を惹きつける独特の魅力を持っていたようである。

静坐会の様子はこう描かれている。

「正面の台の上に、恰幅のいい、堂々たる体軀の虎二郎が双手を組んだまま、端坐している。

正坐して自分を仰いでいる一同をじっと見渡して、「目をつぶって」。静かに宣言する」。

「胸を張ってはいけない。胸はすぼめて、腹を張る」。

「鼻から静かに逆呼吸をして、下腹に全身の力をこめる。腰を落とさないで、鳩尾を落とす」。

「気分がゆったりしてくれば、自然とお腹は前に出ます」。

「ああなろう、こうなろうと考えてはいけませぬ」。

臼井はこんな風景も描いている。

「十分近くもそうしているうちに、自然にからだがゆれてくる。前後にゆれるものがあり、左右にゆれるものがある。わけても夫人の中には倒れるばかりに激しくゆすれるのもいる。ぴょんぴょん跳びはねる者もいた。しかし、さながら独楽のようで、倒れることはない。三十分くらいは忽ちすぎる。一時間坐っても長いとは思わない」。

身体が揺れる。固く静止させるのではない。むしろ「揺れ」を受け入れる。制御を超えるものを積極的に受け入れようとしていたことになる。

「静坐をすると心が落着て気が静になる。心が落着くと重心が自然に安定に近づく。重心が安定に近づくとさらに気が静になる。静坐と重心とは互に因となり果となって、相互の働きを完全ならしめんと協戮する」（実業の日本社編『岡田式静坐法』実業の日本社、一九一二、一〇一頁）。

岡田自身は解説書を書かなかった。残されているのは、弟子たちが岡田の言葉を書き留め整理したものである。

静坐会は大抵一時間以内で行われた。

## 姿勢と呼吸

岡田によれば、重要なのは、全身の力を「臍下丹田」に籠めることである。静坐はそのための姿勢である。「真に腹に力を入れる」ためにはこの方法が最も有効だというのである。

まず姿勢を「正定する」。緊張した姿勢ではない。胸を張るのではなく、腹を前に出す。腹に力を入れるのではない。むしろ無理しなくても自然に力が下腹部に集まる。姿勢を崩さずに自然に任せておけば、自然と力は下腹部に集まってくる。

次に呼吸。岡田の呼吸は独特である。息を吐く時に下腹部を張る。吸う時に腹を張る「普通の腹式呼吸」とは逆である。そこで「逆腹式呼吸」と言われる。

息を吐きながら、下腹部に気を張るように、少し力を入れる。吐く息はゆるく長くする。熟達すれば吐く時に下腹部が膨れてかたくなり、力が満ちて張り切るようになる。

吸う息は短くてよい。空気が入り胸は自然に膨らむ。その時、腹の張りは軽くゆるむ。しかし熟達すると「臍下の不断の充実」が継続する。そして呼吸が平静になり、人から見ても分からないようになる。

こうした静坐において、岡田は「鳩尾（みぞおち）」に注意を向けている。腹に気を張ろうとすると、鳩尾も前へ出て、腹と胸が一枚板になる。そこで、わざと鳩尾を落とす。腹と胸の連絡を絶ち、両者を別々にする。腹に力をこめながら、鳩尾から上の力を抜き去る。それをコツとしたのである。

静坐は初め「神経衰弱の特効薬」として世に知られた。しかし岡田において健康法と修養法は別物ではない。「その一致の根を修める」（前掲『岡田式静座法』八九頁）。

その「根」は「重心」である。重心を安定させるのは「下腹部」であり「臍下丹田」である。姿勢も呼吸もすべて「臍下丹田」の安定を目指していた。

代替医療の視点から見る時、この重心の安定が、身体の「自然治癒力」につながる。重心を安定させると「自然治癒力」が回復する。実際、医師から見放された後、静坐法によって完治した証言が次々に寄せられ、説得力を増した。慢性胃腸病・肺病・不眠症・神経衰弱などが快方に向かったという。

しかし病気の治癒が目的ではない。「静坐は修養を目的とするものであって、病気を治す為ではない」。あるいは、静坐は「精神の修養法であり、天真の発揮法であり、また人格の完成法である」（岸本能武太『岡田氏静坐の新研究』三五六頁）。

他方、岡田は禅との違いを強調した。とりわけ、禅のように「悟り」を特権的に重視することを嫌い、苦行も否定した。また、禅のように座布を使うことはせず、「正座」という日本の伝統的な生活習慣を活用した。

同じ時代には、藤田霊斎の「息心調和法」、医学博士二木謙三「腹式呼吸」など類似の健康法が、それぞれに信奉者を集めていた。

ところがその岡田が四十九歳で急死してしまう(一九二〇年/大正九年)。過労と腎臓病が原因とされている。健康法を期待して参加した人々は、驚きとともに、主宰者の早世にその効力を疑った。そして会を離れた。

他方、岡田の信奉者は、会の存続を望みつつも、岡田に代わる後継者を期待することはなかった。「もうあれだけの人は二度と出ようがない」。そう語って静坐会に行くことを止めてしまった(しかし静坐会が途絶えたわけではなかった)。

静坐会は集団で座った。皆で集まり静かに座り、それを通して各自が「非日常的(宗教的・精神的・スピリチュアル)」な境地を体得してゆく。その意味では何ら特別ではない、「昔からある平凡な思想」であった。

それは「ゼロ」の宗教と評され、「無色透明」の宗教と語られることもある。あるいは、エマソン(Ralph Waldo Emerson、一八〇三—一八八二、無教会主義、超越哲学、個人主義)の思想と類似し、クエーカー(キリスト教プロテスタントの一派、教会の制度化に反対し霊的体験を大切にする)との親和性を見ることも可能である。あらためて、若き日の岡田が米国滞在中に何を学び、何から影響を受けたのか、今後の研究が待たれる。

こうした岡田の静坐法について、鶴見俊輔は「新興宗教」との類似を見ながら、しかし次のような評価を残している。少し長くなるがそのまま引く。

「この運動の方式は、輸入に輸入を重ねて自分の上にかりものの思想をつみあげていった道すじの果に、ようやく借物意識に悩み始めた明治末期のインテリの心のすきまに入りこんで、新興宗教として流行した。輸入品の重荷によろめく自分の姿にみにくさを感じた知識人にとって、岡田式静坐法は何か自分のしぜんのスタイルに根差した生活美学をあたえた。この新興宗教が、他の大部分の新興宗教のように天皇崇拝におもむくこともなく、社会的反動勢力と手をむすぶこともなく、教祖の若死によってお家騒動を起こすこともなく消滅し、虚無主義の思想運動として最初から最後まで一貫したコースを歩みきったのは、日本思想史上に特筆大書されてよい」(久野収・鶴見俊輔『現代日本の思想—その五つの渦』岩波書店、一九五六、七八頁)。

先に見た臼井吉見の描写によれば、岡田は、木下尚江との最初の対坐に際して、つぶやくようにこう語ったという。

「I, You, He の起る前にゼロがある、そのゼロを体得するのが静坐です」。

私とあなたに分かれる前に「ゼロ」がある。私が「ゼロ」を体験するのではない。「私」が「私」として「あなた」から分かれてしまう前の「ゼロ」を、静坐の中で、体得する。そのために、姿勢と呼吸を整え、重心を安定させる。すると本来身体に備わっていた「自然治癒力」が回復する。それが岡田の静坐法であった。

＊漱石日記には、妻・鏡子が「静坐」に行く場面がある。鏡子が静坐に夢中になったのに対して、漱石はこれを「御幣担ぎの一種」と見做し悶着を起こしている（『漱石全集』二十巻、岩波書店、一九九六、四三八頁）。全集版の「注解」（石崎等・岡三郎）は「神道系の精神修養に通っていたと思われる」とするが、大正三年（一九一四）の出来事、しかも「（東京文京区）白山御殿町」が会場であるから、岡田の「静坐会」であった可能性がある。

# III

# 文化の中の身体

身体の用い方は文化によって異なる。歩き方・泳ぎ方・食べ方・挨拶の仕方、すべて文化により歴史により異なっている。マルセル・モースは個々の社会における伝統的な身体の用い方を「身体技法 techniques du corps」と呼んだ。しぐさ・マナー・習慣など、共同体に共有され、いったん身に付くと当事者には意識されないまま、その集団のアイデンティティの基盤をなす。

江戸期の人々は、労働の必要から身体の一部を露出させていた。あるいは、行水や混浴風呂など「裸体」を隠す習慣を持たなかった。幕末期に訪日した欧米人の眼にはそれが驚異と映った（第九章）。ある者は「みだらな国民」と見、ある者は「自然な幼稚さ」と見た。そしてある者は「性に関するのどかな開放感」を称えた。「裸体」を「恥辱」とした禁止令は明治四年（一八七一年）である（東京府）。

日本女性の「笑み（微笑）」を「笑い」との対比で描き出したのは柳田国男である（第十章）。「笑み」は優しさと慎みの表現であり、声がない。「笑い」は感情的優位の表現であり、大きく口を開けて声を出す。笑われる相手は不快になる。「笑み」は人を不快にさせない。むしろ、笑みは「隠れようとする」。

労働・技術・道具の視点も重要である。工業化以前の社会では職種ごとに特有の身体技法が決まっていた。文化人類学の視点から川田順造は、西アフリカの事例を報告する（第十一章）。例えば、物を運ぶ時、彼らは頭の上に乗せて運ぶ（頭上運搬）。フランスや日本ではそうしない。

文化によって運搬の仕方が違う。日本では背中に背負うが「腰を入れ」「腰で調子をとる」。そうした考察の先に、舞踏の身体技法が語られる。舞踏は実用的効率性から最も離れている。では、その身体技法は、日常の実用的動作の表れであるのか、それとも非日常的な身体の動作であるのか。

最後に、この舞踏の問題を、日本舞踊に関する鼎談に見る（第十二章）。自らも舞台に立った鶴見和子が国際的舞踏家二人と語り合った記録である。西洋のダンスと日本のおどりの違いが語られるのだが、論文とは違って、相手とやりとりしながら語られる。「話し言葉」であるから具体的であり、からだの動作が伴っている。「体をシュッと伸ばす」という表現も、鼎談の流れの中で（からだの動きを補いつつ）追体験してみる時、その場に居合わせない者にも共有される体感を伝えることになる。

## 九

# 日本人の言動（一部抜粋）

R・オールコック　山口朔明訳

『大君の都―幕末日本滞在記』、岩波文庫、一九六二年（原著一八六三年）二八六―三〇三頁

このころ、わたしは一通の手紙をうけとった。それは、日本の気候・産物・住民などについての質問でみたされていた。ケンプファーやトゥーンベリやその後の居住者・旅行者たちの集めた記録を、アンドリュウ・スタインメッツ氏とかいう人が俗向けに編集したものから暗示された質問と思われた。これらの質問は、日本人に属すると思われるすべてのことについて、事実と臆測とをばかばかしいほどごちゃまぜにしているということを示しているので、わたしは苦笑せざるをえなかった。わたしに手紙をくれた婦人は、その手紙のなかで、まず「ミドル・テンプル〔ロンドンの法学院〕のアンドリュウ・スタインメッツ氏ののべられた諸事実」と書き、つづいて総括的な質問を書いていた。すなわち、「これらのことは真実だろうか」と。この疑問は、彼女が「諸事実」ということばを書くとすぐ、明らかに彼女の頭に浮かんだにちがいない。そして、彼女は正しかったのである。なぜなら、日本のような国で

は、有用な事実を手にいれるのは困難であり、またたとええられたとしても、ともすれば誤解されがちなものであるからだ。

ところで、その「事実」というのはこうだ。「霧やあらゆる種類の雨や悪天候が多い。山岳からの寒風はきびしい。だが、住むにはもっとも健康によい国だ。空気はからだによく、土壌は肥え、果物ははなはだ美味である」と。

八月の末近くであった。それまで一、二週間にわたって、天候はまるでイギリスの秋のようであった。太陽はよく照ってイギリスよりもいくらか暑く、日陰で八〇度から八四度〔華氏〕、夕方は一般に涼しくて気持ちがよかった。だが、しばしば間をおいて、一晩中ないし一日中豪雨があった。とはいえ、目をさますと、ときどき森の木々のあいだを吹き抜ける風が大声でうなっていたり、雨がどしゃ降りに降っていたり、この二つがいっしょになってひじょうに陰気な音楽をかなでたりして、けっして心を浮き浮きさせたり、早起きをしようという気を起こさせたりはしなかった。すこしばかりくもってそよ風の吹く美しい朝で一日がはじまることもたびたびあるにはあるが、その日はほとんどかならずといってよいほどに、午後になると雨が降る。もちろん、雨が降るまでは、これほど愉快な、あるいはこれほどイングランドの晴れた秋の朝に似た朝はない。夏のもっとも暑いころでも、日ざしはお隣りの中国の沿岸よりもはるかにおだやかである。日陰で寒暖計は七〇度から八五度を上下し、日中は平均八〇度、夜間になるとときどき七〇度以下になることもある。それゆえに、この気候では、往々にしてインドや中国で体験するような、ただ生存するということだけが重荷になるとか、生活のすべてが苦しいとかいうようなことはない。自信たっぷりに断言している「その健康によいこと、人びとが病気にかからぬこと（とくに、海草を食べるために皮膚病にならぬこと）、疑いもなく長命なこと」などの「諸事実」にかんしては、当時、わたしはまだ着任してまがなかったので、あえて決定的な意見をのべるべきではなかったであろう。だがいまでは、長い経験からして、わたしはあえて、一般に日本人は清潔な国民で、人目を恐れずたびたびからだを洗い（はだかでいても別に非難されることはない）、身につけているものはわずかで、風通しのよい家に住み、その家は広くて風通しのよい街路に面し、そしてまたその街路には、不快なものは何物もおくことを許されない、というふうにいうことをはばからない。すべて清潔ということにかけては、日本人は他の東洋民族より大いにまさっており、とくに中国人にはまさっている。中国人の街路といえば、見る目と嗅ぐ鼻をもっている人ならだれでも、悪感《おかん》を感じないわけにはゆかない。ところが日本人は、あらゆるものをもってしても、コレラの猛威からのがれるわけにはゆかなかった。コレラは合衆国のフリゲート型艦ミシシッピー号がもたらしたといわれているが、わたしはそのとおりだと信じている。外国人と条約を結び、国際関係を拡大したことの最初の致命的な結果が、これであったのだ。コレラは、多数の人びとを都市からさらっていった。江戸だけでも二〇万名とのことである。そこでコレラの襲来は外国人とつながりがあると見られ、日本人が新たに樹立した国際関係に起因するものというふうに国民が心のなかで見なしたとしても、驚くには当たらぬ。だが、コレラの襲来は、これがはじめてではなく、一八一八年〔文政元年〕にも発生したことがある、とわたしは聞いている。しかし、ただたんに人間による媒介ということにかんするかぎりでは、こんどのものはアメリカ軍艦が原因だとすることができる。コレラのために、条約や外国人が、一般に好意をもって見られなかったことは否定しがたい。われわれがあまり成功を収めることもなくたたかわねばならなかった嫌悪と不信の念の潜在的原因は、ひとつにはこのことであるかも知れない。ある官吏は、ひじょうに心配して、コレラが国から国へとひろまってゆく方法、またその猛威をとめる最良の薬品や手段等々にかんして、わたしにたずねた。明らかにかれらは、コレラが再発する可能性をひじょうに恐れていたのである。そして実際に、そのことはけっして理由のないことではなかった。というのは、さいきんの記録によると、コレラは当時すでにたいへん広範囲にというわけではないが、長崎に発生していたからだ。日本の官吏たちの言によると、そもそもコレラがはじめて発生した原因は、昨年アメリカ人が贈り物としてもってきたスイカだ、と日本人は考えているとのことだった。わたしは、この二つの事実を疑わしいと思う。というわけは、ペリー提督がはじめてもってきたとされているスイカは、ジャガイモと同じように、土着のものではないにしても、すくなくとも数世代前からこの国にあったものであり、また大いに栽培されてきていたからだ。役人たちの質問は、たしかにイギリスにおける検疫法《けんえきほう》に関連のあるもので、かれらはその採用を考慮しているように思われた。

しかし、一般的な衛生状態にかんしては、日本はたしかにたいへん恵まれているようだ。それが病気や長寿の程度にたいしてどれほど影響をおよぼしているかはわからぬが、皮膚病にかからぬなどということはありえない。それどころか、労働階級のあいだでは、各種の皮膚の吹き出物はありふれている――これは、おそらくかれが群衆のなかでいっしょにからだを洗う習慣によるものと考えることができるであろう。二人にひとりは、なんらかの理由でモグサをさかんに用いていて、その痕跡《こんせき》を背中の上から下までのこしている。カイセンもやはりありふれた病気である。それは痛ましいほどひろまっていて、ヨーロッパのそれよりもはるかにたちが悪い。このいまわしい病気をもたぬ召し使いをやとったり、召し使いにこの病気にかからせないことは、不可能だ。じつはかれらはたびたびからだを洗うが、着物はそうたびたび洗わないし、また下層階級の人びとがみな行く浴場では、大勢の男女の群れが混浴して互いによごし合っていることがひじょうに多いので、風呂からでてきて精神的にも肉体的にも大いに清潔になるわけにはゆかぬわけだ。肌《はだ》をかくす着物への愛着が両性ともにいちじるしく発達していないので、皮膚の状態を見る機会がひじょうに多いことはいうまでもない。男たちは、好き勝手にできるときにはいつでも、衣服ないしズボンなしにすませるが、その代わりに一種の装飾〔いれずみ〕をこのんでいるようだ。この装飾は、長持ちがしてからだにぴったりという二重の利益があり、いちどあつらえれば、それを身につける人に不便を感じさせることもない。わたしは、南洋の人間やニュージーランド土人のあいだにいたこともないし、チペワ・インディアン〔北アメリカのスペリオル湖地方に住むアメリカ土人〕にお目にかかったこともないが、入念ないれずみにかけては、日本の男たちが身につけている標本以上のものを想像することは不可能だ。実際にかれらがいつもの服装〔すなわち、できるかぎり幅のせまい一種の帯〔ふんどし〕〕でいるのを見ると、からだの大部分や手足には、もっとも芸術的かつ入念に飾りたてたいれずみがほどこされている。あざやかな青色の竜・獅子・虎・男女の姿などがえがかれている。ユリウス・カエサル〔ローマ最大の政治家・軍人。紀元前一〇二―四四〕がわれわれの祖先〔ブリトン人〕をはじめて見たとき〔紀元前五五年にブリタニアへ遠征したとき〕に、「衣服はみすぼらしいが、上品に塗りたてている」といったのと同じことがいえる。日本人が、たとえ野蛮人ではないにしても、戦争化粧〔蛮人が出陣の前に顔やからだにさまざまの彩色をほどこすこと〕をする野蛮人にとてもよく似ていることは、否定しがたい。女は自然によって与えられた肌《はだ》に満足しているようだ。その肌は、多種多様な色合いのオリーブ色で、ときたまほとんどまっ白なのも見かける。わたしは、わたしの国の婦人たちに劣らぬほど美しく、健康そうな血色にほおを赤く染めた多くの婦人を見た――ただし、健康そうな血色がほおに現われているというのは、洗いたての顔で、ほおやくちびるに化粧して顔やくびを米粉で塗りたくる前のことである。化粧してしまったとなると、彼女たちは、ねり粉と白鉛粉を塗った顕現日《けんげんび》〔キリスト教の祝日で、クリスマス後一二日目の一月六日のこと。主顕祭ともいわれる〕の前夜祭の女王たちに似てくる。歯に黒いニスのようなもの〔おはぐろ〕を塗りなおして眉毛《まゆげ》をすっかりむしりとってしまったときには、日本の婦人はたしかにあらゆる女性のうちで、人工的なみにくさの点で比類のないほどぬきん出ている、ということを主張することができるであろう。このようにみにくくされた彼女たちの口は、まるで口を開けた墓穴のようだ。彼女たちが「舌《した》の先でこびる」ことになれているかどうかは、わたしが日本にきたばかりなので言明できないが、こういう赤く塗ったくちびるで夫や愛児にたいして彼女たちのこれほどの人工的なみにくさをおぎなうに足るだけのことをいえるとは、女たちはセイレネス〔ギリシア神話に出てくる一群の魔女で、一小島に住み、乙女の顔と鳥の姿をもち、美しい歌声で付近を航行する者をひきつけて殺したといわれる〕のような舌をもっているか、それとも五〇馬力ものへつらいの力をもっているか、のいずれかであるにちがいない。自然のもっとも美わしい作品をも損《そこな》うようなこうしたつむじ曲がりな工夫がなかったならば、日本の女のなかには、本書の各所に掲載してある写生からもわかるように、いちおうは美人と呼べるだけの者もたくさんいるかも知れない。ここにあげた肖像画からもわかるように、女たちはマライ系でもなければ、蒙古系でもない。それに、入念な髪の形は、それだけでもひとつの見ものであり、またすばらしいほど女性の器用さを示している。

たしかに、世界のすみからすみまでさがしたところで、個人的な虚栄を完全に捨て去っているという点で、日本の女に匹敵するものはないかも知れない。もしこれが夫婦間の誠実さ

女の結髪

という殿堂にささげられた犠牲であるなら、その動機は疑いもなくひじょうに称賛すべきだ。しかし、これについてはまた、つぎのようにあまりほめたものではないと推論することもできる。それは、女が貞節であるためには、これほど恐ろしくみにくい化粧をすることが必要だというところをみると、他国にくらべて、男がいちだんと危険な存在であるか、それとも女がいちだんと弱いか、のいずれかだということである。たしかに日本の女のほとんど全部が自分をわざわざみにくくしているのは、賛美者を悩殺させようという望みや意図がまったくないということを証明しているのかも知れない。わたしとしては、そういう化粧のおかげで女がどれほどまもられているにせよ、夫にとってはかなり高いものについている、と考えざるをえない。というわけは、夫もし他人が、これほどだいなしにされ、みにくくされた顔をこころよく思わぬとすれば、夫もまたかりに美的観念というものをもっているとすれば、同様にみじめな思いをするにちがいないからだ。習慣と流行から、夫もこうしたものを好むようになっているかも知れない。だが、もしそうだとすれば、保護ということはいったいどうなっているのか。かりに夫がそ

茶屋の給仕女

れを好むことができれば、他の多くの人びとにしても同じことだ。堕落した趣味は伝染しやすい。もちろん、つぎのようにいうこともできよう――いや、りっぱな模範的なイギリスの婦人たちが、幾分教えるような口調でつぎのようにいっているのが、現に聞こえるような気がする。「愛情が生ずれば、妻を愛する夫は、女の顔のなかにただ精神と心とを見るもので、個人的な容貌など目にはとめない。そして、心が愛と賛美にあたいするように、夫が皮一重の容貌の美に無関心であることも称賛にあたいする。かれの愛は、そのような美とは関係がないからだ。さらにまた、これは経験の問題であるが、結婚して半年いっしょに暮らせば、もっともみにくい顔にもなれてくるし、もっとも美しい顔という最初の印象でさえもあせてくるものだ」と。ある理論を支持するために、なにかこういうふうなことがいわれているのを、わたしはかつて聞いたことがある。だがわたしは、どうしてもそれをうけいれることができなかった。そして、数週間日本に住んだいまとなっては、前よりもいっそうその議論を承認することができない。日本では、この原理が厳格きわまる論理で、最後の恐ろしい結果にいたるまで実行されているのを、わたしは見たのである。美にたいする男性の感覚的認識がどうあろうとも(すくなくとも、一部の人びとはこの面では生まれながら恵まれていないのだが)、夫は必然的に、自分(ないし妻)が生きているかぎりは、愛する妻の顔に、わざとしつらえた恐ろしいみにくさを見ながら、いっしょに暮らす運命をになわなければならないのである。

そのうえ、夫婦のいさかいや不貞にかんしてははなはだ写実的かつ一般的な絵が多いところから判断すると、この化粧の仕方も、当初の目的にまったくかなっているとは思えない。日本人は、クレスウェル・クレスウェル卿〔イギリスの法律家。一七九四―一八六三〕を裁判長とするような法廷〔イギリスの離婚裁判所〕の力を借りる必要があるほど高度の文明の段階にはまだ達していない。その理由は、上にかかげたさし絵から判断すると、日本人は一夫多妻制や蓄妾制とともに、ユダヤ人の法律の一部分と同じものを採用しているらしく、腹の立つことがあると離縁状を書くらしいからだ。ここに、日本人じしんが如実にえがき出したちょっとした夫婦の情景がある。明らかにこの夫婦は論争中である。亭主は、離縁状を書くために墨をすっており、夫婦それぞれの側の友人は、この夫婦を仲なおりさせようとして空《むな》しい努力をしているらしい。かれらの前にある欠けた皿が、破れた信頼とふたたびもとに戻ることのできない誓約を象徴しているかのようだ。つぎにもうひとつの夫婦の情景がある。夫のもっている恋文《こいぶみ》を妻が見つけたところである。この恋文は、かくすには長すぎて、具合が悪いようだ。ともあれ、どうやら

離縁状の執筆

見つけられた恋文

ときにはかなり文明のすすんだ国で見かけるように、夫を責めているのは妻である。みずから手をくだし、ほかから裁判官ないし陪審員に援助してもらう必要はないように見える。

いつもいっしょに暮らして互いに親切をつくし合っておれば、外面的なみにくさなどは大いにやわらげられるとしても、日本の女が着物を着ていようがいまいが、あの化物《ばけもの》めいた化粧をやめてくれたらとねがうのは、ひじょうに間違ったことであろうか。ところで、わたしは日本で目にするものからすくなからず啓発されるところがあったとはいえ、正直にいうと、趣味としては着物を着ないよりは着ている方がよいと思う。その方が、婦人装身具店にとっては有利であろうし、ときには婦人じしんにとってもお得であろう（失礼の段はお許しねがいたい）。

つぎに、「日本人はまったく酒精飲料《アルコール》を知らない」ということについてのべてみよう。酒精飲料とはどういうものかということについてはさまざまな意見があるにしても、「酒《サキ》」は、きわめてすぐれた類似品だと思う。だが、かりに「酒精飲料を知らない」ということが、日本人は酔っ払うことがない——酔っ払ってさわいだり、危害を加えたり、けんかをしたりはしない――という意味であるのなら、わたしは残念ながら、これほど実際と相反することが主張されたことはいまだかつてないといわざるをえない。この点では、ときとして女性が夫をやさしくいたわるばあいもある。これだけしてもらうのだから、酔っ払った夫は、しらふのときには、間違いをしでかさないように気をつけなければならないわけだ。というのは、絵でわかるように、かれはもうからだの自由もきかず、もし両刀を帯びた武士《サムライ》にでも出会ったなら、きっと不幸な目に会わされることだろうが、このときにはいかにもいとしげに、またすこしもとがめる気配もなく、妻が夫を家につれて帰りつつある。日がとっぷりくれるとすぐに、公使館のうしろをとおっている道から、いばりちらす刃物の音やしわがれた酔っ払い声の叫びが聞こえてくるが、このことは、それらの連中がどのような状態でいるかを示してあまりありである。公使館の前には、東海道《トーカドー》という大道が走っているが、早朝の時間にはその証拠が歴然とのこっていた。もちろん、その証拠は接近して見ると明白であるとはいえ、あまり近よって見ると、その酔っ払いに刀で突かれたり、頭を切り裂かれたりするおそれがあり、これが

仲のよい夫婦

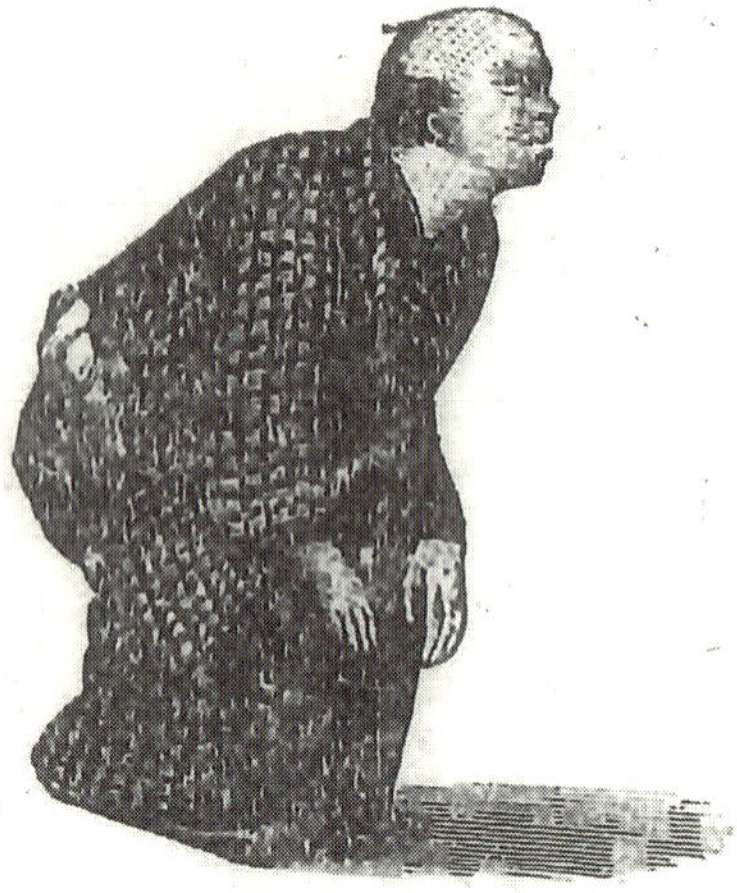

日本の下男ないし職人

また酔っ払っている証拠でもあるわけだ。「日本人は、世界中のどこの紳士にも劣らぬほど完全な紳士だ」といわれている。わたしはさきに、日本人は戦争化粧をした北米インディアンに似ている、それもひじょうによく似ているといったので、こんどは日本人が他の土地の上品な人たちのように着飾るとすっかり変わった人間になるということをもいっておかねばならない。きわめて入念にいれずみをした者でさえも、はだ着をつけ、からだをまんざらぶかっこうでもない程度に低くかがめて近よってきて、こちらの用件を聞いているときには、その仕ぐさと表情には、穏やかさと人の心をとらえずにはおかぬ鄭重さが現われている。そういうことは、西洋人にはとても考えられそうにないことであろう。それは、生得のものであれ、のちに習得したものであれ、いずれにしてもかれらに完全に身についているのだ。外国人にたいして横柄にして獰悪《どうあく》な態度をとることを免許されていると感じているらしい官吏、すなわち武士《サムライ》、をのぞくと、上流階級の人びとは、まったく冷静で自制心をもち、物腰は穏やかで、目下の者や召し使いに向かってさえつねに柔らかい調子でものをいう。このような育ちのよい風采からしても、かれらは紳士らしく見える。頭は一部分だけ剃《そ》り、髪の毛はきわめて入念にととのえて、後頭部でひっこめ、円錐台形の辮髪《べんぱつ》にして、剃りあげた頭のうえにのせている。流れるように垂れている長上着《ガウン》と外衣は、夏場は主として灰色・藤色・淡黄色などの優雅な色合いの薄織《ガーゼ》りや絹でできている。また、顔にはひげがないし、のどは着物でかくされずに露出している。こういったことすべてが、みずからを重んずるばかりでなく、他人から尊敬されることにもなれている人が注意ぶかく盛装しているという印象をつよめている。男女いずれにしても、尊敬と敬意が習慣的に表せられる人びとと、そういったものをうけることになれていない人びととのあいだにある表情・足どり・一般的な身のこなし方などの相違は、一見しただけできわめて容易に理解しうる。であるから、外部に現われたしるしから見れば、教養のある日本人は、どう見ても紳士だ。もうすこしよくつき合ってみて、この点で多少の保留をしなければならない（とくに慣習にかんして）としても、なお卒直にうけとれるものも多くある。かれらは、生活上の礼儀を完全に理解している。また、エチケットの遵奉《じゅんぽう》ということでは、概して日本には隣国の中国人ほどの誇張ややっかいさはないといえる。日本人は、真実をいわない。とにかく、公式のばあいにはそうである。また、かれらのいう嘘《うそ》が本当のことだと相手にとられても、大して気にかけないようだ。しかし、真理というものを公然と無視しようとするならばいっさいの話や断言は無意味なものになるのだから、これがそっくりそのまま事実だとはうけとりがたい。とはいえ、とにかくかれらは、しゃべっているときには自分のいうことを信じてもらいたいと思っているくせに、あとになって間違いを見つけられてもいっこうに平気である。それからまた、堪能《たんのう》するほど食べた証拠として日本人がしばしば音高いあくびをすることにたいして、ヨーロッパ人が心のなかで強く反撥を感ぜずにがまんするようになるまでには、長い習慣が必要だ。さらに日本人は、はだ着の合わせ目からきれいな四角の紙をとり出し、鼻にあててから、その紙をポケット代わりのたもとに注意ぶかくたたみこむか、従者にわたして投げ捨てさせるかする。これはただ慣習にすぎず、おそらく日本人はわれわれヨーロッパ人がハンカチ、すなわち「鼻をふく布きれ」、を一日中身につけてもちあるくよりも、自分たちのならわしの方が洗練されたやり方だ、と抗弁できるだけのことはあるかも知れない。あるいはまた、暖い日であれば、かれらは同じ奥まったところから小ぎれいな締め金つきの畳《マット》の材料でできた小さな袋を出して、汗をふきとるために、ためらいもごまかしもせずに、あまり白くない布きれをとり出し、ふいてしまうと注意ぶかくもとに戻す。この動作は、イギリスの紳士や淑女のやり方とはまったく同じではないにしても、ただたんに形式だけのちがいであって、同じようなばあいには、イギリス人にせよ日本人にせよ、なんらかの方法で汗をふかねばならないわけだ。しかし、日本人は、すくなくとも、痰《たん》や唾《つばき》を吐く人種ではない。畳《マット》をしいた清潔な床のついた家に住んでいるのだから、あのいまわしい悪習の心配はない。また、わたしがこれまで観察しえたかぎりでは、一般的にいって下層階級には、普通人であれ官吏であれ、ペリー提督の『遠征記』からわれわれが信じていたほど平身低頭の奴隷《どれい》根性はない。身分の高い者が自分より下級の者と応対するときに役人風を吹かすことも、はるかにすくない。森《モリ》山《ヤマ》は、通訳の第一人者であり、大家であり、かつまた役人であるが（かれは、あるときわたしの秘書に、自分のことを通訳といわず、役人と呼んでもらいたいととくにたのんだものだ）、国政をつかさどる高官との公式の会見において通訳するときには、閣老首座の近くまで素足のままきてすわる。また、実際に話をしていないときには、ある巧妙な方法（いまだにわたしにはどうもわからない）でかかとのうえにからだをおいて、どんなに長くなっても、会談のあいだじゅうずっとそのままでいる。通訳が二、三名いるときには、みながみな同じ動作をする。さらに無言の従首の長い列が、後方に同じ態度で居並んでいる。それでもかれらは、ふかい尊敬の態度を示し、また上司は上司でつねにいんぎんで穏やかな態度で話しかけるので、奴隷的な態度をとっているというふうには見えない。話を聞くときには、森山は手をつき、目を下に向けて、ほとんど床まで頭をさげる。答えなければならないときにも、頭をすこしだけあげはするが、同じく平伏したまましゃべり出す。こうして頭をあげるから、ものをいうには具合のよい姿勢になっても、あの低い声音がいったいどうして相手の耳にとどき、意味をつたえうるのか理解に苦しむ。この声音は、ときにはまるで巧みな腹話術のように二つに分かれ、ことばの半分は胸の下の方から出ているのである。きっと日本人は、生まれながらか、それとも習練によって、ひじょうにすばらしい聴覚をもっているのだろうと思う。

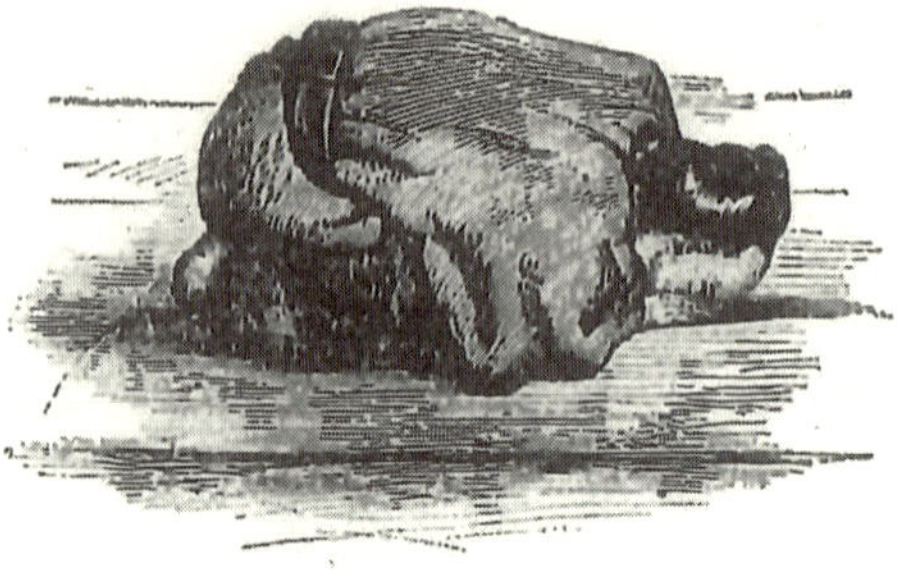

目上の者に平伏する日本人

とにかく、ゆっくりと何度もくり返される「ヘイ」、「ヘエ」、「ハア」という語（イエスに当たる語）から察すると、その秘密のささやきが実際に聞きとられていることには間違いないらしい。ところでこの語は、いろんな具合に発音されるが、ときにはくちびるで発音され、またしばしば底知れぬほどの奥から発音され、ふかいため息とも間投詞ともきめがたい。こうした方法を用いるので、話が相手の高官だけにしかわからないという利点がある。上の絵は、その姿勢をよく表わしている。ただし、これは勤務中の役人の服装ではない。

わたしに手紙を送ってよこされたご婦人の「質問」と「諸事実」の半分にも答えないうちに、日本人の言動にかんするこの雑談めいた章を終えなければならない。「普通の犬」——両刀を帯びた武士《サムライ》を別とすれば、日本の都会の唯一のやっかいもの——から「美しい猫」（尾がない）、「イエネズミとハツカネズミ」、「めのうと紅玉髄」、それから「どこでもとれて、日本人はあまり重んじない大きな美しい真珠」などについていろんなことが書かれているが、このうちの最後の真珠についてのべた方が、犬よりはずっとすばらしいであろう。ところが当時のわたしは、大きさの大小を問わず、真珠というものにはお目にかかったことがないとしかいえなかった。かりにあったとしても、賢明な友人である日本人たちがその真価を知らないとは驚くべきことだとしかいえなかったであろう。だが、あとになって、つぎのような事実を知った。日本にはある程度の量の真珠があるし、人びとはそれにたいする価値も知っている。また、本物そっくりの模造品をつくる方法も心得ている。ただし、「りっぱな絞り模様の大理石、碧玉《へきぎょく》」や「その他の宝石類」（山から採れるといわれている）、とりわけ山間に産する「真珠」、などについては、「ほめたたえられてはいるが、悲しいかな、ついぞわたしは見かけたことがない」ので、とくに山の真珠なるものに「意を用いて」、もしそれを見かけることがあれば、きっとその見本を送りましょう、としか彼女に約束することができなかった。

質問の手紙のなかの最後には、こんどは間違いなくひとつ事実がのべてあった。「イギリス本国を別として、これほど緑にみちみち、これほど庭園のような場所、またこれほど静かな美にあふれたところはない。その国土は、ゆたかな森林をもち、美しいスギの巨木がおいしげり、土壌はたいへん肥えている」と。

まさにこれは、真実である。これほど土地が肥え、観賞用の樹木がみごとに生育し、木の葉がゆたかで変化に富み、生垣《いけがき》・木陰の細道・庭園・寺院の無数の遊園地などの手入れがきちんとゆきとどいているところは、イギリス本国をのぞいてはどこにもない、とわたしは信じている。草木や各種の群葉の明るい緑の色合いと新鮮さとは、かなり湿気の多い気候のしるしではあるが、はてしなくつづく常緑樹や頑丈なマツ類に熱帯植物がまじっていることは、この国の風景全体に目新しい性格をまし加えている点で効果満点である。上部の群葉のふさがヤシのように見え、樹幹があらわな生シダ・タケ・バナナ・シュロが、マツ・カシ・セイヨウブナのような木材用の多数の樹木や灌木類（このなかには、ヨーロッパに知られていないものもある）と相まって、植物学者に広範な研究分野を提供し、また風景画家にたぐいまれなる美しい風景を提供している。いたるところで目につく群葉の形・性状・色調には無限の変化があり、それらがイギリスの紳士なら自分の庭に欲しがるようなよく手入れのゆきとどいた野原や青草におおわれた傾斜地に群生している。ただし、牧草地だけは多少不足している。というのは、耕作地は牧場とするにはあまりにも貴重であるようで、米麦と野菜類の生産のみに当てられているからだ。それゆえに、馬と農耕用の若干の牛をのぞけば、家畜はまったく飼われておらず、羊や山羊は皆無である。これこそは、この地の完全な美にたいする唯一の欠点ともいうべきものであるとともに、肉類を貯えておく戸棚にとっても、あまりにも救いがたい損失であって、われわれにしてみればはなはだ都合が悪い。

# 十

## 女の咲顔《えがお》

柳田国男

『柳田國男全集』第十五巻、筑摩書房、一九九八年、二二五―二三三頁（初出：『新女苑』第七巻第六号、昭和十八年六月号（特集女性の歌）、実業之日本社）

### 一

人は一生のうちに定まって三度、高盛りの飯を供せられる日があると、今でも言って居る人が日本には多い。その一ぺんは婚礼の日のいわゆる鼻突き飯、花嫁さんの鼻のあたりに届くほど、高々と木の椀によそって膳の上に置く御飯で、之を盛るのは必ず姑の役ときまって居る土地も有る。来客一同の見て居る前で、母が杓子を取って一生懸命に高く盛ろうとすると、まだ足りないだの、惜しんではいけないだのと、脇からひやかす者もあって大笑いになり、花嫁も大抵はこの時に、始めてにこりとするのである。経験のある人も多いことと思うから詳しくは説かぬが、この飯は後で新夫婦に、分けて食べさせるものとなって居る。

それから今一度は亡くなつた日の枕飯というもの、人がいよいよ息を引取って、魂喚び戻しの儀式も終って後、直ちに炊いて供えるもので、普通には四合の米を別の釜で煮て、一粒も残さずに大きな飯椀に盛り上げ、その上に箸を立てることもある。之をしまって置いて葬式の際に、墓まで持って行って置いて来る風習などもあるが、長命した人の枕飯はあやかる様にと謂って、分けてもらって少しづつ食べる者もある。まだ色々是については変った話もあるのだが、咲顔とは関係の無いことだから略して置こう。

それよりも本章の問題になるのは第三の場合、即ち人が始めてこの世に生れて出た際に、急いで調製してその赤児の前に据える高盛りの飯、是は全国に弘く行渡って、うぶ飯又は産の飯、その他之に類する名を以て知られて居る。やはり珍らしく高く盛るのだが、此方は一度に多く炊いて、産婆は勿論のこと、成るだけ多数の近所身うちの女たちに、一緒に食べてもらうのを本意として居る。飯を高く盛るという趣旨は、ただ単なる好意の表示だけでは無かったらしい。神様には祭の日に、家の御祖先には毎朝のように、御清盛りなどと称して之を上げて居るのを見てもわかるように、是非とも食べてもらおうという一同の心ざしを、斯ういう尋常で無い形態に現わそうとしたもので、自分などは是を今風の言葉によって、人格の承認又は個性の尊重などと説明しようとして居る。従ってこの三回の機会のうちでは、誕生の場合のものを最も根本的な、又人情の籠ったもののように感じて居る。

二

赤ん坊は食べることが出来ないから、この御膳は当日の産の神様に御供え申すのだと思って居る人も多いであろう。実際又この瞬間のみは、今でも神人一体で、境い目ははっきりと立って居ないのである。たとえば此時に膳の片隅に、二つ又は一つの美しい小石を必ず載せるが、この石は氏神の社地から拾って来るという処もあり、又は式が終ると家の神棚に納めて置くという処があって、神の御霊代（ミタマシロ）の如く考えられる一方に、斯うするとその乳児が、石の如く健かに育つからと、謂って居る者もある。つまりは子供が母の乳を通して育って行くように、乳付け以前に於ては神の御食事が、其まま彼の養いになるものの如く、考えられて居たらしいのである。

安産の日の高盛り飯については、色々この以外にも珍らしい儀式があった。東日本の方ではまだ確かめて見ないが、九州四国などの方々の田舎の人は、生れた児が男だとその盛り飯の上に、何か成るだけ重い石か金属の類を載せる。斯うすれば首の骨が強くなると言い伝えられて居る。近頃は又少し考え方がちがって来て、五十銭銀貨などをその代りに載せる者も有ったということだが、是はあんまり改良とも思われない。一方女の児の場合は之に対して、その高く盛った御飯の両側に、指又は箸のさきを以て、突いて二つの穴をあけた。斯うして置くと大きくなってから、其児の頬にエクボが出来て、所謂愛敬よしになるからということで、是をして居る人は今でも中々多いから、皆さんも多分もう知って居られるであらう。

男子の頸の骨の硬くなるのと同様に、親や祖父母が小娘の為に望み且つ期待した、靨（エクボ）というものはそもそも何であるか。是を我々は問題として考えて見たいのである。中華民国を始めとし、新たに大東亜圏に参加した隣近の諸民族の中には、人が我児の未来の為に斯ういう点までを顧念して居たものが、有るかどうかを先ず私は知り度い。もしも少しづつ形をかえてでも、是と同じような希望が現われて居るとすれば、そういう土地の人たちと協同して、もっと深く其起りを究めて見たい。万人の自然に共通して居るものとすれば、エクボも決して小さい問題では無いのである。

三

何故に親は我児の頬ぺたに、エクボの出来るのをこいねがうかというと、それは判って居る。エクボの有る様な娘は愛せられるから、又は少なくとも憎まれないからと、答えてすまそうとする人も多いことであらう。しかし是にはまだ二つの疑いが残って居る。其一つがどうして又女の子に限って、愛せられ憎まれないことが特に必要であったのかということ、第二には頬にエクボの有るということが、如何にして憎みの防禦となり、又愛の誘因となるかということである。この二つの問題の中では、無論前のものの方が六つかしく且つ大きいが、今度はその点をそう深く論じようとはしない。それに近頃は男のニコニコが推奨せられ、女は之に反して寧ろエクボの濫用を幾分か警戒するようになって居るから、もはや突詰めて考える必要もなくなって居ると思う。しかし武士の階級などでは、以前は「男は三年に片頰」という諺さえあって、たまにほほえんでも片頰の筋肉を動かす位に止め、平素はまじめで居るのを男らしいとしてあった。そういう状態の下では今よりも一段と、女の咲顔ということが重要性を認められて居たのである。

聟の来てにつともせずに物語り

という付句が、続猿蓑の中にある。人に窮屈な又は荒々しい感じを抱かせない為にも、女性のこの持って生れたやさしみは、大きな働きをした時代が有るのだが、親が生れたばかりの赤子の前途に、期待して居た点はもっと手前の方に有ったかと思う。それは具体的に言うならば幸福なる結婚で、この第一の関門を安々と通って行くことに、今まで子育ての全力は傾けられて居たのである。

つまり女は選まれるものという考えが、以前は今よりも痛切だったのである。一つの家族が大きくて、其人数が三倍なら三人に一人、五倍あるならば五人に一人しか、主婦になる者が無く、しかも残りの者にも希望があり、又大よそは其資格があったからである。其上に女の能力は埋もれ易かった。是が男ならば認められる機会が色々とあったろうが、女はそういうことを示そうとせぬのがしおらしいとしてあった。乃ち又何か今少し静かな方式によって、人に認められ注意せられる必要があったわけで、エクボをその一つの目標として居たことは、社会としても亦親切な態度だったと言える。

## 四

咲顔《えがお》が女の美しさということと、殆ど没交渉に発達して来たのは、国の為にも洵にしあわせなことであった。よしや家族制度の外部の要求から、促されて斯うなったというのが事実であろうとも、是が顔立ちや化粧の技術などと比べて、遥かに深い処に根をもって居るということは、世の中を明るく又楽しくしたいと願う人たちにとってどの位心丈夫な捉えどころであるか測り知られない。それ故に単なる一身の身だしなみとしてで無く、皆さんも汎くこの問題の未来を考えて見られてはどうかと思う。

エクボなんかはただ平たい表面の窪みであって、それ自らは美しいものでも何でも無い。然るに此通り親にまでも祈り求められたのは、是が咲顔即ちエガホというものの、紛う方無き特徴となって居るからである。今まで日本人が漢学によって少しばかり損をして居る点は、あの国には我々のもつ二つの動詞、エムとワラウとの差別がはっきりせず、双方ともに笑又は咲の字を宛てて混同して居ることに気が付かなかったこと、エミを恰かもワライの未完成なもの、花なら蕾か何かの如く思って居た人の多かったことである。そういうことは絶対に無い。二つは古くから使い分けられて居た証拠は、寧ろ漢字をあまり知らぬ人々の、物いいの中に今でも残って居る。私たちは笑と咲とを別々に取扱って、便宜上「咲顔」などと書くことにして居るが、是でもまだ間ちがえられる危険は十分に有る。笑い顔といふのは決してエガオでは無く、二つをごっちゃにすれば常人には今でも通じない。栗がエムというのはあの刺のある外皮が割れて、中の実が覗いて居ることであり、又柔かなものの乾くときに罅(ヒビ)が入るのも、ヱミワレルなどと謂って居る。ワラウという語は人以外にはめったに使わぬが、それでも縄などの結んだものがほどけることを、ワラウという者がまだ折々はある。花には支那《(ママ)》では咲も笑も書いて居るが、是を直訳して花がワラウと謂ったら、無学な人ならば却って承知せず、それこそきっと笑ってしまうであらう。ワラウは恐らくは割るといふ語から岐れて出たもので、同じく口を開くにしても大きくあけ、やさしい気持を伴わぬもの、結果がどうなるかを考えぬか、又は寧ろ悪い結果を承知したものとも考えられる。従って笑われる相手のある時には不快の感を与えるものときまって居る。エムには如何なる場合にもそういうことが無い。是が明かなる一つの差別であった。

## 五

それよりも一層はっきりして居るのは、ワライには必ず声があり、エミには少しでも声は無い。従ってエミは看るものであり、ワライは又壁一重の隣からでも聴ける。どうして是ほどにもちがって居るものを、一続きの表現のように見たかは不審であろうが、私の解するところでは、人が大きな声を立てて笑うような席上には、必ず黙ってただホホエンで居る者が、或は笑う人の数よりも多く、同座して居るのが常だったからかと思う。是は素より或一つの出来ごとが、甲には笑いの種となり、乙丙にはただエミを催さしめるという場合には限らないのみか、よほど修養の積んだ人ででも無いと、笑うべき場合にホホエンで居るということは実は出来ないのだから、この場合のエガオは、笑いの目的物に対してで無く、寧ろ笑う人に向っての一種の会釈だったとも見られる。斯んなことに笑いこけるのは、はしたないと内心では思っても、自分ばかりつんとして居ては、反感を表示したことになる。人が楽しみ又はいい気になって居る場合が、殊にまわりの者のエガオの必要な時だったので、是を雷同附和とは誰も見て居ないのである。

日本は小娘の最もよく笑う国で、箸の転んだのもおかしがるなどと言われて居る。しかもあんまり笑い過ぎたと思う時などは、きまりが悪い為もあって、一段と永く顔を綻ばせて居る。是が又一つの原因となって、エミを笑いのあと先の挙動、火でいうならば煙や燠の火に該当するもののように、考えて居る人もあるかと思うが、是はただエガオのよい娘に笑う子が多いというだけで、笑わせるなら笑いますよという先ぶれとは限らなかった。稀にはそういう流義のおつきあい笑いも無かったとは言われぬが、それの場合には寧ろ意外な刺戟に敏感だった余りに、静かにホホエンで居る余裕を無くして、笑いの為に其時間を割いて居たのである。だから愈々この人生のいわゆる笑えない現実に入って行くと、いつと無しに声を立てて笑う癖は消えてしまって、再びもとのにこにこ顔だけを、持伝えて居る者が多くなって来るのである。

六

もう飜訳が世に弘まって居る筈だが、故小泉八雲さんの書いたものに、「日本人の微笑」と題する一篇がある。私は是を外国に居て読んだ故に、特に感動の深いものを受けて居る。そうしてなる程日本人は、少しほほえみ過ぎるなと思って見たことであった。米国人の或家庭に居たこちらの女中が、二三日出たままで姿を見せなかった。やがて戻って来て主婦の前へ出たので、何処へ行って居たのかと尋ねると、にこにことエガオになつて、実は亭主に死なれましたのでと答えたそうである。そんな場合にでも日本人は笑うのか、何という気心の知れない国民だろうと、そのおかみさんが非常に憎らしがって居たと書いてあるが、是なども明かにエミと笑いとの混同であった。ところが小泉氏は是を解説して、そういうのこそ日本女性の奥ゆかしい美点だ。私のようなしがない女の悲しみなどは何でもありません。それがあなた方の問題になるというのは、考えて見るとおかしいことですという心持が、言葉では表わせないのでただ微笑したのだろうと、思い遣りの深い弁護をして居るが、是とてもやはり女のエガオを以て、ただ虔ましやかな笑いと解した誤りは一つであった。果して西洋人も日本の漢学者と同じに、所謂微笑を笑いの微なるもの、声を忍んだおかしさと見て居るのであろうか。そうして此以外にはもう人間のホホエミの動機は無いものと思って居るのだろうか。もしもそうだとしたら産の飯の両側に、指で窪みを附けて置く我々の貧しい親々の方がよっぽど彼等よりは進んで居る。赤児が大きくなってからただおかしいものを笑えるだけの為に、斯んなまじないをする気遣いが無いからである。

久米正雄氏が今でも発明権をもって居る微苦笑という新語などは、寧ろ心持があまりはっきりとせぬ所に、価値を持たせようとしたものらしいが、少なくとも爰には外部に何等の笑うべきものを見出さないホホエミというものが、存在することだけは認めて居る。しかもニガワライという語は国語にもなって居て、普通ならば大いに笑うべき場合なるに拘らず、何か自身に打明けにくいさし障りがあつて、人の予期するほどには笑えない時をいうのだから、ともかくも是は日本でも笑いの部に属し、一方のいわゆる微笑とは同類では無いのである。そうして後者は特に女の為に重要であり、一方の苦笑は主として男にのみ感じられる笑いであった。

## 七

斯ういふ二つのややかけ離れたものが、新たに久米正雄君によって結合せられた事情は、私には少しわかる様な気がする。これは必ずしも笑といふ漢字の共通な為だけで無い。支那《ママ》で微笑といい、仏蘭西語で sourire《スウリール》 といふ我邦のホホエミの中にも、ちょうど小泉八雲の文中の不幸な女中のそれのように、相手には構わずただ自分の境涯に基づいて、思わず催して来るものがあって、それが一方の苦笑と呼ばるる笑いと、幾分か相似たところがある故に、一つの名を以て呼んで見たくなったのかとも考えられる。

この想像が仮に当って居るとすれば、寧ろ苦微笑と謂った方がよかった。何となれば微笑は実際は笑いの一種では無く、従ってそれのやや苦いものも、亦笑いでは無いからである。久米君の意味するものがもしそれでは無いとしても、別に斯ういう名を付けてよいものが、有ることだけは争うことが出来ない。私などは今まで毎度経験して居るが、一人で行き詰って困ってしまった時に、誰も居ないのに自然にホホエマシクなることがあって、是には勿論自分の無力と窮状とを、笑ふ意味は少しも無いのだが、其形式は何と無く、馬鹿なことをしたと自ら嘲るときの苦笑と似て居る。そうして後者が之によって後悔を打切るのと同様に、一方私の謂う所の苦笑は慰撫を与え、又は絶望を制止しようとして居る。小泉八雲の筆の跡に残った、横浜の女の哀れなホホエミなども、或はこの系統に属するものであったのが、物を知らぬ外国人にぶっつかって、飛んでも無い誤解を受けたのでは無いかと私は此頃考え始めて居る。

## 八

言うまでも無く是はエマイの最初からの形では有るまい。幸福な少女のにこにこ顔の中には、此様な動機など捜し出せる筈は無い。しかし遥々と世渡りの苦しみに入って行くにつれて、泣いたり歎いたりするあい間あい間に、せめて斯うでもして居たら、少しは苦しみが凌ぎやすく、又はやや楽に一歩前へ活きて行けるという体験は得られるのである。親が主として幸福なる結婚の為に、女の赤ん坊にエクボを祈念したことは間違いないとしても、それから先々の万一の厄難に対しても、出来るなら是を役立てたいと、願って居なかったとは言うことが出来ない。ましてやこの二つのものの中間には、まだまだ女の愛敬というものの、人の社会を安らかに楽しくする機会は、幾つでも想像し得られ、それを欲しなかった親というものも亦有り得ないのである。

だから今日の定義としては、エミは寧ろ人生の滑油、殊に女が此世を平穏に、送って行ける為に具わった自然の武器と言った方がよい。そうすると此点に於ても明かに、又一つのワライとの差別が見出されるのである。笑いは最も多くの場合に於て、笑われる者の不幸を予期して居る。刃物では傷けない一種の闘諍、又は優劣の露骨な決定を免れ難い。今まではそれを避ける為に出来るだけ縁の遠い、笑われても構わぬものを捜しては居たが、結局は笑う者自らを孤独にすることは同じであった。笑つて世の中を明るくするというのは、手近にまだ笑われてよいものの居る間だけである。そういうものを極度に少なくするのが、永い間の人間の努力であった。幸いにして我々は、エガオがその笑いの先触れでも準備でも無く、寧ろその反対に、笑うまいとする慎みの一つであることを知った。ただその中には受身のものと働きかけるものと、又は自分一身の為にするものと、人を考えて何物かを与えようとするものと、二種の価値段階が有ることは争えないのである。どうか将来の日本の女性に、不幸が無く又心の余裕があって、始終他人の目を怡ばしめ、ひいては人生のつどいを清々しくする目的ばかりに、神に与えられたその快いエガオを、利用することが出来るようにしたいものと思う。

（附　言）

本文の中に書き落したが、微笑を日本でホホエミといふ起りは、ホホと声を出して笑ふからで無く、頰にそのエマイが先づ現われるからで、即ちエクボには昔の人も注意して居たということがわかると思う。

（昭和十八年六月、新女苑）

# 十一　身体技法の技術的側面——予備的考察（一部抜粋）

川田順造

『西の風・南の風——文明論の組みかえのために』河出書房新社、一九九二年、九一—一一〇頁、一一二—一一五頁（初出『社会人類学年報』第一四巻、一九八八年）

## 2　作業姿勢

三地域共に存在し、しかも身体技法や物質文化の面で、互いに顕著な差異を示しているような作業のうち、紙数の関係で本稿では（イ）洗濯、（ロ）鉄の鍛造をはじめとする工芸作業をとりあげる。機械化されていない段階では、ある作業工程について長期間の訓練によって形成された一連の運動連鎖は、作業能率をたかめ、製品の規格や質を一定にする上にも大きな役割を果たした。

（イ）　洗　濯

三地域とも、主に女性の仕事とされている。

西アフリカについては、前節（２）に述べた。川や沼の水中あるいは地上に、軽く両足を開いて立った深い前倒姿勢で、水面あるいは地面に置いた、大きな半球形ヒョウタンあるいはブリキなど金属製の盥《たらい》の中に、直接両手をのばして洗うか、膝に効き腕でない腕の肘を押しあてて支えとし、両手に持って洗う。洗濯板は、ニジェール川大湾曲部西部のバンバラ族などで、幅が狭く目の荒い板が用いられているのを見かけるが、西アフリカ内陸社会全体としてみれば一般的ではない。

日本では、綿布の普及以前のコウゾ、フジなどの堅い長繊維の布地の時代には、立って足で踏む方が多かったが、しゃがみ洗いも行なわれていた。近世以降は水辺の地面に、普通かかとを地面につけた蹲居《そんきょ》姿勢で、平たく浅い盥も地面に置いて、両手で洗濯物を揉んで洗う。洗濯板を用いるようになったのは、年代は確定できないが、比較的新しいことであるらしい。

フランスでは、水辺の地面に膝をついた跪坐《きざ》の姿勢で上体を水の上に乗り出して両腕を洗濯物の上から押しつけ、上半身の体重をかけるようにして洗う（図12）。めいめいの盥は必ずしも用いない。ブラシでこすったり、シーツなどの場合平たい木の棒で打つこともある。村の泉や川のほとりに設けられている共同洗濯場（lavoir）では、膝をつく部分から洗濯物を置く部分が、地面から水面にゆるく傾斜した石敷になっているものが多い。木の板で前面と側面を覆った膝囲い（caisse à laver）を、めいめいが持参して用いていた地方もある。

洗濯におけるこれら三つの作業姿勢は、三文化それぞれの中では他の状況でも頻繁に用いられる姿勢であるが、三文化相互には、他の状況でも比較的少ないか、ほとんどない姿勢であることがわかる。つまり、西アフリカ内陸の洗濯の作業である、両脚を軽く開いて伸ばしたままあるいは膝をやや曲げ気味に立った深い前倒姿勢に似た姿勢をとる作業としては、日本では田植、田の草取り、稲刈りなど稲作に伴う作業や海浜での作業などがあるが、日本人のこの前屈姿勢は、脊柱も全体に湾曲する形の前屈であり（図13）、西アフリカ内陸の、腰で急角度に折れた前倒姿勢（図14）とは異なっている。フランスでは麦などの背の低い草本の刈りとり、落穂拾いなどの農作業や、農民が低い木の枠に縛りつけた豚を屠殺・解体するとき、母親が盥で立位の幼児に行水を使わせるときなどに前屈姿勢が用いられるが、日本の水田作業と同様脊柱が曲がる前屈で、刈りとり作業ではしばしば膝も曲げられる（図15）。しかし一般に、なるべく前屈姿勢を避けるように道具が工夫され、刈りとり作業も長柄の大鎌で立位のまま軽い前倒姿勢で行なうものが多い（図16）。

蹲居は西アフリカ内陸およびフランスでは作業姿勢としてはなく、フランスでは身体技法上、かかとを地面につけた蹲居はできない人も多い(9)。

フランスの洗濯姿勢であるひざまずいて上体を前に倒した姿勢は、作業姿勢としては、西アフリカでは女性がササゲ、ビール醸造用の発芽させたモロコシなど、軽く細かいものを、地面のある程度広い面積に薄く広げて干したり、壁土を地面で練ったりするときにとる姿勢だが、概して稀である。この変形として、モシ族の女性が首長などに対して丁寧に礼をするときの姿勢がある。かかとを立ててひざまずき、上体を前に倒して地面に両肘を突き、両手を低めた肩に戻すようにかける。跪坐しての上体前倒は、日本では床板の雑巾がけ、床面にひろげたものに毛筆で書いたり薬研で薬種を砕くときの姿勢である。古くは大陸渡来の跪拝の姿勢でもあったが、比較的少ない。フランスでは跪坐は、上体を起こした形では、屋内で神に祈るときや、農民が野良で食事をするとき、その他地面のレベルに置いたものを両手で取扱うときの一般的な姿勢であり、分娩に際し、かつては多くの地方で、ひざまずいて何かにつかまる姿勢がよくとられていた。教会の礼拝堂には、信者が膝をつくための細長い木の台が設けてある。

（ロ）　鉄の鍛造

鍛冶師の鉄の鍛造作業には、三つの基本作業が同時に行なわれなければならない。鉄片を熱する火に風を送るふいごうを動かすこと、鍛造する鉄片をはさんで保持すること、そして槌で鉄片を打つことの三つである。

西アフリカ内陸社会では、三つの作業とも、ざっとならされた土の床に直接腰をおろすか、あるいはごく低い木か石の台に坐り、膝をゆるやかに立てるか、片足を伸ばすかした、全体にきわめて低い姿勢でなされる（図17）。

まずふいごうは、煉り土で作った二つの室を覆う皮の、中央部に開けられた穴を手でつかんで、引き上げるときは口を開き、握って開口部を閉じて押し、室の中の空気を導管から炉へ送り出すということをくりかえす方式のものである。地方によって、皮の開口部が二本の木片で縁どられているものもある。木片に通した紐を手首にかけ、二本の木片を手の中で開閉させながら、覆い皮を上下させるのである。

いずれの場合も、両手のそれぞれにつかんだ覆い皮を、二〇〜三〇センチずつ交互に上下させることを延々と続ける単純な作業であり、腕をはげしく使うことの多いこの地方の労働の中でも、酷使の度の甚しいものだ。鍛冶師の一族の、十二、三歳の男の子か、見習いの若者か、とにかく未熟練の者に割りあてられる。鍛冶場でもこの作業の者だけは大きめの石など、他の作業者よりは高い台に腰かけていることが多い。ふいごうの送風室は地面と同じか、やや高く築かれているために、地面のレベルに腰をおろしたのでは腕を働かせる位置が高すぎてやりにくいからだ。

他の、鉄片を炭火の中からとり、鉄床《かなとこ》の上で保持する作業と、これを槌で打って鍛える作業とは、同一人がすることも多い。

鍛鉄の作業が、作業者すべてがほぼ地面のレベルまたはそれに近い低位置に腰をおろした状態で行なわれるために、鉄床の面も地面からせいぜい一五センチくらいの低位置にある。また鉄床の上にのせた鉄片を打つ槌も、多くは柄と槌の頭が分化していない、握りの部分がやや細くなっただけの、長さ二五センチ前後の鉄の延べ棒であり、木の柄がついている場合でもきわめて短い。また、握りの部分が短いこの槌は、常に片手で使う。このため、槌が鉄片を打つ力は、一般に弱い。向う槌を打つ者も、ほぼ同じ作業姿勢で、同様の柄の短い槌で

図5（c）

図5（b）

図5（a）

■図5　水桶を肩運搬する（フランス）。
5-(a)　パリの水売り女。呼び売りしながら両手を使って編み物をしているのが、(b) のように手で水桶をもっている例の方が多い。1822年刊のエンゲルマンの石版画による。

図7

図6

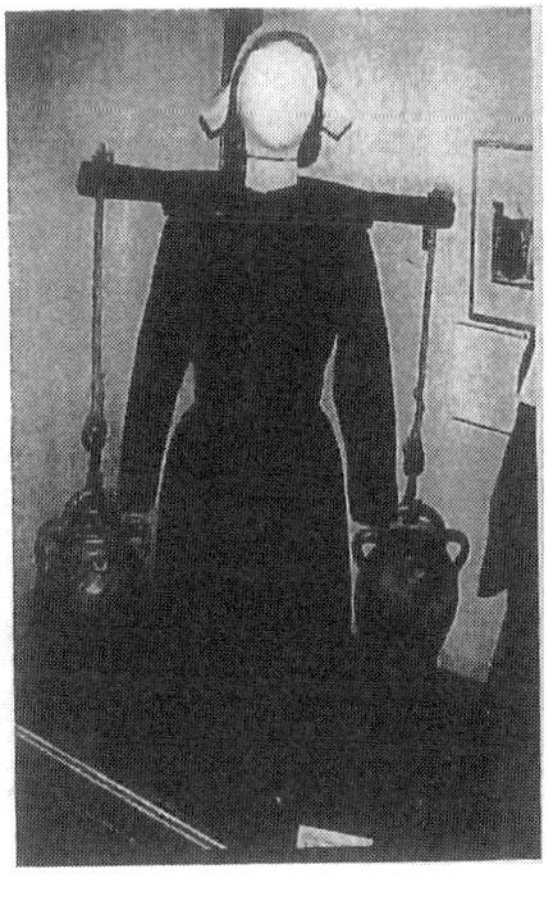

5-(b)　パリの水売り男。ベルトでさげ、水桶は枠でとめてある。1831年ナンシーで発行されたラクールの版画による。
5-(c)　パリの水売り男。短い天秤棒の前後に直接水桶を吊す。一八五〇年作者ペルランの死後刊行されたエピナル版画から。
■図6　フランスの水運びの天秤。フランス西部ヴァンデ地方で使われていたもの。ノワールモルティエ民俗博物館蔵。
■図7　肩からベルトで手籠を前に吊るす。パリの果物売りの男。ピエール・ブルビェットのエッチング（1640年頃）から。

図 8

図 9

図 11（c）

図 11（b）

図 11（a）

図 10

■図 8　籠の把手を曲げた前腕にかけて運ぶ（フランス）。オルレアンのスヴェストル＝ルブロンの版画（1775 年頃）から。

■図 9　フランスの籠編みの技法。把手が容器部分と構造上一体になったものが多い。

■図 10　腰で身体の前に固定して平台で運ぶ。パリでカーネーションを売る女。ド・カイリュスの版画集（1737–46 年）から。

■図 11　荷の重心を真下の身体で垂直に支えながら、かなりのスピードで前へ進むアフリカの頭上運搬。

11–(a、b)　セグー（マリ）の街で。

11–(c)　テンコドゴ（ブルキナファソ）で。

図 13

図 12（a）

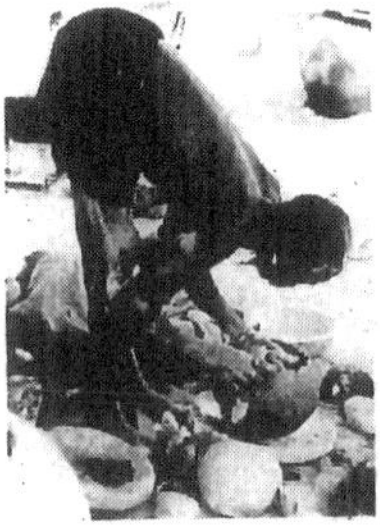

図 14（b）

図 12（b）

図 14（a）

■図 12　跪坐の姿勢で洗濯をする（フランス）
12-(a)　撮影の場所と年代不明。しかしフランスの田舎のいたるところで、電気洗濯機の普及まで見られた光景である。共同洗濯場の石の斜面に、村の女めいめいの膝囲いを当てがって洗う。

12-(b)　海辺で膝囲いを当てて洗濯をする女たち。1912 年、ブルターニュ地方、フィニステール。
■図 13　脊柱全体が軽く凸形に前方湾曲した前屈姿勢での作業（日本）。湿田の稲刈り。福井県、1964 年。
■図 14　腰で急角度に折れた前倒姿勢。脊柱全体が前方湾曲するのでなく、頚椎・胸椎部分ではむしろ後方湾曲し、脊柱起立筋の膨隆が認められる（西アフリカ）
14-(a)　畑の除草。モシ族（ブルキナファソ）
14-(b)　土器の成形。バンバラ族（マリ）
14-(c)　荷造り。モシ族（ブルキナファソ）

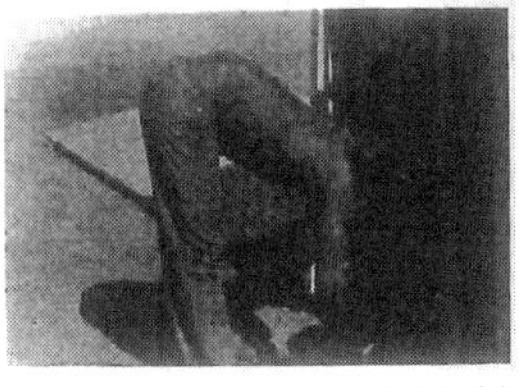

図 14（c）

図 15（b）

図 15（a）

図 16

■図 15　脊柱全体がゆるやかに前方湾曲した前屈姿勢での作業（フランス）
15–(a)　柄の短い鎌による刈りとり。

15–(b)　ミレーの油絵『落穂拾い』(1857 年)。パリ、オルセー美術館蔵。
■図 16　柄の長い大鎌を用いた、立位で上体を軽く前傾させた刈りとり作業（フランス）。

図 17（a）

図 17（b）

■図 17　平坐位の鍛冶作業（西アフリカ）
17–(a)　柄のない鉄の短い棍棒状の槌で、二人が交互に、低い鉄床の上で打つ。ピサ族（ブルキナファソ）。

17–(b)　練り土の室《むろ》をヤギの皮で覆ったふいごう。(a) と同じ作業場。

打つ。

日本では少なくとも『延喜式』の時代までは牛の皮嚢がふいごうとして用いられていたらしく、原理的には右に述べた西アフリカのふいごうと同種のものだったと思われる。

その後、手押しの活塞《ピストン》によって風を送る「風箱」が普及した。これは中国渡来と思われる。近世には西洋のものと同じ手風琴式の蛇腹のついた手鞴も使用されていたが、現代に至るまで、小規模の鍛冶には「風箱」が最も広く用いられてきた。活塞の部分には、タヌキまたはムジナの皮を張る習わしがあり、鍛冶屋の年中行事としてほぼ全国的に定着している霜月八日のタタラ祭またはふいごう祭にミカンを供えるのは、ミカンがムジナの好物だからとする口碑もある。

一方、中国地方を中心とする砂鉄からの製鉄や寺の鐘などの大がかりな鋳造には、足踏みのタタラが古くから用いられた。これには、四人のタタラ踏みがそろって踏むものが対をなしている大型のタタラもあった。江戸時代の南蛮タタラ、南蛮吹きなど、すべてタタラ(新羅名起源といわれる)の変形である。

身体技法との関連でみれば、タタラ系のものは足踏みだが、蛇腹式も、風箱も手動であり、蛇腹式は両腕で開閉させるが、とくに広く用いられてきた風箱では、腕の屈伸、または投げ足にした片足の屈伸(足指で活塞軸の端の丁字型の部分をはさむ)で風を送る。

日本でも鍛造作業は、ふいごう吹き、鋏《かなはし》で保持する者、槌で打つ者三者とも、地面に腰をおろした姿勢で行なった。しばしば親方が鍛造する物を保持して調節しながら打ち、弟子が向う槌を打つが、一人または二人の向う槌のものは、足を前後に軽く開いた立位で、柄の長い槌を用いる場合もあった。人手のない場合には、一人で保持して槌で打ちながら、同時に投げ出した片足でふいごうを押すという一人三役を兼ねた作業をすることもある（図18）。

西アフリカ内陸の場合と同様、日本でも作業位置全体が地面に近いため、鉄床の位置もきわめて低く、多くは鉄塊を地面に埋めこむだけのものだ。しかし、西アフリカ内陸の場合と異なり、槌には必ず木の柄がすげられていて、慣性能率が大きい。

フランスでは、ふいごうは記録に知られるかぎり、専ら蛇腹式のものが用いられてきた。把手で持って（あるいは片手に握って）開閉する携帯用もあるが、据えつけふいごうは一基のものも、二基一対になったものもかなり大型で、上から吊した天秤の仕掛けを使って、立って手で引く。鉄片を保持したり打ったりする者も、立った姿勢で作業をする。鉄床もそれ自体西アフリカや日本のものに比べてはるかに精巧に作られているだけでなく、丸太を輪切りにした木の台に据えられるなどして、四〇〜七〇センチくらいの高さをもっている。槌には作業の種類によって異なるが、多少とも長い木の柄がついており、鋏《パンス》で保持しながら右手で打つ場合以外は、ふつう両手で柄を握って振りおろす（図19）。したがって鉄床の上で鉄片を打つ力は、この三地域の中で、一般に最も強いものでありうる。

鉄の鍛造作業に見出される三地域それぞれの特徴は、次のように要約できる。

まず、西アフリカ内陸でははじめに挙げた鍛造の三つの作業のすべてが、地面あるいは地面にきわめて近いレベルでの坐位で行なわれ、それに伴って槌も柄がないか、あってもきわめて短く、したがって慣性能率も小さく、打つ力が弱いので、その分腕を一層酷使する。腕だけの酷使は、ふいごうを動かす作業においても、三地域で最も甚だしい。

日本では主として坐位であるが、立位（向う槌）が混じることも多く、いずれの場合も槌の柄は西アフリカ内陸よりは長い。とくに立位の向う槌では慣性能率も大きく、打つのにも腕だけの力によらない。ふいごうの活塞の足を用いた操作もあり、鍛造作業における筋力の働かせ方がより分散的である。

これに対しフランスでは鍛造の三種の作業すべてが立位で行なわれ、槌の柄は前二地域に比べてより長く、ふいごうも梃子の原理が応用されたもので、身体技法と道具の組みあわせにおいて、作業能率がより大きいといえる。

鍛造に限らず、木工、土器成形、籠編み、樽作り、皮革加工、機織、裁縫など、三地域に共通する工芸作業一般において、西アフリカと日本では機織のあるものを除いて地面レベルないしかなり低い台での平坐の作業姿勢が主であるのに対し（図20）、フランスでは、裁縫のあぐらを除いてすべて立位か、かなり高い立坐位で作業が行なわれているといえる（脚部を一面的・平面的に処理した坐り方を「平坐」、二面的・立体的に処理した坐り方を「立坐」とする分類は、野村［一九六七］によった）（図21）。右に挙げた職種のうち、西アフリカ内陸社会で立位で行なわれるものは、胸くらいの高さの木の台に掛けた生皮を、軽く上体を前屈させた立位でなめす作業や、大型土器の巻きあげ成形で、陶工が土器のまわりを前倒姿勢でまわりながら、両手で土器の壁面を内外から整えていく作業くらいのものだ。それさえ、皮なめしは地面にひろげたり、投げ足にした大腿の上で行なう場合もあり、土器成形の大部分は投げ足の平坐位で、開いた両脚の間か、そろえて伸した大腿の上か、体脇の地面の上に成形するものを置いてか、あるいは空中で両手で支えて作業がなされる。

右の職種の日本の作業姿勢では、前屈した立位で大鋸をひく場合、蹴轆轤《けろくろ》を用いた土器成形や高機での機織で立坐位をとるなどわずかの場合を除くと、大部分の工芸作業は平坐位で行なわれる。

逆にフランスでは、裁縫師のあぐら——フランス語ではいみじくもあぐらをかくことを〝裁縫師流に坐る〟(s'asseoir en tailleur) という(英語にも同じ表現がある)——をほとんど唯一の例外として、立位または西アフリカや日本と比べればはるかに高い立坐位で右の職種の作業が行なわれるわけだが、ネジでしめる万力を用いた加工対象物の固定も、立位、立坐位の作業姿勢と関連して、フランスの工芸作業の、他の二地域にはない注目すべき特徴である。ネジの万力はフランスでは十四世紀頃から用いられていたが、ネジの原理は近世以前の日本、植民地化以前の西アフリカ内陸には知られていなかった。万力の使用によって、金属細工や木工の作業で、足は対象物を固定する役割から解放され、立位や立坐位での力を入れた精密作業を可能にする条件が生まれたといえる。

　立位指向のつよいフランスの作業姿勢に対して、坐位指向が優勢であるという点では共通する西アフリカ内陸と日本の作業姿勢を、後二者の間で比較してみよう。西アフリカ内陸では投げ足姿勢が多用されると同時に、尻の下に低い台または腰掛けをあてがうこともよく行なわれるのに対し、日本では薄い座蒲団や、土間の場合何かの尻当ては敷くとしても、ある高さをもった台に坐ることなしに、床面に平坐することが一般的である。このことは、日本では床面自体が人工的に地面から隔てられている場合が多いこと、それも一つの条件となって、「坐る」姿勢が広い宗教的、文化的脈絡の中で確かな意味を与えられていることとも無関係ではあるまい。膝を立てた跪坐《きざ》、立てた踵の上に尻をのせた跪坐、蹲居、正坐、坐禅の結跏趺坐《けっかふざ》、半跏《はんか》、あぐら、鎌倉時代の武人像などに現われる両足裏を向かい合わせた大様なあぐらである楽坐、茶人の割坐、立膝、立膝とあぐらを片足ずつ組みあわせた歌膝等々、作業姿勢に直接関係がないものも含めて、歴史的な変遷を包みこみながら、坐ることに日本文化は大きな意味を与えてきたといえる。(10)

　嬰児の胴も両脚も布でぐるぐる巻きにして真直ぐになるようにし（図22）、一歳未満から立位の籠や歩行器に入れたり、回転吊り具で吊って「這い這い」を許さず［LOUX, 1978 : 209〜214 ; LOUX, 1979 : 61〜70］（図3）、立位と立坐位にこだわってきたフランス文化が、立坐の坐具に、煩雑なまでの区分けをし、それぞれに意味を与えてきたように、(11)その身体技法の体系は人間をできるだけ地面から遠ざけようとする。まるで大地から離れることで、文化が自然から自立を得るとでもいうかのようだ。裁縫師のあぐらにしても、腰くらいの高さの大きな平台をしつらえ、まず人間が地面から十分に引き離される装置をこしらえてから、その台の上であぐらをかくのである。

日本の木工師が、鋸をフランスのように押さずに引くのも、平坐の作業姿勢では引く方が力が入りやすいという運動生理学的な事実と関係があるだろう。立位で押すほうが、鋸に一時に加えうる力の絶対量は大きいが、それだけの力に耐える丈夫な刃も必要となる。フランスのように、オーク、ナラなどの硬い材質の木を、十分に鋼鉄を使った頑丈な鋸で押し切る方式に対して、中国地方を主産地とする、良質だが少量の和鋼の薄い刃の鋸を比較的弱い力で手前に回数を多く引いて、スギ、ヒノキなどの軟材を加工するのが日本の方式だったとみることもできよう。引いて切る場合、刃の厚みは押して切る鋸の三分の一で済むという[12]。さらに、同じ格闘技でも、腕を屈曲させ相手をひきつけて倒す柔道と、腕を思いきり伸ばして相手を打ちのめすボクシングの腕使いに端的に表われているような、日本と、フランスを含む西洋との、腕の使い方の基本的な違いも、深い部分でかかわっているのかも知れない。

ここでも、先にみた西アフリカ内陸における短い柄の鍬と同様、身体の形態的・生理的条件、自然的条件に加えて、平坐の作業姿勢などの多分に文化的条件に規定された身体技法が、引いて切る鋸という物質文化を生みだしたということができるだろう。遺物から知られる限

図 18（a）

図 18（b）

図 19

図 20

■図 18　平坐位と立位の鍛冶作業（日本）
18–(a)　17 世紀後半の京都の刀鍛冶。親方は平坐、相槌二人は立位。『人倫訓蒙図彙』から。

18–(b)　平坐位で槌で打ちながら、足でふいごうを動かす。『北斎漫画』（19 世紀前半）から。

■図 19　立位の鍛冶作業（フランス）。王政時代の版画（パリ、カルナヴァレ美術館蔵）に描かれた鍛冶屋。蛇腹のふいごうを動かしている。
■図 20　平坐位の多い日本の職人の作業姿勢。『北斎漫画』に描かれた 19 世紀前半の江戸の諸職。

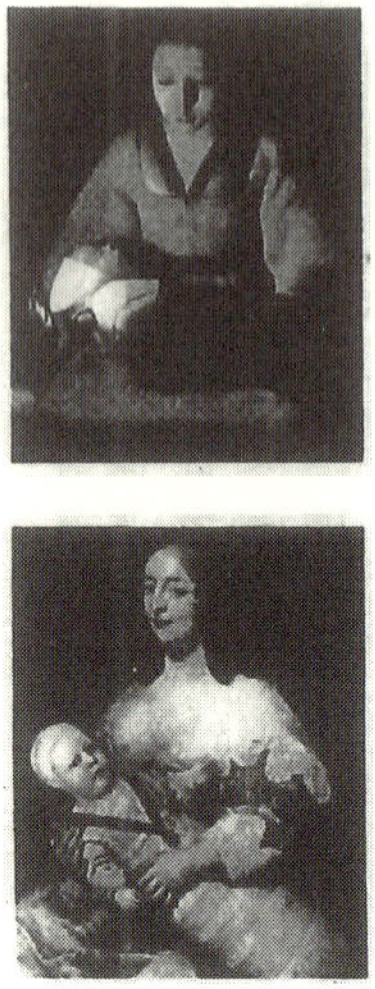

図22

図21

■図21　立坐位または立位の多いフランスの職人の作業姿勢。エピナルのペルラン作の版画（1825年頃）から。最下段左から二列目の仕立屋の平坐位と、最上段右から二列目のブドウ作りの跪坐以外すべて、立坐位か立位の作業姿勢で、同時代の日本の諸職図（図20）に描かれた平坐位と対照的だ。

■図22　嬰児の胴、とくに下半身を布で固く巻いて脚を真直ぐにするように努める（フランス）。上はド・ラ・トゥールの描いた『新生児』（17世紀前半）、下は1638年生れのルイ14世の幼児時代の絵（作者不詳）。

《図版出典》（詳細は章末の参考文献一覧参照）

「アサヒグラフ美術特集」1989　1（a）、15（b）遠藤元男　1991　18（a）葛飾北斎　1969［1813–78］18（b）、20　須藤功　1988–89　13　GESTE et IMAGE 1982　15（b）DE REYNIÈS 1987　1（b）、2（b）、3（a、c）GÉLIS et al. 1978　22　HENRY　1975　12（a）JAOUL et GOLDSTEIN 1990　4（b）、9　LOUX　1978　3（b）MASSIN　1978　4（a）、5（a、b、c）、7、8、10、21　SÉBILLOT　1895　19　VELTER et LAMDTHE　1986　16

［原注］出典の記されていないものは、すべて川田撮影の写真。

り、日本で最古の法隆寺鋸から鎌倉中期層出土の鋸までの歯形は押引両用可能のいわゆる剣歯であるのに、室町中期頃からは江戸期以降のものと基本的に変わらない、歯道に対して手前に傾斜した茨目《いばらめ》になっている［嘉来　一九八六］。山折哲雄［一九八一］が指摘している日本的「坐」文化の成立をはじめ、日本的建築様式の確立、茶道の形成、能楽の完成など、身体技法にとっても重要な意味をもつ日本独自の文化の形成が、室町期には集中してみられるが、身体技法と技術・物質文化との関連も、こうした文化史の脈絡の中で考えられなければならない。

他方、西アフリカ内陸社会には、容器や杓子にするヒョウタンの実をタテ二つ割りにするためにだけ用いられる、焼きの甘い小刀にざっと刻み目をつけた道具以外、鋸に類するものは知られていなかった。しかし西洋式生活様式の浸透に伴って建具、家具を、西洋渡来の押し鋸を使ってチークなどの比較的硬い木材を切る場合、土地の人々は好んで、鋸を身体側でない方に歯を向けたタテ位置にして、上から押し下げる身体技法で用いる。これは男の作業だが、前述の鍛冶屋のふいごう押し、女の作業におけるタテ杵搗きと部分的に共通する力の使い方だ。新しい道具が入って来た場合、在来の身体技法に条件づけられた運動慣行（motor habits）にどのようにとりこまれるかは日本の住生活におけるスリッパの独自のはきかえ、かかとで音をたてる歩き方にも認められるように、身体技法と物質文化の関連を考える上で、興味深い課題だ。

## 四　身体技法の功利性と意味

身体技法が物理的法則に拘束されながら生む実用性と、文化的約束に基づく意味の両面をもっていることは、本稿一にも指摘した。これまでに検討してきた事例は、冒頭に記したような問題意識から、功利性の大きいものを敢えて選んでいるのだが、そうした事例ですらより広い文化的意味の脈絡の中に置いて考える必要があることはこれまでに見たとおりだ。紙数がなく本稿では触れられなかったが、食事作法、挨拶行動、儀礼行動、埋葬姿勢、性交体位、感情表現のジェスチュア、舞踊動作など、文化的意味の比重が大きい身体技法も、本稿でとりあげた実用性が大きい人力運搬法や農耕、工芸などの作業姿勢との関連で、とりあげてゆくべきであろう。そのようにしてはじめて、身体技法のいわば文化内的な研究の見通しもひらけてくると思われる。

その際、たとえば実用的功利性から最も遠いと思われる舞踊にみられる身体技法が、日常の実用的身体技法を集約して表わしているのか、あるいは逆に、日常的には用いられない身体の動かし方をするのかは、解釈の仕方によっても、さまざまな見方が可能であり、一般的に断定することはできない。本稿で直接比較の対象とした三地域の舞踊の基本動作についてみると、これまでに述べてきた歩行、運搬、いくつかの作業における身体技法と、日本とフランスの場合は共通する特徴を示すが、西アフリカ内陸についてはむしろ共通性がないことを指摘できる。

日本の舞踊における基本的構えが股・膝・足関節を柔軟に曲げ、上体を軽く前傾させ、胸を張り気味に頭部をまっすぐに保持した姿勢（ただし女性の構えでは重心を後にかける〝受身な表情〟が心得とされる）で、歩行はすり足を原則とし、上体が乱れないよう〝腰を入れる〟ことが重んじられるのに対し、古典バレーやモダンダンスの基本的姿勢は、頭を高くもち上げ、脊柱も膝も伸ばし、尾骨を意図的に前に押し込んで骨盤の前倒角を減少させ、股関節を著しく外旋させる、というように、ほとんどあらゆる点で対照的である［森下　一九八〇］。さらにバレーやモダンダンスでは、つま先立ちが重要だが、日本の舞踊、とくに能では、かかとが床面への身体の支点となる。また、ヨーロッパの舞踊では脚を高く前へ蹴上げること、上方への跳躍、頭からつま先までを一直線の垂直軸にしての回転が頻繁に行なわれるが、日本の舞踊では跳躍は頻度も種類も少ない。とび上るとしても、多くの場合それは踏みしめる予備動作だ。上体は構え姿勢のままとび上って下肢だけを素早く深く上に屈曲させた、武道で敵の足払いを防ぐ動作と類似したものもある［森下　一九八〇、一四］。一方床面を踏みしめることには、反閇《へんばい》以来の伝統がある。

西アフリカ内陸社会の舞踊について、舞踊学の立場からの研究は現在までのところないが、[13]筆者の現地での観察やフィルム、ビデオを資料とした分析では、次のような特徴を指摘できる。基本姿勢は膝を軽く曲げ、上体を軽く前傾させたもので、音楽のポリリズムに身体の各部分が個別に感応するかのように、身体の動かし方は多中心的（ポリセントリック）である。足の動きにはつま先立ちはなく、かかとが中心であり、大地に裸足の足裏をこすり合わせるような「シャフル」が特徴的である。跳躍はないといってよく（東アフリカの牛牧民社会の舞踊には直立したままでの垂直方向の跳躍がよくみられる）、全身を垂直軸にした回転動作もない。手の表現や、日本の舞踊に多い「当て振り」的な動作はまったくないといってよい。[14]

舞踊について大まかに三地域を比較すれば、ヨーロッパの天上志向性に対して、日本と西アフリカは前屈立とかかと摺りが顕著で、脚を大きく開く動作や跳躍がなく、全体として大地志向性がつよい点で共通するが、胴体については、日本が一ブロックであるのに、西アフリカ内陸では多中心的で複数ブロックである点が差異として際立っている。[15]

右に挙げた舞踊の特徴が、日本とフランスにとっては前述の歩行と人力運搬における身体技法と共通していることは改めて指摘するまでもあるまい。西アフリカ内陸については、膝を自然に曲げた軽い前傾姿勢は女性のタテ杵搗き、男性女性共通の打穀作業に認められる。とくに長い打穀棒を両手で振り上げ、腰で調子をとりながら振りおろす打穀作業や、より深い前倒姿勢ながら、主要な農作業である、短い柄の鍬をもって上体を波打たせてあおるようにはげしく動かす雑草掻き作業は、とくにそれが共同労働で太鼓の囃子入りで賑やかに行なわれるとき、舞踊と共通する表情を帯びてくる。また頭部だけは比較的安定し、肩、胸、腕、腹、腰、脚などが相互に均衡を保って連携しながら多中心的に、多少とも「アイソレート」されて動く西アフリカ内陸の舞踊動作は、首から下の身体の各部分の独立性のつよい、しかし微妙にコーディネートされた動きが振動を吸収して頭部を安定させている、頭上運搬歩行との連続性を示している。しかし、この地域の舞踊に特徴的な「シャフル」では、大腿屈筋群をとくに使うが、社会での日常の作業・休息の身体技法にはこの筋群が多用されるものはない。そのかぎりでは、この舞踊動作は、身体の非日常的使用といえるであろう。

腕と脚を思いきり伸ばした天上志向の跳躍、なめらかな床面上の、腰をかがめた足袋のすり足運び、濛々と砂ほこりを蹴立てての、固い素足による大地のシャフルなど、各地域に特有の舞踊動作は、それぞれの社会の世界観、価値意識の深層とつながるものをもっているに違いない。山折哲雄［一九八一］は、インドや日本の文化を「坐」の文化、西洋文化を「立」の文化としたが、右のような舞踊動作における天上志向性と大地志向性、前述した歩行、運搬や作業における身体技法の諸特徴も併せて考えると、西洋文化が「立」を基本として天上を志向し、坐位や臥位においても地面と身体を隔てる装置に工夫をこらしているのに対し、日本文化は地面より高く人工的な床面をしつらえ、そのレベルでの「坐」と「腰」の文化を精錬したといえるであろう。この二者との関連で西アフリカ内陸の身体文化を位置づけるならば、地面での投げ足坐りや裸足のシャフルをはじめとして、身体を直接大地に触れさせる大地志向性と、しばしば深い前倒によって手を地面に触れる「立」の身体技法によって、中間レベルなしに無媒介的に大地と結びついている身体文化としてとらえることができるかも知れない。また、同じ西アフリカでも、本稿でとりあげた内陸のサバンナ地帯とは生態学的条件も、住民の人種的な身体特徴も異なる、ギニア湾沿岸の森林地帯の社会では、サバンナ地帯と共通する身体技法が認められる一方、サバンナ地帯では立位深前倒または平坐位投げ足が用いられる状況で腰かけの立坐位がとられることが多い。この二地帯の比較は、前記の共同研究で進行中だが、本稿でとりあげることのできなかった身体技法の他のいくつかの側面とともに、今後の具体例に基づいて検討してゆくべき課題である。(16)

（後記　紙幅の制約のため、用意した写真・図版のごく一部しか掲載できなかった。他日を期したい）

註

（9）　ただし、古い時代のフランス人の人骨の膝関節の部分の磨耗度から、かつてはフランス人も蹲居姿勢をかなり頻繁にとっていたのではないかとする見方もあるという（二宮宏之氏の個人的御教示による）。

（10）　日本文化における「坐」の意味については、山折［一九八一］に鋭い考察が展開されている。なお、分娩の体位のように、物理的に可能性が著しく限られた身体技法においても、日本では藁などを積んで背をもたせかけた坐産（地方により、こたつやぐらなどに前かがみにもたれて坐る）が一般的で、出産後七日目までは足を伸ばすことが禁忌とされている地方も多かった［母子愛育会　一九七五、二一二―二一四二］のに対し、西アフリカ内陸では開脚投げ足姿勢の産婦を助産婦がうしろから抱きかかえる分娩体位が、フランスでは坐位、跪坐位、立位の分娩などとともに、とくに東部や東北部で十七世紀以降分娩用の椅子を用いた立坐の分娩が［GÉLIS 1984: 200–214］、それぞれ行なわれてきたことは興味深い。ただし、日本でも奈良県から開脚の投げ足姿勢の分娩も報告されており［前掲書　二三四］、アフリカでも地方により立膝位や立位の分娩も行なわれてきた［大島　一九八三、二八五―三〇二］。身体技法のさまざまな側面が常に一義的な正の相関関係ではとらえられないことはいうまでもないが、他の、やはり物理的に可能性の限られた身体技法（排便、性交の体位など）も含めた、文化内的《イーミック》な研究が今後望まれる。たとえば、西アフリカ内陸のモシ社会では、性交体位と埋葬姿勢の間に相関がみられる。つまり、性交の〝正常〟体位とされているのは、男は右下、女は左下に横臥して向いあう体位であるが、埋葬の際も男女別ながら、男は南枕右下東向き、女は南枕左下西向きに横臥した姿勢で埋葬される。左手の劣位観、西をけがれとみる方位観など価値意識も含めた広い脈絡の中で他の社会の比較資料も加えて検討されるべき問題であろう。なお、実用的なからだの使い方から身ぶりにいたるまでの身体技法を、一つの文化について「文化内的」に調査した例としては（「身体技法」でなく、ボアズ流の“motor habits”という概念が基本になっているが）、ベイリー［BAILEY 1942］の研究が挙げられる。

（11）立坐具、つまり腰掛け、椅子の類を指すフランス語が、そこに坐ることの文化的、社会的意味を付随させて、いかに多様に分化しているかは、次の例――これすら紙数の制約で網羅的ではない――をみてもわかるであろう。siège（座席、裁判官席、御者台、便座）、banc（何人もが並んで坐る腰掛け）、chaise（背付きで肘掛けのない椅子、輿のように運ばれる貴人の椅子）、chaire（肘掛けと高い背のある椅子、元来家長や身分の高い来訪者の座席、説教台、転じて教壇、講座の意味も）、fauteuil（元来、木または金属の枠の折りたたみ椅子で、クッションや敷物で覆い、君主、司教、領主などが坐った。議長席、アカデミーフランセーズ会員の席などの意味もあり、現代では肘掛け椅子、安楽椅子一般も指す）、escabeau（背も肘掛けもない低い腰掛け、高貴の人の前で身分の低いものが坐る)、placet(低い椅子で、かつて国王に忠誠を誓うしるしとしてこれに坐った)、stalle(教会内陣の両脇に並ぶ、高い背のついた聖職者用の木の椅子)、tabouret(背もたれも肘掛けもない一般に低い椅子で、かつてフランス国王の謁見の際に、血縁の王族、公爵、大貴族とその妻が坐ることを許されていた椅子。現在ではピアノ用腰掛け、バーの腰掛けなども指す)、trône(君主の儀礼用の玉座。常に踏み台がついている)等々。一般に坐る位置が高いか低いか、背もたれ、肘掛け、踏み台がついているかどうか等によって、さまざまな社会的地位が立坐具に対応していたことがわかる。また、フランス家具史の専門家ジャノーは、フランスの立坐具の五七の異なる種類と各称を挙げている[JANNEAU, n.d.]。山折[一九八一]に引かれているような日本人の平坐位の種類・名称の多様さと対比して興味深い。

(12) 竹中大工道具館の嘉来国夫氏の御教示[一九八六]による。なお、西洋や中国では、古くから広く用いられていた枠付鋸では、比較的薄い刃でも強く張られているために、強い力で押して使うのに耐えるという。また御自身鋸鍛冶であり鋸の実際の使い方に詳しい吉川金次氏や鋸の改良を実践しておられる平澤一雄氏によると、枠付鋸は握りと腕の力のかけ方からいって、押して使う方が効率がいいという[吉川 一九七六、三二三、平澤 一九八〇、二六七―二七八]。枠付鋸は、二人挽きの縦挽鋸が日本にも室町時代中頃に大陸から渡来したが、桃山末期に一人挽きの日本独自の前挽大鋸《おが》が開発され、以後枠付鋸はあまり用いられないようになった[嘉来 一九八六、五月―七月号]。なお、絵図資料で見る限り、縦挽きの大鋸は立位で使っているのが普通で、したがって大鋸に関しては、坐位の作業姿勢と手前挽きとの関連は求められない。中国でも小型の枠なし鋸には手前挽きのものもあり、鋸身に直接柄をつけた日本の鋸の、柄を握って使う体位から、必然的に引き切りの型式が生まれたとする見方もある[吉川 一九七六、三二四]。

(13) アメリカ合衆国の黒人との対比で、映像資料の制約上きわめて一般的にではあるがアフリカ黒人のダンスにおける身体動作の基本的性格を分析した研究には、ケアリーノホモク[KEALIINOHOMOKU

1976〕がある。

（14）これらの基本的性格についての私見は、第二十一回舞踊学会（一九八六年六月七日、慶応大学日吉校舎）での講演「表現・伝達手段としての舞踊――アフリカの事例を中心に」で述べた。アフリカ黒人の舞踊についての資料は、筆者の直接の見聞のほか、平凡社ＥＣアーカイヴズ所蔵のフィルムのうち、アフリカのダンスに関するすべてのフィルム、国立民族学博物館所蔵のビデオやフィルム、若干の文献〔DE-LOBSOM 1932, EVANS-PRITCHARD 1928, GORER 1962, 1972, HUET 1978, LANGE 1975, LOMAX 1978, NKETIA 1965〕を参照した。なお、アフリカの舞踊の解釈に当たって、森下はるみ氏、高安真理子氏、遠藤保子氏から貴重な御教示をいただいた。

（15）この点はロマックス〔LOMAX 1978〕が指摘しているが、その背景として性的刺戟を極端に重視している点では、ロマックスに筆者は同調できない。

（16）本稿に述べたこと全般にわたって、運動生理学、働態学に関わる点については、香原志勢氏、岡田守彦氏、真家和生氏から多くの貴重な御教示をいただいている。

母子愛育会（編）一九七五『日本産育習俗資料集成』第一法規出版

平澤一雄　一九八〇『鋸』所沢、クオリ

嘉来国夫　一九八六「日本人の大工道具」『全建ジャーナル』一九八六、一一月号、全国建設業協会

森下はるみ　一九八〇「舞踊のバイオメカニズム」（日本のうごき・西洋のうごき）『バイオメカニズム』五、五―一六頁

野村茂治　一九六七〔一九六一〕『ヨーロッパ系（立坐位居住型の発展に対する研究』宝文書房（初版一九六一、改訂版一九六七）

大島　清　一九八三『サルとヒトのセクソロジー』メディサイエンス（とくに第七章　お産の体位のうつりかわり、第八章　ヒトの難産への道）

山折哲雄　一九八一『「坐」の文化論』佼成出版社
吉川金知　一九七六『鋸』法政大学出版局

BAILEY, Flora L. 1942 “Navaho motor habits”, *American Anthropologist*, N. S., 44: 210–234.

DELOBSOM, A. A. Dim 1932 “Les danses moissies et leur signification”, *Revue Anthropologique*, 42$^{e}$ année, Nos. 4–6: 169–173.

EVANS-Pritchard,E. E. 1928 “The dance”, *Africa*, 1: 446–462.

GÉLIS, Jaques 1984 *L'abre et le fruit: la nessance dans l'Occidental moderne XVI$^{e}$–XIX$^{e}$ siècle*, Paris, Fayard.

GORER, Geoffrey 1962［1935］*Africa dances*, New York, Norton.

GORER, Geoffrey 1972［1944］“Function of dance forms in primitive African communities” in Franziska Boas (ed.), *The function of dance in human society*, New York, Dance Horizons.

HUET, Michel 1978 *Danses d'Afrique*（textes de JEAN LAUDE et JEAN-LOUIS PAUDRAT）Paris, Chêne.

JANNEAU, Guillaume n. d. *Le mobilier français. Les sièges*, Paris, Librairie Duponchelle.

KEALIINOHOMOKU Joann W. 1976 “A comparative studies of dance as a constellation of motor behaviors among African and U. S. Negroes”, *Dance Research Annual*, 7: 17–178, CORD（Committee on Research in Dance), N4.

LANGE, Roderyk 1975 *The nature of dance*, London, MacDonald & Evans.

LOMAX, Alan 1968 *Folk song style and culture*, Washington D. C., American Association for the Advancement of Science, Publication No. 88.

LOUX, Françoise 1978 *Le jeune enfant at son corps dans la médicine traditionelle*, Paris, Flammarion.

LOUX, Françoise 1979 *Le corps dans la société traditionnelle*, Paris, Berger-Levrault.（倉持・信部訳『肉体――伝統的社会における監修と知恵』、東京、マルジュ社）

NKETIA, J. H. Kwabena 1965 *Ghana—music, dance and drama: a review of the performing arts of Ghana*, Legon, Institute of African Studies, University of Ghana.

遠藤元男　一九九一　『日本職人史Ⅰ　職人の誕生』、『同Ⅱ　職人の世紀』上、雄山閣出版
葛飾北斎　一九六九［一八一三―一八七八］『人物漫画』岩崎美術社
須藤功（編）　一九八八―八九　『写真でみる日本生活図引』五巻、弘文堂
DE REYNIÈS, Nicole 1987 *Le mobilier domestique*, tome 1 et 2, Paris, Ministère de la culture et de la communication.
HENRY Bernard 1975 *Des métiere et des hommes au village*, Paris, Seuil.
JAOUL, Martine et GOLDSTEIN, Bernadette 1990 *La vannerie française*, Paris, Éditions de la Réunion des Musées Nationaux.
MASSIN 1978 *Les cris de la ville: commerces ambulants et petit métiers de la rue*, Paris, Gallimard.
SÉBILLOT, Paul 1895 *Légendes et curiosités des metiérs*, Paris, Flammarion.
VELTER, André et LAMOTHE, M.-JOSÉ 1986 *Le livre de l'outil*, Paris, Editions Messidor.

# 十二

## 人間にとって、おどりとは何か
## 鶴見和子・西川千麗・花柳寿々紫鼎談

鶴見和子・西川千麗・花柳寿々紫『おどりは人生』藤原書店、二〇〇三年、一三七—一六八頁

### 自分の根っこは何か

**鶴見**　これからの未来のおどりというのは、ほんとに深く、古い、さまざまな伝統文化に根ざして、そしてそれから新しいものに飛び上がっていく。そういうものをめざすということになるでしょうね。

人間はおどるのよ。人間が歩くのと同じことね。おどりの基本は歩きだからね。ただ歩き方が違うのよ。人間はおどりたいからおどるんだというのは、ほんとにおどりたいという気持ちがなかからわき上がってくるからおどる。それは内発性なのね。だけれど、それがだんだん自分が年を重ねていくとともに、自分を鍛えあげ、それから習い、それからいろんなも

のを見て、そこからいろんなものを得ていく。それから自然との交流でいろんなものを見ていく。そうしているうちにだんだんと自分のなかのおどりたいという、その基本の動機というか、基本の願いがさまざまな形で展開していくのね。それを若い時に限らないで、死ぬまでおどれる。私はもうおどれないけれど、杖ついて歩くときにおどりの基本を考えてるのよ。だから最後まで人間は歩く動物だと思うの。歩かなかったら、こうやってしゃべることもできないし、考えることもできないし、感じることもできない。だから基本は歩くのよね。その歩くという基本にもとづいているのが、おどりなのよね。歩くからおどるのよ。歩けなかったらおどれないもの。そうすると、自分のなかにある動機づけとか可能性が、だんだんに開花していく道筋を考えると、武原はんさんの舞になったり、お能になったり、井上八千代さんの井上流の舞になったり、それからモダンダンスになったり、いろんな形で展開していくのね。

その究極のゆきつくところは何か。渡辺保さんは「祈り」といった（「姿——武原はん」）。それは私、すごく大事なことだと思う。祈りというのは謙虚になる。伝統というものはつねに、おどる人にとって、すっかり身につけることができないほど大きなものだ。だからその伝統に対して謙虚になる。それが祈りの気持ちだと。そして自分が最後に伝統と合体するんじゃなくて、その伝統のもとになっている、自分より大きな宇宙と合体していく。そのときにおどるという祈りの気持ちが成就するんじゃないの。そこまでもう一生懸命いきつくよりしょうがない。そういうものじゃないのかなあ。そして武原さんの生涯は、ほんとにそれを美しく、深く、よく表している。そういうことじゃないのかな。それは井上八千代さんでもそうよ。私、一人一人のおどり手がそうだと思うの。そして私のような、ほんとの素人でもそこから知恵を、考えをいただいているのよ。自分の内発性を大事にして、だからといってひとを排除するんじゃなくて、ひとのいいものも受け入れて、他の文化のいいものも受け入れて、そして自分が大きなものに合体していく過程がおどりであればね。それこそ内発的発展なのよ。自分のなかにあるものを出していく。そして最後に大自然、宇宙と一体化するの。

寿々紫さんの場合も、いろんな日本舞踊の根っこがあったからモダンダンスに飛翔できたのよ。根っこがなかったら、まね事よ。私、そこが寿々紫さんの面白いところだと思うの。その根をもってモダンダンスに飛翔してるから外国人がアプリシエイトするのよ。もともとモダンダンスだけやっていた人とは違うのよね。ところが寿々紫さん自身はどこが違うっておっしゃらないのよ。そこが面白い。たとえばマーサ・グラハムと花柳寿々紫の違いはどこにあると思う？ 違うからアプリシエイトされるんでしょう。どこが違うの。

**花柳** 結局、私は歌舞伎舞踊は二つの時から習って、あと自分で自発的に武原はん先生と井上八千代先生と観世寿夫さんと、お狂言と、そういうものをやりたいと思ってやったということが、血となり肉になっているんだと思います。

**鶴見** だから蓄積されてるのよね。で、それがある時、マグマみたいに噴き出してくるのよ。だから根がないものはちっとも面白くないの。それはたんなる模倣だから。だからどうやってその根を蓄積するかということね。それには日本舞踊なんていうのは、クラシックバレエなんかだったら大変だと思うけれどね。肉体の鍛練。だから肉体の鍛練ということがなければ、そこまでいかないわね、もとになるという……。

そこに根っこがあるってことが大事ね。内発的発展には根っこがある。だから外国の近代化をお手本にして、それでどんどん早く発展していけばいいというものじゃないということよ。そして、それがインターナショナルの根元なの。インターナショナルになるために、根がなきゃだめだと。

**花柳**　文化の根がなきゃだめですね。

## おどりが大好き

鶴見さんがさきほど「おどりたいからおどる」と言われましたが、そうとうきびしいお稽古もなさるでしょうから、おどるのが嫌になったことはありませんでしたか。

**花柳**　私は戦前派ですから、戦争中はお稽古しなかったですからね。ただ、好きで好きで、というまでじゃなかったですねえ。やはり二歳からやってますから、自分で確立してものがよくわかるようになってからですね、ほんとにやりたいと、先生を自分で選んでやりたいと。

二十歳過ぎですね。学校を出てからです。

**鶴見**　欲がでるということなの。子どもは欲がないからねえって言われるのよ。

**花柳**　ええ。

**西川**　私がお稽古をはじめたのは、数え六つだから四歳の六月六日です。

**鶴見**　お二人とも若い時から、すごいねえ。

**西川**　まったくそれは好きではじめたわけでもなく、ただ連れて行かれて。でもはじめはいま考えると、あとから脱却しなければならないんですけれど、ひとが見て、いいと思ってくれている、それがうれしいと子どもは感じるわけですね。だから自分の存在を他者が認めてくれる場を得る。おどることそのものもさることながら、自分の存在をひとが認める、一番最初の、本能的には、それがやっぱりうれしいんじゃないでしょうか。それとほんとにおどるというのは人間の本能だと思いますから、この二つが一致して、ずっと存在していたものが、こうして年を経てきたら、ひとが認めてくれるとか、そういうことへの意識を捨てやらなくてはいけない時になってくる。

私の場合は、やめたいというより、ほかにできることないから（笑）。ほかにもっとできることがあったら……。ほんまに愚・鈍・根で、考えないで、根気よくやってるという。

**鶴見**　私は舞踊家でもなんでもないけれど、あのころ、おどりを習わせるか、ピアノを習わせるか、歌を習わせるか、いろいろ習い事があったわけよ。私もはじめは、関鑑子★さんにピアノを習ったの。敗戦後、関鑑子さんに、あなた、子どもの時、教えたことあるじゃないのって言われて、私、恥ずかしかった。やってたのよ。だけどピアノはどうしても楽しくないの。おどってると楽しいの。だからおどりの稽古には行くけれど、ピアノは行かないというふうになっていくのよ。自然になっていくのよ。おどりは好きで好きでしょうがないから、学校が終わったら必ずお師匠さんの花柳徳太郎さんの土橋のお家に寄って、ひとおどりして帰るとてもうれしいのよ。私、おどるというのはなんてうれしいだろうと思って、うまくおどるとか、そんなこと考えたことないのよ。

★〔原注〕関鑑子（せき・あきこ）一八九九～一九七三年。声楽家（ソプラノ）、合唱指導者。一九二一年東京音楽学校卒。二六年プロレタリア芸術運動に参加、戦後は民主的音楽運動に傾注。五六年国際スターリン平和賞受賞。

私は皆さん方よりずっと遅いわよ。九つから。昔のお稽古は、花柳は三・八が休み。三のつく日と八のつく日が休みで、あとは全部あったの。

**西川**　毎日あるんですか。

**鶴見**　毎日お稽古に行って帰るのよ。学校の帰りにあそこに寄って、家へ帰るのが日課なの。で、学校の勉強なんか家では全然しないのよ。そんなのなかったからねえ。試験があるわけじゃないし……。

それはおどって帰ると、楽しいわよ。チンチンチン・トチチリチンだもの。花柳はトンテンチンリン・トンテンチンリン、「菊づくし」っていうの。子どもはそれから始めるのよ。それなのよ。行かなきゃいけませんと言われたこともないし、なんとなく行っちゃうのよ。

**西川** それが当たり前だったんですよね。

**鶴見** 当たり前。それで、行くとみんなおどってて、三味線の音が鳴ってるから楽しいなと思って、ひとのおどりを見て、自分の番がきたら、入っていってお稽古してもらって、また自分のお稽古をもっと、ほかの人のやってるところへ、後ろに立ってもいいですよっていうのよね。後ろに立ってまたおどるのよ。いつもいつもおどって帰るのよ。そりゃ楽しいわよ。

二代目徳太郎師匠が、私が六十代でお稽古を再開したとき、鶴見さん、続けてればよかったのにってていったから、お師匠さん、遅すぎますよ、もっと早くいってくだされればよかったのにっていって、大笑いしたの。私、アメリカに留学にした時だって、お稽古には行かないけれど、部屋のなかでは「浦島」なんかおどってたわよ。

**西川** 先生、船のなかでおどったっておっしゃった。

**鶴見** ああ。船のなかでね。アメリカからの帰りの交換船★よ、もう戦争中よ。よその奥さんの着物を借りて、白粉《おしろい》つけて、「都鳥」をおどったの。そうしたら船のなかに芸者がいる（笑）っていうことになって。

★交換船　一九三九年よりアメリカのヴァッサー大学に留学していた鶴見和子は、日米開戦後の四二年、第一次交換船にて帰国した。

おどるって楽しいのよねえ。楽しいからおどるの。ピアノはちっとも楽しくない。もともとそういうふうだったのね。好きだったのよ。つまりリズムに合わせて体を動かすっていうことが、とっても楽しいのよ。それで毎日同じことしてるっていうけれど、そうじゃないのよね。毎日同じことしてるけれど、昨日やったのと今日やったのと違うのよ。

**花柳**　そうですねえ。

**鶴見**　楽しいから行くのね。子どもは強制されてなんかものをしない。いま塾は楽しくないのよ。おどりの稽古に行ったらいいと思う。私、上手に踊ろうと思ったことがないの。だから舞踊家になれなかった。

**西川**　いいえ。

**鶴見**　そうよ。もうなにしろおどってると楽しくてしょうがないから、それでいいやってことなの。

**西川**　おどってる時は、楽しいというか、自分というものがなんかスコンと空っぽになって……。

## おどりの「間」

**鶴見**　そうなの。それが楽しいのよ。自分のなかに雑念がなくなることが楽しいの、空っぽになるのが。だからほんとにうまくいったとき、うまくというのはひとが見てうまいというんじゃないのよ。何がうまくいったかというと、結局、三味線の三本の糸に自分が乗っかって、落ちてない。踏み外したらもうだめなの。つまり間《ま》を踏み外したら面白くないのよ。ちゃんと乗っかったという時のそのうれしさって、なんていっても、うれしいとかなんとかじゃなくて、夢中ね。

**西川**　快感ですか。

**鶴見**　ああ、面白かったという感じなの、そういう日は。だから地方《じかた》さん★に、ありがとうございました、今日はほんとに乗りましたっていって、ごあいさつするのが一番うれしい。今日は私うまくおどれましたなんて、そんなこと考えたことない。ちっともうまくないの、私。でも乗っかったという、あのうれしさってないわね。

★地方　舞踊で、三味線や唄を受け持つ人たち。

**花柳**　そうですね。

**鶴見**　ぴたっと合うのよ。音と空間と自分がピタッと合った、そのうれしさはないわよ。

それは花柳の、とくに私の師匠の徳太郎が、間《ま》を非常に大事にしたの。そして私が踏み外すと、もうなんとも嫌な顔するのよ。お師匠さんがあんな顔したら、もうその日はだめなの。ぐしゃっとなっちゃうの。お師匠さんがにこっとしたら、うまくいったなと思う。つまりうまくおどるんじゃないの。間《ま》がぴったりいったときのうれしさ。それが結局、自然との一体感と、何か自分と違うものと一体化したというられしさなの。それが私、おどることの醍醐味だと思うな。

**西川**　それはほんとに先生、私が思ってることを言葉にちゃんとしてくださったと。私は言葉にできない。ほんとに言葉にするってむずかしいですね。

**鶴見**　言葉にすると自分を裏切るのよ。言葉は自分を裏切るのよ。だから言葉にしたくないの。だけど言葉にしなければ、自分を裏切らなきゃ、その先が見えないの。

**西川**　はい。なんかほんとに何かと……。

**鶴見**　それはモダンダンスだってそうだと思いますよ。音と一致したという時のうれしさ……。

**西川**　音と空間。

**鶴見**　音と空間。それが間《ま》なのよね。

**花柳**　武原先生と、亡くなられました清元《きよもと》栄寿郎★さんが、キュウッて両方でこうやるととっても楽しい。

★清元栄寿郎（きよもと・えいじゅろう）　一九〇四〜六三年。清元節三味線方。三七年栄次郎を襲名、五三年栄寿郎と改名。五五年人間国宝。作曲も多数。

**鶴見**　そうなんです。引っぱり合いが面白いのよ。引っぱり合いでピタッと一致してるの。だからなるべく名人に弾いてもらうといいのよ。名人じゃないとだめなの。名人が弾いて、不名人の自分がおどってピタッといったらうれしいのよ。そのときは名人にしてもらうのよ。だから向こうもこちらも、合った時は、合いましたねって両方がいうの。片方が合って片方が合わないということはないの。お稽古の時いつでもだめで、そして本舞台の時にピタッといったら、これはいいわよね。こんないいことないもの。

というのは、つまり引っぱられちゃだめなの。自分が向こうの音に引っぱられたら、こっちの負け。だけど音をこっちに内在化するのよ。つまり間《ま》を自分のものにしてしまって、それで向こうのもってる間《ま》と引きあうの。それでいっしょになったら勝ち。両方とも勝ち。それができない人は、間《ま》を手のなかに持って生まれなかった人で、この人はちっとも楽しくない。いくらおどってても楽しくないだろうな、あの人、って気の毒になっちゃう。

**花柳**　先生は長唄とか清元で何が一番お好きですか。

**鶴見**　私は清元も常磐津も習ったことないんです。長唄だけ習ったんです。清元、常磐津はむずかしくてできないから。だから長唄の方が自分のなかに入っています。だけれど常磐津もいいですね。清元もいいです。相手が名人であればなんでもいいですねえ。

**花柳**　ほんとにねえ。

## 型を踏み外す、型を出る

**鶴見**　いや、ほんとにおどり一筋にやっていたら楽しい人生だったかもしれないなあと思いますよ（笑）。学問してないね、私。でも毎日楽しく暮らしてたかもしれない。で、おどってる人はいつまでも元気ね。そりゃあすごいわよ。おどるためには毎日おどらなきゃだめなのよ。だから毎日やってるでしょう。それだから自然と体がほんとに筋肉質になっちゃう。お師匠さんの足なんか見てるとすごいものね。ほんとよ。硬い筋肉質の足になっちゃう。そして柔軟なの。つまり硬くて柔らかくなきゃだめなの。

いまだって私、毎晩やってますよ、柔軟体操。上体がピタッと床に付きます。柔軟であって、筋肉がしっかりして、そして骨がぴんとしてきゃだめ。それは毎日の稽古以外に何もないの。武原はんさんは、あの方しなやかよね。

**花柳**　それで毎日、竹踏みしたりね。

**鶴見**　そうおっしゃってたわね。だから体を鍛えてるのよ。ほんとに鍛えぬいているのよ。鍛えぬかなきゃあいう恰好できない。だから楽しいのよ。そして自分が習った型を毎日やってて、ちょっと越える時があるのね。その瞬間はうれしいの。

ちょっと出るというのは、型を外れちゃだめなのよ。そうしたらつまらないの。だけどその型を一つ踏み出して生まれるときがあるのよ。（尾上）菊五郎★（六代目）の最後の「保名」の舞台、もうあの感動は……。私、舞踊というのは、その人の最後の舞台が一番心に残る舞台だと思う。菊五郎の「保名」の舞台を見てから、どうしても自分が一度「保名」をおどりたいと思って、国立小劇場でやったの。菊五郎はもう踏み出してたの。だからもう地方《じかた》さんなんか無視して、自分でおどったわよ。すごかったわよ。だから型どおりやってたら、そんなに楽しいものじゃない。

★尾上菊五郎（六世）（おのえ・きくごろう）　一八八五〜一九四九年。歌舞伎俳優。五世菊五郎の長男。十二歳の時九世市川団十郎に素質を見込まれ、団十郎の元で修業、一九〇三年六世菊五郎を襲名。初世中村吉右衛門とともに市村座に出演、対照的な芸風で「菊吉時代」を築いた。

だってすごかったもの、あの「保名」の最後。もう何やってるんだろうと思うような狂い方だった。それで私、それを（尾上）九郎右衛門★さんに言ったの。最後の舞台はすごかったわねといったら、そうですと応じられた。あれはすごかったって。最後に到達したのよ。だからほんとに名人は、最後の到達点を見るということが至福ね。武原はんさんも最後の数年の舞台を見せていただいて、ほんとに至福だったわね。

★尾上九郎右衛門（二世）（おのえ・くろうえもん）　一九二二〜二〇〇四年。六世尾上菊五郎の息子。一九四〇年九郎右衛門襲名。

つまり型を自分のなかに、ぎゅっぎゅっぎゅっぎゅっと押しこんで、自分で稽古稽古、また稽古して、そしてその型を踏み越える時があるのよ。そうするとその人の創作になるのよ。新しい型になるの。外したら全然だめよ。

**西川**　だから「型より入《い》りて型より出《い》づ」っていうんです。

**鶴見**　型を出なきゃだめ。

**西川**　型から入って、そして型から出ないと。

**鶴見**　そうすると新しい型になるの。だけどああいう役者はいなくなったわねえ。

**花柳**　そうですねえ。

**鶴見**　いまの役者のおどりは全然つまらない。型どおりなのよ。型を踏み外してるのを見ると、気持ち悪いのよ。なんかここらへんが気持ち悪くて、外へ出たくなるの。つまり間《ま》を踏み外すの。一つ踏み外すとみんな踏み外れちゃう。おそろしいわよ。

## 日常の中の「間」

**鶴見**　間《ま》というのはむずかしい。それもほんとに集中してやらなきゃどうにもならない。それが全身の活性化になるんじゃない？　ほんとに集中するからね。雑念をもっていたらおどれないわよ。どうしても踏み外す。今日はうまくいかないなという日は雑念があるの。今日はうまくやったなという日は、自分の仕事もうまくいく。だから私、毎朝おどってた。十分か二十分でいいの、短いの。長くて三十分ぐらいおどって、今日はうまくいったと思うと、仕事もうまくいく。それが日課なのよ。だっておどらないで、ただ座ってものを書いていたってしょうがないじゃない。

そのおどりのリズムでやっていれば、けがもないし、仕事もうまくいくけれど、リズムを踏み外してるときにけがをしたり、仕事もうまくいかなくなったりするの。だから私、仕事がうまくいかない時は、もうおどりに夢中になるの。おどりに夢中になって、今日は遊んじゃおうと思うときは、夢中になって、うまくいくまでやってるの。ほんとにうまくいくまでやらなきゃだめな時があるの。どうしてもここはできないということがあるの、私なんかは、舞踊家じゃないから。

**西川**　同じです。

**鶴見**　ポンと座ってポンと立ち上がる。あれなんかうまくできないことがあるのよ。それがポンポンとできる時は、うまくいってる時だしね。逆にどうしてもうまくいかないという時は、何回も何回も何回もやるの。書くものも同じね。どうしてもつながらない、ばらばらになっちゃうというときは、からだもばらばらなの。からだがきちんとまとまっていれば、書くものはちゃんとまとまるの。こういう体になると、そういうことができないからね。それでリハビリをやってるの。リハビリでおどったつもりになってるの。六十四歳からまたおどりをやりはじめて以来。

それ以前はただおどってるのが楽しい。仕事と関係ないの。六十四歳になって、これからもう一度、お稽古に行っておどりをやろうと決めたときから、毎日十分、二十分、自分の家の座敷でテープをかけておどる、それをはじめたの。

もうこの年になったら、学位も取ったし、そんな甘いもんじゃないけれどね、仕事も忙しいし、ここでしなかったら一生何もしない、おどりもおどれないっていうふうになっちゃうから、ここらへんで自分に許したのよ、おどりたいという気持ちを。まあいいだろうって。それで足腰を鍛えるにもいいし、仕事も少しうまくいくかもしれないというような不思議な感じ。つまり自分に許す。それまで禁欲してたのよ、おどらないで。

そしてやりはじめてから、「踊りぞめの会」に出るとか「二人の会」をやるとか、ちょこちょこ人の前でおどりはじめたの。それまでは禁欲してた。だっておどりは時間かかるものねえ。

好きなのよ。やっぱりおどりが好きだったのねえ。

**西川**　先生のこの言葉は、貴重ですねえ、日本舞踊にとって。

**鶴見**　お道楽なの、日本舞踊は。あなたたちはお仕事なの、私は道楽なの。

**西川**　私は結局、仕事で毎日おどりますから、先生は毎朝おどって、その日の調子がわかって仕事だっておっしゃる。私は毎日必ず自分の稽古は、おどるんやなくて、歩くだけなんです。

**鶴見**　そうなのよ、おどりの基本は歩きだもの。

**西川**　二十年ぐらい前からそうしてます。骨をこう、呼吸はこう、と、ひとつずつ自分の体に問いかけながら歩くんです。それこそすーっと歩けるときと、ぐらぐらしてよくない時があって、このよくない時は、調子が整うまで歩く。ほんとにそうです。歩くだけで、人間って毎日違うことに気付きます。

**鶴見**　歩くことが非常に大事だということがわかったのは、私ずっとやめてたでしょう。だから舞台に出たことなかったでしょう、そのあいだ、全然。それを急にやりはじめて、「保名」をおどることにしたの。これは大変なことよね。つまり花道を行かなきゃならないの、狂った恰好で。それで花道をどうしたら七三《しちさん》まで歩けるかっていうことが私にとって大問題だったの。そして三味線の間《ま》があって、七三で止まるわけ。これはどうしても毎日歩かなきゃだめだと思って、何したかというと、自分の家の玄関から食堂まで、置いてあったものを全部片づけて、だいたい何尺って決まってますよね。それだけの道を作ったの。そしてテープをかけて、トットットットッて、ここで止まれるかっていうのを毎日やったのよ。それはとってもいい練習だったわね。「保名」はむずかしかったけれど、「保名」にしろ、「新曲浦島」が、あんた、出がよかったわよってお師匠さんに言われたんだけど、「新曲」の出もそれでやったのよ。トットットットッて行かなきゃならないの。だからほんとに毎日歩いたの、そのとき。毎日、花道を歩く練習、あれをやると決めたら、ずっと毎日やってた、そこだけ。

**西川** ええ、私も毎日無機的に、自分の稽古はこれだけです。それが何か目を開かせるようなことになったので、お稽古の人たちにも、すぐにおどりにかからないで、背骨、骨盤、呼吸と整えて、しばらく歩く、それからお稽古です。

結局、お稽古というのは、振りを覚えたりの外からのこと以上に、当人が自分の中で体の力をどこへ溜めこんで、それをどうつかって動くかを体で会得することが大事ですから。花道の出はむずかしいですね。

**鶴見** だって花道で、七三《しちさん》に止まらなかったら大変じゃない、三味線が止まるまでに。私ほんとにどうしようと思った。そして師匠がそのときはすごく心配してね。私より若い名取さんで、代稽古してる、とても上手な人(花柳恵太郎さん)がいるの。あんた、悪いけれど、鶴見さんをあそこの楽屋の入り口まで連れていってやって、そして見守ってやってねって、お師匠さんがいったくらいよ、心配で。花道が歩けるかって。花道歩くって大変なのよ。

**花柳** 能で、禅で、経経《きんきん》といいますね、こうして歩くの。ですからこうして歩くと、座禅と同じなんです。

**鶴見** あ、そうか。日本の文化はみんな歩くことが基本ね。それは他の文化でもおそらく人間にとって歩くことは基本なんだと思うけれど。歩きができなかったら、舞も能も何もできないわね。ことに花道が大変なの。

**花柳**　そうですね。

**鶴見**　それぞれ歩き方が違うんだから。七三で止まるということは決まってても、そこまでどういう形で歩いていくか、これなのよ。

■　「七三で止まる」ってどういうことですか。

**花柳**　長さがこうありまして、七と三の、すっぽんって下がりますね。

**鶴見**　揚げ幕から七分目、舞台へ三分残すんです。

**西川**　七分目です。鳥屋口《とやぐち》から出たところが花道で、舞台までの七分目のところを七三というんです。

**鶴見**　そこにすっぽん（セリ）があるの。つまり、どろんどろんどろんと底から出てくるところ。

**西川**　せり上がったり……。

**鶴見**　だけどこういう話してると楽しいねえ。

**西川**　もっと聞きたいですよ、先生。

**鶴見**　だって私は舞踊家じゃないから、ほんとに楽しみでやってるんだから楽しいの。つまり自分の仕事は苦しみでやってるの。

**西川**　私は苦しみですよ、仕事だから。

**鶴見**　そうでしょう。だからおどりが職業だったら私も苦しむと思う。だけどおどりは私の職業じゃないのよ。下手だってもともとなのよ。だからあんなのインテリ保名なんて言われたって、全然へっちゃらなの。そんなの構わない。ただ自分が楽しいからやってるの。職業は苦しいね。だけど武原はんさんだって、いいお顔で舞っていらっしゃるときは、楽しいだろうと思う。

**花柳**　そうですねえ。

**鶴見**　日本舞踊は顔だけで表情を表さない、っていうより、体全体、おのずからしみだしてくるのよ、楽しい顔が。顔が独立しちゃいけない。でも私の師匠は、アメリカなんか、外国へ行くとき、外国へ行ったらおどりの道具と衣裳を持って、機会があったらおどりなさいって、いつでもいってくれたの。そのときは、その時ですよ。だから顔に表情を表してはいけませんけれど、外国人は顔に表情を出さなきゃわからないと思ったら、表情を出してもかまいません。だけど日本舞踊はそれはほんと、日本でそんなことをしたら怒られちゃう。だけどにじみ出てきて、楽しい顔になるのよねえ。いや、自分のおどってる写真みても、ほんとにうれしそうな顔してるもの。だから素踊りがいいのよ。顔をごてごてにしないものね。素でおどると、全体に出てくるの。

## 歩くことが基本

■千麗さんの稽古は「歩く」だけというのは面白いですね。

**西川**　今日は三十分とか一時間とか、時間を自分で決めて。音も何もなしでもいい。自分のなかに音楽があるんです。

**鶴見**　そう。それなのよ。自分のなかに音楽がなければ、おどれない。だからよく習いはじめの人に、わかった?というと、何も覚えてないっていうのよ。それじゃおどれないわ。まず音をすっかり覚えて、自分のなかに持ちこんで、それでおどるのよっていうんだけれど、テープに頼っておどっているうちはおどりじゃないの。

**西川**　そうそう。曲に合わせるんではないんです。自分のなかに音楽があるんです。で、実際に演奏されている音楽と自分のなかの音楽が一致したとき、それがさっきの先生の言ってらっしゃることです。

**鶴見**　それが醍醐味なの。

**西川**　だから上手に言われへんのを、先生が言ってくださったなと思いました。

**鶴見**　それだから引きあうのよ、地方《じかた》さんと。引っぱりあうのよ、向こうの間《ま》とこっちの間が一致するかどうかで、こうやって引きあうの。自分の音楽とひとの音楽がちょっとずれてると、そうしたらもうだめなの。なんともいえない、気持ちの悪さなの。

**花柳**　能で橋掛《はしがかり》から来ますね。そしてシテ座に行って、三角に歩くんです、いつも。それが大変、お相撲の摺り足じゃないですけれど、ほんとに能の場合は摺り足で、きれいに歩かれますね。

**鶴見**　そうよねえ。能の方は上手に歩きます。あれはとてもできないわねえ。橋掛の方が花道よりもっとむずかしいでしょ。

**西川**　大変です。

**花柳**　面《おもて》をつけてますしね。

**鶴見**　そう。それに足がすっかり見えちゃうのね。花道はそれほど見えない。

**花柳**　素人さんでもお能を勉強される方は、毎朝、摺り足で歩かれます。

**鶴見**　そこから入るの。歩くことが基本なの。だからリハビリと同じなの。

**花柳**　先生はどんなリハビリをしてらっしゃいますか。

**鶴見**　私は、リハビリテーションの日本で一番いいという病院に五か月半入って、あなたは歩けませんと言われて出たのよ。車椅子で暮らしてくださいって。そうしたら、上田敏★先生という、日本のリハビリの草分けの先生から速達をいただいて、一度、診察してあげようっておっしゃってくださった。私とてもそのとき躊躇したの。せっかく、もう歩けませんと言われたから、車椅子で暮らして、毎日、仕事してれば、これでいいじゃないかと。それなのにまたリハビリをやって、歩けないのに歩こうとして、またころんだりしたら、それこそ寝たきりになって大変だと思って。どっちにしようかほんとに迷った末、この偉い先生がこれだけのことを言ってくださるんだったら、私は一症例とならん、私を試してみようと思って、お願いしますといってご指定の病院へ行ったら、歩いてごらんっておっしゃるのよ。私、歩けませんっていったの。そうしたら、いままで見たことのないような大きな杖（ウォーカーケイン）と、いま私が履いてる装具をつけさせて、さあ、これで歩いてごらんって。先生方がただこうやって見ていらっしゃる。仕方がないから、ほんとによろよろと足を踏み出して、それこそ「弱法師《よろぼし》」よ。そうしたら、先生が、ほら、あんたは歩く潜在的可能性があるじゃないかって。明日からはじめる、と。それでその大きな杖と足の装具とをはめて歩きはじめた。

★上田敏（うえだ・さとし）　一九三二年～。医師、医学者。国際リハビリテーション学会前会長。リハビリテーションの概念・思想の普及に寄与している。『リハビリテーションを考える』『患者学のすすめ』他。

そしていま、一人でどんどん歩くことはできませんけれど、ちゃんと付添いがついて、看視がついて、歩くことができるようになった。一日一時間歩くの。そうしたら非常に魂が活性化される。おどりと同じよ。おどりをおどったら魂が活性化して仕事ができた。それだから仕事ができるの。そうでなかったら、いまでは惚け老人よ。

花柳　どこを歩かれます。テラスなんか?

鶴見　歩くのは、まず大きな部屋のなか。それからあそこのテラスを歩いて、そしてお天気の日は外へ行って、少しなだらかな傾斜を歩く、そういうふうにしています。ところがこのあいだ金沢で学会があって、講演して疲れて、それで具合が悪くなって倒れました。それで二日リハビリを止めてましたけれど、また昨日から少しずつ開始したの。

だから歩くことがほんとに基本なの。それでおどりをやっててよかったな。つまりどうすれば体を動かすことができるかということが、おどりやってればわかるのよね。それで、それこそ尾てい骨をキュッと立てて歩ける日と、立てないでよぼよぼ歩く日とあるのよ。だから今日はなんでいこうかなというのを、毎日決めるの。それはとても楽しみよ。花道を出てるような感じが毎日して。だいたいリハビリをやってる人は、途中で嫌になってやめちゃう人もある。というのは毎日同じことでしょう。そしてすぐに歩けるわけじゃないでしょう。こんなことやってたってつまらないってやめちゃうのよ。ところが私はおどりで毎日同じことやってたの。そしていつかピュッと飛び出すときがある。そういうことはわかってるからね。私、おどりやっててよかったと。だから、おどりは歩くことが基本だということが、自分の体がこういう不自由になってはじめてわかったの。だからおどりはいろんな効用があるのよ。ひとに見せるだけじゃないのよ。

西川　先生の言われる、何かを失うことは何かを得ることだということですね。

**鶴見**　そういうこと。

## 何かを失うことは何かを得ること

**西川**　実は私初めての創作舞踊が「瞽女《ごぜ》ものがたり」、そして梅原猛先生の『湖の伝説』は、子どもに目玉を与えて盲目になる母親、一休禅師の「しん女」と、不思議に盲目の女性の作品が多いんですけど、今ふり返ると、眼が見えないことで、より深くものが見えるということを私の中のテーマにしていたように思いますねぇ。

ついこの間、山荘に澤村祐司さんという東京の男の子が来ていたんです。東京での「しん女」以来、お母さんと東京公演を見てくれているんですけど、いつもは舞台と客席でしたから、初めて逢ったのが今年五月の山荘公演「雪女」でした。

祐司さんは眼が見えないんですけど、小学生だった「しん女」の時にも帰る道々、「僕はちゃんと見えたよ、ああなんだろう、こうなんだね」とお母さんに話してくれたのが、もう十九歳になっていました。「よかったら夏にいらっしゃい」と誘っていたので、この間お母さんとお琴を持ってきていたんです。

それで折角だからと舞台に毛氈《もうせん》敷いて、その時滞在していた教え子のスイスのダンサーとうちの若い子とお母さんの四人が聴衆になって、と軽い気持でしたのに、その演奏の良さに驚きました。技術的なことよりも何か祐司さんの中にあるものが表出している良さなんです。山荘に居ても「絶滅寸前のかじか蛙の声が……」と喜んでくれたり「今、山のむこうの方で……が、ほらこちらで……が」と私には聴きとれない鳥の声の話もしてくれましてね。日本の自然への感受性の強い彼が、日本の音楽、邦楽を選んで、豊かに内在したものが演奏に表出しているのが嬉しかったです。つくづく眼が見えないことによってより多くのものを見る機能を得ているんだなということを、その子に思い、鶴見先生に思い、します。

**鶴見**　だから「手足萎《な》えし身の不自由を梃子《てこ》にして心自在に飛翔すらしき」という歌をつくったんだけれど、体が不自由になったから心が飛翔すると思う。

**西川**　だからこそ、日常から離れて山に居ると私にも別の機能が働きだすのかなあと……。

**鶴見**　武原はんさんが体が動かなくなって、扇をあげたら、いままで見えないものが見えたっていうのも、そういうことね。そこまで到達なさったのよね。それがすばらしいと思うの。何しろ自分の体をどのように美しく見せるかということで、もう大変な苦心をしていらした方が、最後に動かなくなったときに、見えないものが見えたというのは、やはりそれが日本の舞踊だなと思った。

**西川**　そうですね。空気によって見る機能は、本来誰もが持っているのに、見えることでその機能は忘れられてしまっている。動かなくなった時に、動くエネルギーが空気になって舞うのでしょう。

**鶴見**　でもよかったわ。武原さんのことをこんなふうに話させていただいて、それは寿々紫さんのお蔭だから。

**花柳**　いえ、先生も喜んでいらっしゃると思います。

**鶴見**　ほんとにうれしいわ。でもね、生きていてくだすったらと思うけれどね。亡くなられたことは、武原さんは大願成就だから、とてもいいところにいっていらっしゃると思うわ。あれだけの苦労、努力を積み重ねて、自力でそこに到達したというのは、すごいことだと思う。でも、寿々紫さんはそれを身近にずっと見つめていらしたんだから、お幸せねえ。

**花柳**　ええ、ほんとにそう思います。娘のようにかわいがっていただきましたからね。鎌倉の瑞泉寺にお墓があるんです。

**鶴見**　そうですか。ここにも写真があるけれど、いいお顔していらっしゃるの。これ、いいお顔でしょう。

**花柳**　朝、一時間くらいかけて髪をご自分で結われるんです。

**鶴見**　ご自分で？　きれいねえ。お髪だってきれいですもの。すごいわよ。ほんとよ、私、寿々紫さんのお蔭がなかったら、私、武原はんさんがこんな偉大な人だということは知らなかったわ。

どうもありがとうございました。

# 第Ⅲ部　文化の中の身体　解説

## 1　しぐさ・身ぶり・身体技法

歩き方・食べ方・ケアの仕方などは、文化によって異なり、時代によって変化する。例えば、マルセル・モースによれば、彼が子どもの時代には、泳ぎ方を習う際に、まず泳ぎ、その後に潜水を習った。しかも眼を閉じて水に入り水の中で眼を開くように教えられた。「今日はまったく逆である。泳ぎの練習は、子どもを水中で眼を開いたままに慣らすことから始まる」。あるいは、「シャベルの使い方もその一例である。私と一緒にいたイギリス軍はフランス製のシャベルを使うことができなかった」。同じ機能を持つ道具でも、社会によって使い方が違う（M・モース『社会学と人類学』有地亨・伊藤昌司・山口俊夫共訳、弘文堂、一九七三）。

ちなみに、鋸《のこぎり》の使い方は、日本と欧米では逆である。日本（トルコ・イランなど）では鋸を「引く」（引く方向に刃がついている）のに対して、欧米の鋸は「押す」（押す方向に刃がついている）。後者の場合、鋸の刃が屈曲する危険があるため、刃は厚く、もしくは背の部分が補強されている。

また「ナンバ歩き」で見た通り、歩く時の腕の振り方や手の位置も、個人の癖ではなく、文化・民族によって異なる。

こうした文化的身体作法の領域を、ピエール・ブルデューは「ハビトゥス habitus」と呼んだ。人間の動作は単なる生理的反応ではない。すべて社会的・文化的背景を帯びている。「身ぶり」や「しぐさ」はその典型である。当事者には自覚されないのだが、「外」から見ると特有の傾向を持っている。例えば、「外」から見ると日本人（日本文化の中で育った人）にはある種の共通性が見られる。挨拶の仕方に特徴があり、歩き方に特徴がある。

「しぐさ」の多くは、しつけや模倣を通して習得され、それを習得することによって、子どもは共同体の一員となる。身に付いた「しぐさ」は、意識されないまま、共同体の中で共有され、構成員のアイデンティティの基盤をなす。

そしてしばしば差別の温床となる。例えば食事に際して、手で食べる・肩肘をつく・音を立ててスープを飲むなど、習慣の違いは、文化の差異ではなく、差別の対象として認識され、排除の引き金となる。

身体作法を社会・文化的コンテクストの中で理解する試みである。

## 2　第九章　オールコック『大君の都』

幕末の日本。その時代に来日した欧米人の目に日本の人々はどう映ったのか。収録したのは、英国の医師であり外交官、オールコック（Sir Rutherford Alcock, 1809–1897）の貴重な記録、『大君の都 *The Capital of the Tycoon: a Narrative of a Three Years' Residence in Japan*』（一八六三）である。

清国駐在領事の後、初代駐日総領事・同公使を務めたオールコックは、安政六年（一八五九年）五月に来日し、一時帰国（文久二年、一八六二年三月）までの約三年間の記録を残した。「大君 tycoon」は「徳川将軍」を指し、幕末に用いられた称号である。

オールコックは長崎に入り、その後、品川沖に到着し、高輪の東禅寺に入った。交渉は順調に進み江戸城に登城し批准書の交換を行っている。その後は開港予定の函館まで旅行するなど、人々の暮らしと社会の仕組みを精力的に観察した。外交資料としての価値は言うまでもないが、注目したいのは、庶民の暮らしの観察である。例えば、子どもや女性はこう描かれる。

「いたるところで、半身または全身はだかの子供の群れが、つまらぬことでわいわい騒いでいるのに出くわす。それに、ほとんどの女は、すくなくともひとりの子供を胸に、そして往々にしてもうひとりの子供を背中につれている。この人種が多産系であることは確実であって、まさしくここは子供の楽園だ」（上、一五二頁）。

その時代に来日した西欧人たちは、口をそろえて、日本の子どもの無邪気を称え、子どもを大事にする庶民の暮らしを賛美している。

職人の技術にも驚いている。「日本人は、おそらく世界中でもっとも器用な大工であり、指物師であり、桶屋である。かれらの桶・風呂・籠はすべて完全な細工の見本である」（上、三七五頁)。

しかし建築は独創的でない。「中国式の建て物をすこし修正したものにすぎない」。「寺院や門や大きな家は、いちじるしく中国風である」。しかし「かたちが改良され、ひじょうによく保たれている」(中、二四頁)。後年、彼は『日本の美術と工藝 *Art and Industries in Japan*』など多くの著作を残すことになる。

既に多くの指摘があるように、彼は、その前任地(清国)との対比において、日本を高く評価した。人々の暮らしぶりについてこう書き残している。「かれらはきっときれい好きな国民であるにちがいない。このことは、われわれがどんなことをいい、あるいはどんなことを考えても、かれらの偉大な長所だと思う。住民のあいだには、ぜいたくにふけるとか富を誇示するような余裕はほとんどないとしても、飢餓や貧乏の徴候は見うけられない」(中、二六頁)。

しかし女性を見る目は厳しい。彼は「お歯黒」を嫌い、女性が「はだか」で外に出ていることを嘆いた。人々の暮らしを「牧歌的」と評した後に、こんなことを書いている。「全体のこの牧歌的な効果をそこなっていた唯一のものは、奇妙なことだが、婦人たちだった。歯を黒くして赤い紅をつけているとはいえ、彼女たちのもっともみにくいいやな点は、けっしてその顔ではないのである。実際、大君や大名がいかに絶対的かつ専断的な権利を行使しているかを考えると、一六歳以上ともなれば女が着物をまとわないで外へ出るのは重い犯罪であり、不行跡だとする法令がなかったとは、不思議ではないにしても残念なことだと思える」(中、四二九頁)。

しかし、女性の社会的地位の低さには批判の目を向ける。「娘の売買」が公認されていることを嘆き、女性の地位について「不当にも多くの讃辞が日本人に与えられてきた」ことに対して憤りすら見せていた。

ところで、彼は日本人のうちに「妙に自己を卑下する傾向」を見ていた。「個人主義・自己主張がある程度欠けているということ」である。ところが他面において、日本人は誇り高く、侮辱されることに対して敏感である。「日本人は、自分の種族や国家を誇り、自分の威厳を重んじ、すべて習慣やエチケットが規定するものを怠ったり拒絶したりすることによって自分たちに投げかけられる軽蔑とか侮辱にたいして、きわめて敏感である。それゆえ、当然のことながら、かれらは儀式張って堅苦しい国民である」(上、二六二頁)。

おそらくそれは、彼を接待した人々から受けた印象である。人々は駐日総領事を前に緊張し、しかも時代は攘夷運動が盛り上がっていた(井伊大老が暗殺され、攘夷派浪士による英国公使館襲撃が起こっていた)。オールコックはそうした微妙な時代を生きる人々を観察していたことになる。

なお、彼は日本語にも関心を示し、「日本語の名詞には性がない」と書き、人称代名詞を使わぬ代わりに「尊敬ないし謙譲を著す種々の意味をもった名詞」を使うと指摘し、さらには、「わたし」を表すのに「困るほどいろいろの方法がある」と驚いている(上、二六〇頁)。

そして、西欧から見ると奇妙なことが多く、「公衆浴場の混浴その他の日常生活の習慣の面でも」驚くことが多いが、しかし、「ある国民の道徳性を、他国民の作法・規範を参考にして断定するということは、ひじょうに困難だ」と、ため息交じりに、議論を進めている。

## 『逝きし世の面影』

ところで、当然、オールコック以外にも豊かな記録が残されている。渡辺京二『逝きし世の面影』(葦書房、一九九八)は、そうした幕末・明治の訪日外国人の記録の中から、彼らの目に写った「日本」の諸相を描き出した。

日本アルプスを紹介した宣教師ウェストン、大森貝塚で有名な動物学者モース、女性探検家イザベラ・バードなど、明治初期の日本を訪れた欧米の人々は、当時の日本の庶民の暮らしを驚きの目をもって賛美した。「陽気な人びと」、「簡素とゆたかさ」、「親和と礼節」、「裸体と性」、「子供の楽園」、「生類とコスモス」など、十四の章を流れるのは、日々の暮らしを「気持ちのよいもの」にしようとする人々の自然な姿である。

「在りし日のこの国の文明が、人間の生存をできうる限り気持のよいものにしようとする合意とそれにもとづく工夫によって成り立っていたという事実」。この作品はそこに光を当てる。それは、今日の私たちにとっては「逝きし世」を確認する作業となる。私たちは何を失ってきたのか。何を失うことと引き換えに近代の社会を獲得したのか。近代社会はいかなる暮らしの滅亡の上に成り立ったのか。

どうやら幕末期の日本に暮らす人々は、無邪気で・野性的で・子どものような好奇心に溢れていた。欧米から来た人々の目には「可愛らしい」と映った。天真爛漫、邪心がない。そしてその暮らしは「豊か」だった。人々は田畑を切り開き、その景観は庭園のように手入れが行き届いていた。蒸気の力を知らぬまま、しかし多様な手工業を営んでいた。大工や人夫たちは、掛け声に合わせて働き、歌いながら作業した。「様式化されたやり方で力を合わせて労働する様子」は、工場における賃労働とは異なって、共に働く喜びと誇りに満ちていた（渡辺前掲書、二四〇頁）。

さらに日本の貧困者は「決して惨めな様子ではない」とも言う。庶民と支配階級の交流は稀だったから、当時の庶民社会は、佐幕も倒幕も関係なく、伸び伸びしていた。

あるオーストリアの軍人は大阪の染料工場を訪問した場面をこう語る。彼らが入ってゆくとひとりの女工が笑い出し、その笑いが隣の子に伝染し、瞬く間に全体に広がって、建物が揺れるほどの大笑いとなった。何らの皮肉も混じっていない陽気な爆笑であった（同書、六十二頁）。

当時の庶民は好奇心に満ちていた。異国から来た訪問者に好奇のまなざしを向け、群集となって取り囲み、子どもたちは近寄って抱きついた。

訪日外国人（欧米人）を仰天させたのは、人々の裸体と混浴だった。江戸期の人々は、行水や混浴風呂など「裸体」を隠す習慣を持たなかった。欧米人の眼にはそれが驚異であった。ある者は「みだらな国民」と見、ある者は「自然な幼稚さ」と見た。そしてある者は「性に関するのどかな開放感」を称えた。

日本人は「肉体という人間の自然に何ら罪を見出していなかった」。あるいは、「徳川の文化は女のからだの魅力を抑圧することはせず、むしろそれを解放した。だからそれは、性的表象としてはかえって威力を失った」とも理解した。

その時期の性意識と関連して、欧米人の議論の的となったのは「制度化された売春」である。彼らが驚いたのは、その悲惨さではなく、「悲惨を伴うはずの、そして事実悲惨となる売春が、あたかも人性の自然な帰結とでもいうように、社会の中で肯定的な位置を与えられていること」であった。遊女たちは社会の軽蔑の対象にならず、年季が明けると社会に復帰できた。そして幕府が遊郭を保護し監督していた。「裸体」を「恥辱」とした禁止令は明治四年（一八七一年、東京府）。遊郭については「芸娼妓解放令」が発令されたが、実態はあまり変わらなかった。

「あっけらかん」という言葉がある。どうやら、欧米人の目には、幕末の日本の人々はそう映った。少しも気にしていない。恥じる風でもない。むしろ欧米人の中には、「恥」と見ている我が身に気がつき、それにたじろぐ者もいた。

古き日本の擁護者モースをはじめ、多くの訪問者は日本の「美徳」を賞揚した。しかし彼らが賞揚したのは「物質的な暮らし」に限られていた。訪問者たちは日本の文化の「高次な精神性」を賞揚したわけではなかった。むろんこの場合、訪問者たちの語る「精神性」は、キリスト教を前提とした信仰の高みに向かう方向性であるのだが、ともかく、彼らは日本の「精神性」を賞揚したわけではなかった。

渡辺はこう指摘した。「西洋の衝撃に直面して、幕末の思想家の何人かは東洋の精神的道徳と西洋の物質的技術の統合を夢見たが、当の西洋人は日本の特長は物質文明にあり、それに反して西洋の特長は精神のダイナミクスにあると考えていた」ことになる（同書、四七六頁）。

幕末の思想家は、自分たちは物質的には遅れているが精神的には勝っていると自負していたのに対して、訪日外国人たちは、日本の物質的暮らしぶりについては賞賛したが、その精神性には理解を示さなかった。「精神性 spirituality」という言葉の意味の違いを含め、こうした交錯する「文化の違い」に目を留めてみたいと思うのである。

## 3　第十章　柳田国男「女の咲顔」

柳田国男（一八七五－一九六二）は日本民俗学の祖。農商務省に入り、貴族院書記官長、朝日新聞論説委員などを務めながら民間伝承を収録し、晩年は民俗学に専念した。『遠野物語』『蝸牛考』など著作が多く『定本　柳田国男集』にまとめられている。

前近代の日本の身体に関する考察は豊かで、しぐさ・表情に関する貴重な記録に満ちている。近代化が進む中で人々は「泣かなくなった」という考察は、社会的な表現としての「泣き方（身体作法）」に関する貴重な問題提起である（「涕泣史談」）。

収録したのは「笑い」の話である（雑誌『新女苑』昭和十八年／一九四三年）。「咲顔」と書いて

「えがお」と読む。「咲顔」は「笑顔」ではない。「エム（笑む・微笑）」と「ワラフ（笑う）」は違うというのである。

柳田によれば、「ワラウ」は「割る」と関連し、やさしい気持ちを伴わず、口を大きく開けるため、相手は不快になる。それに対して、「笑む」場合は、そうならない。

そして小泉八雲のエッセイを紹介している。米国人の家で働いていた日本の女中が、亭主が死んだことを「ニコニコと笑顔になって」話した。その逸話を八雲が「日本人の謙譲のあらわれ」と理解したのに対して、柳田は、八雲の理解は「笑み」と「笑い」の違いを見逃していると批判する。

女性が「笑む」のは、「せめてこうでもしていたら、少しは苦しみが凌ぎやすく、または楽に一歩前に生きていける」と考えるためである。「エミはむしろ人生の滑油、ことに女がこの世を平穏に送っていけるために備わった、自然の武器と言った方がよい」。戦争のなかでも女たちは「咲顔」を忘れなかったというのである。

こうした「笑み」と「笑い」の区別については、柳田の考察以後にも、様々な研究が続いた。歌舞伎の批評で有名な渡辺保によれば、「女形」は笑わない。歌舞伎の演出において女性が大口を開けて笑うことはない。女形に見られるのは愛嬌としての笑みだけである。

「笑み」は、「優しい気持ちを伴う、慎みの表現」であり、「直接的な対象、目的がない」。それに対して、「笑い」は目的を持つ。「滑稽な価値の転倒とか、優劣の決定とか、感情の優越の、露骨な表現であり、慎みややさしさをこえて、大きく口をあけ、声をたてる」。

笑いは声を伴うが、笑みには声がない。「笑みは見せるものである」と柳田も指摘していた。「微笑は、現われようとするものではなく隠れようとするもの」ともいう（三浦雅士『身体の零度』講談社、一九九四、一一九頁）。

多田道太郎『しぐさの日本文化』（角川文庫、一九七八）は、「笑み」を「微笑」と言い換え、「笑い」が哲学的解釈を必要とするのに対して、「微笑」は社会心理学的解釈を必要とするという。微笑は社交上の知恵であり、社会的な制度に近い表情である。では「微笑」は日本人固有のものか。フランス語の sourire は「笑顔・微笑」を意味するが、そこには「人を小馬鹿にしたうすら笑いという意味」も含まれているという。

なお、進化の視点から見ると、「笑い」が口を大きく開け、サル類の「遊びの顔」に由来するのに対して、「笑み」は唇を横に引き、その端をつりあげ、サル類の「恐れの顔」に由来するという。しかし「不敵な笑みを浮かべる」という場合の「笑み」は、むしろ恐れを知らぬ大胆さを指すから、話は単純ではない。

なお、こうした「しぐさ」の研究は豊かである。手頃な入門としては、多田道太郎『しぐさの日本文化』（前出）。ものまね、頑張る、あいづち、へだたり、寝ころぶ、握手、にらめっこ、など、日本的なしぐさの意味を探る。

野村雅一『ボディランゲージを読む――身ぶり空間の文化』（平凡社ライブラリ、一九九四）には、

「肯定」と「否定」のしぐさ、その中間のしぐさに関する興味深い考察がある。答えに窮した時、「さあ」と言いながら首を傾けるのは、日本に特有の表情であるらしい。

常光徹『しぐさの民俗学―呪術的世界と心性』(ミネルヴァ書房、二〇〇六)は、しぐさの呪術的な意味を問題にする。霊柩車に出合ったら親指を隠す。汚いものに触れたらエンガチョを切る。あるいは、息を吹きかけ、指を組み、呪文を唱える「オマジナイ」と呼ばれる身ぶり。その伝承と背後に潜む意味を考察する。

民俗学の領域では、渋沢敬三・神奈川大学日本常民文化研究所編『絵巻物による日本常民生活絵引』(平凡社、全五巻・初版一九六四―一九六八)が貴重である。平安・鎌倉・室町時代の主要な絵巻物から庶民生活の場面を選び解説する。「絵引」は「字引」に対する造語。絵巻物を民俗資料の宝庫とし、歴史資料に劣らぬ価値を見出している。

なお、「しぐさ」とは少し違うが、長谷川雅雄他『「腹の虫」の研究―日本の心身観をさぐる』(名古屋大学出版会、二〇一二)は、「虫の知らせ」、「虫の居所が悪い」といった日本特有の「虫」の研究として興味深い。「虫が好かない」。「腹の虫がおさまらない」。江戸期の医学はそうした「虫」を重視した。人々も悪いものを取り除くための「虫封じ」の儀礼を望んだ。「もののけ」や「狐憑き」のような「霊的」次元ではない。れっきとした医療行為における「病因」論、「治療」論である。

## 4　第十一章　川田順造「身体技法の技術的側面」

身体の考察において、労働の視点も重要である。工業化以前の社会では職種ごとに特有の身体技法が決まっていた。文化人類学の視点から川田順造は、西アフリカの事例を報告している。例えば、物を運ぶ時、西アフリカの人々は頭の上に乗せて運ぶ（頭上運搬）。日本やフランスではそうしない。日本では背中に背負うが、「腰を入れ」、「腰で調子をとる」。

実は、この視点が、身体論の中では見過ごされてきた。従来の身体論は、対人関係におけるコミュニケーションを焦点としてきた。身振りによって意志を伝え、しぐさによって微妙な感情を伝える（伝わってしまう）。人と人との関係に光を当ててきた。

それに対して、川田は「労働・技術・道具の視点」を強調した。道具を使って大地を耕し、技術を用いて衣服を生産する。

「豊かな示唆を含むモースの身体技法論のその後の展開において私がいぶかしく思うのは、ほとんどすべての考察が身ぶりによる表現・伝達や、文化の中の身体の象徴性の面に向けられ、身体技法が関わっている重要な領域である道具、住居をはじめとする物質文化や技術との関連を問題にした研究が、皆無に近いことである」。

このように、川田は身体技法を二つの側面に区別した。ひとつは、対人関係における「表現」

であり、他方は、外界（物質・自然）に働きかける「技術」である。前者は「文化の約束」に規定されるが、後者は「物理的な法則」に規定される。例えば、農耕作業は、物理的法則に拘束される実用的側面が大きいのに対して、挨拶は、文化の約束に従う象徴的側面が大きい。

どちらの場合も問題となるのは可能性の幅である。例えば、「分娩姿勢・性交姿勢・埋葬姿勢」などは、解剖学的条件によって可能な姿勢が制約されているから、文化による違いは小さい。それに対して「土器の作成・神への祈願・舞踊」などは、物理的条件による制約が小さい分、形態の幅が大きく、象徴的意味も多様になる。

そうした視点から西アフリカの身体技法を見た時、興味深いのは、「前かがみ」の姿勢である。前かがみで作業をする際、彼らは背中を丸めない（脊柱を湾曲させない）。上半身をまっすぐにしたまま、両足を広げ、前かがみになる。「脊柱全体が凸形に曲がる日本やヨーロッパの前屈作業姿勢とは著しく異なる」。

歩行姿勢も同様である。歩行に際して、上下の揺れが小さく、ねじれも少ない。背筋を伸ばしたまま、重心を前足に移してゆく。そしてまさにその動きが頭上運搬を容易にする。頭の上に荷物を載せ、上半身をまっすぐに、揺れることなく、大きな歩幅でスラリと歩く。川田によると、その地方では男女とも腰の曲がった老人が少ない。おそらくそうした姿勢と関連しているという。

ところで、「労働・技術・道具の視点」は、結果として、私たちの目を、近代化（産業化・工業化）以前の「伝統的」身体技法に向かわせる。伝統社会において、身体技法は、個々の職業に特有の「わざ」であり、その集団に帰属する証明になる。その集団に帰属する者はその身体技法を共有することが期待され、子どもたちはその身体技法を習得することによって一人前と認められる。そして本人も帰属意識を深める。その身体技法によって、ジェンダーの差異を確認し（固定させられ）、「一人前」となってゆく。

近代化（産業化・工業化）は、そうした慣習を無効にする。個々の共同体に固有の身体技法は重要ではない。むしろ近代国家にふさわしい「規律化した身体」が求められる。あるいは、人々は進んで自らの身体を「規律化した身体」へと作り替えてゆく。例えば、工場労働にふさわしい規律を身に付けてゆく。それは、機械に合わせるという意味では画一化されることであるが、他方、共同体の身体技法に縛られる必要がないという意味では、個人を自由にする契機でもあった。

近代化に伴う身体変化の意味は、個人レベル、共同体（文化）レベル、国家（近代国家）レベル、そして「グローバル」レベルにおいて、多層的に検討される必要がある。

### 舞踏の身体動作

ところで、川田の考察は「舞踏」の身体技法に触れている。舞踏は実用的な効率性から離れている。舞踊の身体技法は実生活では役に立たない。ではその身体技法は、非日常的な身体の動作か、それとも、日常の実用的動作の表れか。

川田によれば、ヨーロッパの舞踊は「天上」を志向する。足を高く前へ蹴り上げ、上方へと飛躍する。つま先で立ち、頭から一直線の垂直軸になって回転する。それに対して日本の舞踊では跳躍が少ない。飛び上がるとしても踏みしめるための予備動作である。むしろ床を踏みしめることを大切にする（反閇《へんばい》（大地を踏む所作、邪気を祓い、鎮魂などの意味をもつ）など）。

西アフリカの場合、跳躍や回転動作は少ない（直立したまま垂直に跳躍するのは東アフリカの牛牧社会である）。膝を軽く曲げ、上体を軽く前傾させ、身体の各部分がそれぞれ個別に（多中心的に）動く。つま先立ちはなく、かかとが中心になり、特徴的なのは、大地に素足の裏をこすり合わせる「シャフル」である。

こうした三つの地域の舞踊動作の特徴を、川田は、「腕と脚を思いきり伸ばした天上志向の跳躍（ヨーロッパ）」、「腰をかがめた足袋のすり足運び（日本）」、「砂ほこりをあげた素足によるシャフル（西アフリカ）」と描きながら、それぞれの社会の世界観や価値意識の深層とつながる可能性を示唆している。

## 5　第十二章　鶴見和子『おどりは人生』——舞い・おどり

舞踏や演劇における身体の問題も広く深い。収録したのは、日本舞踊についての対談（鼎談）である。日本舞踊の名取として自らも舞台に立った鶴見和子が、国際的舞踊家二人をゲストに語る。鶴見は「内発的発展論」で知られる比較社会学者であり、米国で学位を取り教壇にも立ったが、幼少から「おどり」を習い、短歌をよくした（後藤新平は母方の祖父に当たる）。鼎談の相手は、海外公演の経験が多い二人の女性舞踊家（西川千麗、花柳寿々紫）。生きた対談の中で語られる「おどり」論である。

話は、鶴見の社会理論「内発的発展論」から始まる。どこの社会も独自の文化を持っていた。「外からのお手本」も必要だが、「お手本」に従っているだけではいずれ行き詰まる。個々の地域に固有の、独自の文化に根差した要求が大切なのではないか。では「内発性」とはどういうことか。その問題を日本文化の問題として考えたいというのである。

二人の舞踊家は何度も海外で公演している。「そのときに日本の舞踊がどのように日本の外の人々にアピールするのか、人類に訴えかけるのか、そのことを考えてみたい」。

「内発性というのはナショナリズムではなくて、自分の国の文化に深く根ざしているからこそ高く人類普遍の心にアピールする。そういうような理論を創っていきたい」というのである（一一頁）。

三人の鼎談は、文字通り四方八方へと展開してゆくのだが、それでも何度も立ち還るポイントがある。例えば、西洋のダンスと日本のおどりの違い。

鶴見がひとつの見解を引用する。「西欧のダンスは天に向かう、神は天にいるから天に向かって飛翔する。日本のおどりは、天に神がいるんじゃなくて、地の霊、地に神がいるんだから、大地に向かって沈黙する」。

逆方向に向かっているように見えるのだが、しかし二人の女性舞踏家は、西欧のダンサーたちと一緒に踊る。「重心の違う身のこなしがどうしていっしょになれるのか」、「どうしたら渾然一体になるのか」。

西川は、単純に違うわけではないという。「寿夫さん〔能楽師・観世寿夫氏〕なんかにお稽古していただくと、お尻がきゅっと上がっていて、膝を折ったりしないんです。だからバレエとかのポジションと同じです。お尻がきゅっとつり上がっているんです」（七五頁）。

この場合は、「お尻がきゅっとつり上がっている」感覚が共通するというのである。

別の場面では鶴見がこう語る。「寿夫さんが体をシュッと伸ばす。これは尾てい骨をシュッと上げるんですね」。そして、「尾てい骨がこうなったら、もう体はこんなんなっちゃうから」という発言が続くのだが、おそらく、尾てい骨が沈むと背骨が曲がり、縮こまった姿になる、ということは「体をシュッと伸ばす」とは正反対の姿になることを、実際に演じてみながら互いに確かめ合っていたことになる（鼎談の時点では既に脳出血で倒れて左片麻痺となっていた鶴見は、おどりとリハビリテーションの関連についても言及している）。

あるいは、こんな場面もある。バレエやダンスは体を「動かす」。それに対して、日本舞踊の場合は「動かさない」。腰を動かさないで、下に下に沈ませる。そうした動かさない体の稽古は、結果的に、からだから発する力を強くする。逆に「動く訓練」ばかりしてきた人たちの力は、浅いように感じられる。日本のものは「見えない体から発している力の強さ」が大切になる。

そこに呼吸が加わる。「腹式呼吸ね。お腹の底から発するということで、それが内発性なの」と鶴見は言う。そして待つことの重要性を語る。稽古において、「そこで動いちゃだめ」とか「すぐに出ちゃだめ」とお師匠さんから叱られる。待つとは呼吸を止めること。止めるとは「ためる」こと。「ギュっとそこで力を入れて、次がさわやかに出てゆく」。

あるいは、西川がこんなことを語る。

「私は感覚的に西洋の舞踊と日本舞踊の違いというのは、日本のものは何かフィルターを通して表現していくようなことを思います。内から滲み出していくような表現の仕方が日本の舞踊で、西洋の方はむしろそういうフィルターを少なく少なくして、表現の仕方がもっと直接的だという感じを受けます。抽象的にやっていても、空気がそのままくる」。

それを受けて、鶴見は、西洋では「はっきりものを言いなさい」と叱られるのと逆に、日本では「あいまいにしておきなさい」と叱られるという。

むろん、西洋と日本という対比は、あまりに大雑把であるのだが、欧米のダンサーたちと共に踊る日本舞踊の達人たちを相手に語られた日本文化論は、「内発性」について考え直す貴重な機会である。と同時に、身体から・身体を通して・身体について、考え直す貴重な実例である。

## 和服（きもの）

ところで、日本舞踊とは何か。実は定義が困難で、「舞」（能）、「踊」（躍動）、「振」（身ぶり）

の三要素から説明されることもある。しかし一般的には「きものを着て舞うこと」と理解されている。そしてそこから、日本舞踊を「きもの姿が最も美しく見える動きを追求した身体芸術」と説明されることもある。「和服（きもの）」の美しさを際立たせるための動きが日本舞踊となった。そう語られるほど、日本舞踊と「きもの」の結びつきは深い。

「和服（きもの）」は「なで肩」や「細く長い首」を際立たせる。舞妓の抜き襟などはその典型である（舞妓から芸妓になることを「襟替え（えりかえ）」と呼ぶ）。そして、しなやかな動きを際立たせる。姿勢を崩さずゆっくりと座り、姿勢を崩さずゆっくり立ち上がる。そうした動きに、和服は、余韻をもたらす。洋服には見られない深い「袖」が、本来の動作の周縁に、やわらかな流れを残す。洋服が身体にピタリと合うように仕立てられるのに対して、和服の場合は、手足の形に合わせることなく布地をそのまま帯で縛るために、余った部分が、身体の動作に一歩後れる仕方で、余韻を残すことになる。

なお、この点と関連して、日本舞踊の初心者には、絹のきものを勧めるという。絹素材の表面は、すべりが良く、流れるような動きが作りやすい。それに対して、「もめん」の浴衣は、くつろいだ感覚には適しているが、流れるようなしなやかな動きには適さないのだという。

和服は季節と結びついている。四季の変化に対応し、寒暖や乾湿に合わせて微妙に組み合わせを変えてゆく。あるいは、麻の肌触りに夏を感じるというように、衣服が、季節感をもたらす。

川端康成は、まさにそうした和装の着こなしを描くことによって、日本の美意識を結晶させた。

同時にその背後にある素材や、それを生み出す風土を描き出した。例えば、『北越雪譜《ほくえつせっぷ》』（江戸期の文人・鈴木牧之の随筆）から引用される「縮（縮み織り）」と「雪」のつながり。「雪のなかで絲をつくり、雪のなかで織り、雪の水に洗い、雪の上に晒す。績み始めてから織り終わるまで、すべては雪のなかであった。雪ありて縮あり、雪は縮の親といふべしと、昔の人も本に書いてある」（川端康成『雪国』）。

雪国の暮らしと切り離すことのできない「縮み織り」の感触。むろん、それぞれの和服の素材が、それぞれの地方の暮らしと結びついている。日本舞踊も、そうした「和服（きもの）」の背後をなす感触を、身体表現の中に移し入れていた。

# Ⅳ

# 身体の多層性

二十世紀、身体は様々な角度から注目を浴びた。

まず、西田幾多郎を見る(第十三章)。西欧の思想界で現象学が注目を集め始めていた頃、西田は独自に「身体」を考察していた。私たちは「世界の中に身体として生きている」。思考に先立って、既に予め身体として、世界の中に存在している。西田は「働く」という。働くとは「物を作ること」である。そのためには身体が要る。「物を作る」中で身体が分かってくる。まず身体があるのではない。それ以前に物を作っている。本能的に作っている。それを通して初めて自分のからだを知る。「意識あって身体あるのでなく、身体あって意識がある」というのである(難解で知られる論文は避け、多少読みやすい講演録からの引用とした)。

続いて、東洋的身体論を見る。「気」の視点からこの問題に迫った湯浅泰雄の考察である(第十四章)。湯浅は『身体論』で知られるが、その後、「武術・瞑想法・東洋医学」に焦点を絞り、具体的な「気」の働きについて考察を深めた。「経絡」における気の循環で言えば、「体の外側(背側)にある場合が陽の経で気は下向きに流れ、体の内側(腹側)にある場合は陰の経で気は上向きに流れる」。そうした経絡に基づく身体観では、内臓の生理的機能はすべて体表面における経絡の機能と関係し「内臓―経絡系」という統合的システムにまとめられることになる。

身体イメージの多層性を読み広げたのが、中井久夫「身体の多重性」である(第十五章)。最初スケッチ風に語られ、鷲田清一との対談の中でさらに広がってゆくこの試みは、身体を二八の位相に分ける（それを六領域に整理する）。例えば、「車幅感覚的身体」は、車を運転する時に、車幅が自分の身体の幅になる経験。身体の外に、何らか目に見えないものが張り巡らされており、それを身体と一致させることで順調な行動が可能になるという。あるいは、「同期する身体」は、脈をとっていると患者さんの脈に自分の脈が同期するような、身体同士が波長を合わせる出来事である。

最後に、解剖学者・発生学者・三木成夫の壮大な生命形態学を見る（第十六章）。「ヒトのからだ」の形態を、進化の視点（生物史・古代生物学）を通して考察し、加えて、現存する植物・動物との形態との比較（比較解剖学）を通して考察する。なぜ胃や腸はあの形であの位置にあるのか。三木によれば、進化を遡ってみれば、消化する管の壁が膨らんだものである。口から肛門へと至る筒状の消化器系の管が膨らみ、栄養を吸収する機能が増して、たまり場のように袋の形になったものである。そうした身体の形態の「由来・来歴」を、古生物学や比較解剖学の知見を合わせて、解き明かす。

# 十三

## 歴史的身体
（昭和十二年九月二十五、六の両日　長野市女子専門学校講堂に於て）（一部抜粋）

西田幾多郎

『西田幾多郎全集』第十二巻、岩波書店、二〇〇四年、三四三―三五四頁

私の考は随分長い間の考であるので、色々に変って来たというように言ってもよいのだが、実はまた変らないと言ってもよい。私は初に『善の研究』を書いた。夫以来今日までかなり長い年月を経ている。そうして色々に変化しているが、根本の精神は『善の研究』に既に芽を出して現れていると言ってもよい。しかし『善の研究』のような考をどこまでも論理的に考えようというのがこの十年以来の私の努力であって、『善の研究』で初めて自分が考えたようなことを本当に学問的に練上げるには、従来の論理ではどうも十分よくいかない。そこで、一つの新しい論理が無くてはならない。そういう論理を工夫しようと努力したのである。西洋の論理はギリシャ人の論理が、プラトン、アリストテレス以来、ずうっと今日まで基礎となってきた。それに依り西洋の思想が基礎づけられているのであるが、どうも東洋思想というようなものは、つまり我々が其の中に育ってきた思想、例えば仏教のようなものは、そ

れでは基礎づけられぬものである。併し東洋思想を論理的に基礎づけることは非常にむづかしく、なかなかできないことであるが、東洋思想をどこまでも学問的に考えるには、それを基礎づける新しい論理がなくてはならない。たしか此の前、この会で一つの論理の形をお話したと思う。大分前ではっきり記憶していないが、例えば、時間と空間、一番的限定と個物的限定というようなことの論理について多分お話したことと思う。「弁証法的一般者」或は「場所の論理」というような考が、そういうことを基礎づけるための論理である。其の論理はなかなかむづかしくて完成されたとは自分でも考えない。そういう考え方の端緒を拓いた位にしか考えていないが、併し何分論理の完成ばかりをまっていては限りがないのであって、一昨年位から、論理を決して離れるではないが、我々に直接な、『善の研究』で考察したような日常の体験に帰り、そこから出立してこの問題を考えて見ようとするようになった。そこで、昨年の『思想』に載せた『論理と生命』[1]の辺からお話して見よう。

すでに三十年近く以前に考えた『善の研究』と、唯今の考とは違っているのであるが、『善の研究』で述べた純粋経験というものはつまり我々の日常の経験から出発したものである。それは我々の日常の経験である。普通に経験科学というようなことを云うが、経験科学となれば、それはすでに学問化されたものである。併し其の以前の直接な思想の細工を加えないものが基であって、我々は其処から出発し其処へ帰らねばならぬ。『善の研究』ではこの純粋経験は何であるかということから出発して一種の世界観人生観を考えたわけである。

だから我々の日常の体験から出発したと言ってよいのである。それと同様に今度もう一遍日常の経験から出立しようと思うのである。併しそれは論理と関係が無いわけではなく、それが全くこの十年来考えてきた私の論理と結付くのである。そういう風に、論理にしたがって考えた一つの世界と、我々の日常の世界とが完全に結付き、全く一つのものにまでならなくては哲学の使命は果されない。論理で考えたものが日常経験と離れたものであっては何の役にもたたぬ。今日はもう一遍我々の日常の経験というものから考えてみよう。そういうところから私の是迄の考が生かされてくるであろうと思う。

それで先ず我々の日常の経験というものはどういうものであるかを考えて見よう。我々は色々な学問を考えるのであるが、それは哲学というようなものを考える場合であっても同様で、皆我々が生きている日常の世界から離れたものではない。哲学とか色々な学問とか宗教とか芸術とかいうものでも、日常経験から出立して要するにまた其処へ帰ってくるものに外ならない。この日常経験というものがどういうものであるかというと、それはつまり我々が働く世界のことである。実際我々の生きている世界は、我々が働いている世界である。ところが働くということはどういうことであるかというと、働くとは物を作ることである。つまりそういう我々の日常経験の世界は歴史の世界であると言っていい。是迄の多くの人は、此の世界というものを或は物理学的に考え或は心理学的に考えるというような風に、或学問の立場から世界を考えてそれが本当の世界であるとし、考えられた世界から我々の生きてゆく、働いている世界を考えてこれを説明しようと努力した。先ず我々の現実の世界とはどういうものであるか。我々は此の世界に生れ此の世界に於て働き又此の世界に於て死んでゆく、また我々の後に子孫が生れて其の世界に於て働き其の世界に於て死んでゆくのである。世界は我々を生む世界である。それを簡単に言うと歴史的世界である。是迄の多くの人の考え方は、色々な自然科学とか精神科学とかいうものを考え、それに由って考えられた世界から此の現実の世界というものを考えようとした。或は自然科学的に考え或は唯物論的に考えて物質を世界の本質であるとしたり、或は世界の根柢は精神であるとして唯心論となった。併し唯物論や唯心論の立場というものも、現実の立場に於て我々が考えるところから生じて来るのであるから、其の前に我々の現実の世界日常の世界が何であるかをよく摑んで見なければならない。そして其処から学問、道徳、宗教などの立場を考えていかなくてはならない。我々の最も平凡な日常の生活が何であるかを最も深く摑むことに依って最も深い哲学が生れるのである。

それで今言ったように、我々の日常生活は我々が其処に働いている世界である。働くとは私は広い意味で言っているのであるが、働く世界が現実の世界である。総べてのものの考え方、たとえば我々がどうするかというような方向をきめるにしても、これが真理だとか我々はこうすべきであるとか考えるにしても、常に現実から出立しなくてはならない。現実は即ち働く世界である。働かないとするのは夢の世界で、現実の世界ではない。又物質の世界には人間の働きは全く無く、したがって其処には現実の世界は無い。物質の世界は同じ法則に依って動いている世界であって現実の世界ではない。物質の世界が実在界であると考えられているが、それは現実の世界から物質が実在であると考えているのである。物理学について云えば、物理学者が実験をして物質をかくかくであると説明する。そういうときはいつも現実の実験がこの説明の出発となるのである。そしてそういう現実は働く世界である。

それでは働くとはどういうことであるか。働くとは唯我々が思うことではなく、実際に働くとは物を作ることである。我々の働きは総べて制作的でなければならない。制作ということが余程重要なことであると思う。働くとはよく唯主観的動作だけに考えられる。我々が手を動かすとか足を動かすとかいうように主観的動作であると考えられるが、制作は動作の結果となって客観的に現れなくてはならない。例えば大工が家を造るには、大工の動作が客観的に実現して家が形作られなくてはならない。そういう大工の動作ばかりではなく、無形なものの場合であっても皆同じである。私の働くとか制作と言うのは広い意味で言うのであって詩人が詩を作るのも制作である。一体制作とは芸術家の用いる言葉で絵を描くとき或は彫刻を作るときに制作という言葉を用いる。彫刻家が塑像を作るときなどに最も制作という言葉が使われる。制作とは芸術家の仕事を考えると一番よく当嵌まると思う。それでこういう芸術家の制作というものは無論芸術家自身が主観的に働かなくてはならない。芸術は芸術家自身が働かないで出来るものではない。よく、芸術は作為してはならない。或天来の感興から出来るものであり、知らず知らずに出来なくてはならない、仕事が自然的でなくてはならぬとか、又一種のインスピレーションから出来なければならぬとか言われているが、唯それだけでは、唯感興が涌いたというだけでは、制作にはならない。主観的にそういうような働きがあれば、物としての制作品がそこに客観的に成立し存在しなくてはならない。それには

芸術家が主観的に働くだけではなく、客観的に物から働かされなくてはならない。主観と客観の対立から言うならば、主観から働かなくてはならぬが、それと共に客観からも働かなくてはならない。主観と客観の相互作用から芸術が成立つのである。

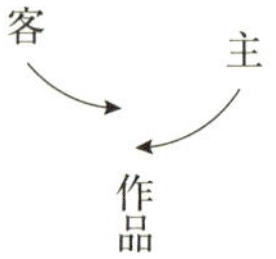


そういうようにして芸術家によって作られたものは芸術家自身から離れた客観的なものになる。其処に重要な意味があるのである。作ったものは芸術家の主観的理想のあらわれであるが、単に芸術家の理想が現れただけのものでなくそれは客観的なものであって、逆にそれは客観的に芸術家を動かしてくるものであると言わなくてはならない。自分で作ったものであるが自分のものではない、それは公のものである。例えば大工が家を造るのに、大工が家は造っても大工だけのものではなく公のものである。公という言葉を注意してもらいたい。公のものであるとは、客観的のもの、天下の公共物であるということで、自分が作ったものであるが逆にそれが自分に対して働く、又他の人に対しても働くのである。家は大工が造ってもそれは大工のものではない。大工のものにもなるが大工を使って造らせた人の家である。

併し出来上ると造らせた人のみのものでもない。其の人から買った人のものともなる実在である。其の家が続いて在る限り天下の公共物として実在するのである。つまりそれは歴史的世界のもの、歴史的事物である。だからして働くということが制作的であるということはそういうことを意味していて、自分の働いて作ったものが、自分の作ったものでありながら自分のものでなしに公のものとなるのである。働いた結果が自分から離れて独立する。私が物を作る、物は私に作られたものだが私を離れて独立し、逆に私に働く。物は私が作るが其の物は公の物となり、つまり歴史的事物となり、それに依って私自身が変化を受ける、即ち私自身が作られてゆくということになるのである。ものを作るとは、自分が作られることである。そうでなければ働くということではなく、たとえ自分が働いたと思っていても、働きの結果が無くては夢を見ていると同じである。働く結果とは何か。自身が働いて作ったものだが自分のものではなく、公のもの、歴史的事物となるということである。

このようにして我々の働きが制作的でなくてはならぬということは芸術家の創造作用、創作を考えると最もよくわかる。が併し総べて我々の働きはそういう性質を持たなくてはならない。それがなくては我々が働いたのではない。我々が物を作る、物は我々に作られたものであるが、我々に作られたものが我々を作るのである。だからして我々は作ることに依って作られているのである。それを深くどこまでもつき進めて考えれば、つまりそういう世界というものは、我々が物を作るということは我々が作られることであって、そういうことは即ち我々が其処から生れる世界があるということである。是迄の人が世界を考えても、世界は自分に対立しているものとばかり考えているが、本当の世界は我々が作ると共に我々を作る世界である。我々が作ることにより我々が作られる世界であるから、我々が其処から生れる世界であると言ってもよい。

それで現実の世界は我々が働く世界であり、我々が其処に生きている世界である。生きているとは働くことであり、働くということは制作するということである。現実の世界は制作の世界である。我々が作ることによって我々が作られる世界である。つまりそれは歴史的世界である。そこで、今迄言って来たことで一通り話の結末が着いたのであるが、私は物を作るということから出立し、つまり自分というものから出立してお話して来た。即ち、自分が生きているとは働くことであり、働くとは制作である。そこから現実は制作であると言った。そこでもう一遍今度は逆に今言ったことを深く吟味して、私が働くということはどういうことであるかと考えてみる。其の問題は非常に重要な問題になってくる。つまり我々の自己というものがどういうものであるかという自己の問題になってくるのである。

我々が働くということを、すぐにものを考える意識的のことであるとすると、それは自己と世界とが対立的になることであって、自己から総べてのものを考えていることになると言ってよい。併し我々が働くとは、総べて制作的でなくてはならないとすると、我々が働くということは単に自己から意識的に考えると云うことにはならない。是迄の一般の考のように、主観と客観がどこまでも対立的であるとし、主観が客観になれず客観が主観になれない、精神が物体になれず物体が精神になれないとすると、はたらくことは制作であると云うことはわからなくなる。今言ったように働くとは制作的でなくてはならぬとするならば、制作とは

主客

主観が客観になって物を作り、作られたものが作るものを作るということであるから、主観と客観を互に対立させる考からは制作の意味は不可能となる。そこで自己というものが問題になるのである。近世哲学はどこまでも主観から出発したものである。近世哲学が主観主義個人主義と言われるのは、それが主観から出発したという理由によるのである。例えば近世哲学の元祖と言われるデカルトの「我考ふ、故に我有り」という我から出立したのである。我が有るということは動かすことができない。我があるということを疑うならかえってそこに疑っている我が有るのである。

しかし若し主観と客観が互に対立しているなら制作の意味は不可能である。自分が作ったものに依って自分が作られるとか、作られたものが公となるとか、歴史的事物が我々を動かす、というようなことは出来ない。デカルトの後に哲学上の大きな問題となった精神物体相関論が出て来、ゲーリンクスやマールブランシュのオッケイジョナリズム（occasionalism）(2)というものになり、精神と物体は直接に関係するものでなく神が媒介するものであるという説とか色々な無理な説が出たが、それは主観と客観を対立させる立場から出立したので精神と物体の相互の関係の説明が困難になったためである。それはつまりそういう立場からは説明

できないということになるのである。そういう立場からは制作などということは言えない。そこで私はこういうことが問題になると思う、これは従来あまり問題とされなかったものであるが、我々の身体というものが余程究明されなくてはならないと思うのである。

どうも是迄の哲学では身体というものの問題が十分考えられておらぬと思う。身体について色々な考が是迄もあるが、生理学的に考えるもの、生理学からもっと科学的なものになろうとして生命を機械的に考える機械論などもある。しかし身体を哲学的に考える考は未だ無かった。デカルト学派の精神と身体に就いての考は非常に重大な哲学上の問題となったが、それは身体自身を考えるのでなく精神と身体との相関関係を考えたのであって、身体其者を問題にして考えたのではない。ところが現実の世界は我々が働く世界であると考えると、身体が重要な意味を持ってくる。制作の為には身体が無くては不可能である。大工が家を建てるには身体を通さなくてはならない。彫刻家が彫刻を作るのにも身体がなくてはならない。詩人が詩を作るのも皆身体的である。我々が普通考えるように、身体が無くては我々の自己は無いのである。近世哲学の唯心論は、自己から出発し、自己からすべてのものを考える考であるが、併し我々は身体無くして自己があるとは考えられない。常識と学問とを対立させて、常識ではこうだ、学問ではこうだと言う場合もあるが、併し一体学問は日常の我々の生活即ち現実生活が基礎になっているのであって、学問の上に現実生活が有るのではなく、事実は却って逆である。身体無くして自己は無い、身体の死は即ち自己の死であるという考は常識にあるのであるが、其のように、生きるには身体が無くてはならない。併しながらそれとは逆に、身体は即ち自己であるとして自己と身体を一つにしてしまう考も本当ではない。もしそうならば我々は要するに機械のようなものとなってしまう。自己が有るから身体が有り、逆に身体が有るから自己が有るのである。そういう我々の身体を哲学的に考えてみたいのである。

一体身体とはどんなものか、どこに身体というものがあるか。却って古い時代の哲学者の言っていることに身体に就いての面白い意味があると思う。ギリシャのアリストテレスの『動物学』であるが、これは専門生物学者でも近来になって重んずるようになったのであるが、今まで多くの人がそれを読まなかつた。科学者生物学者というような人々からは古いものとして捨てられて来たものである。一寸横道であるが、アリストテレスの書いたもので直接哲学に関係しているものは、今日までひろく読まれて来たのであるが、其のほかにアリストテレスは、心理学、生物学、動物学、物理学、天文学なども書いている。其の物理学などは中世まで勢力を持っていたが、近世になってからは、ガリレオあたりからは一般に捨てられて、空間的非実験的なことを言うのに「それはアリストテレスの物理学だ」とさえ言われる位になった。併し今日読むと非常に面白いものがある。多くの人はアリストテレスの物理学などは読まない。近代の科学の進歩はたしかに貴重なものであるが、それは一方の方向へ発展したものと云うべきである。しかし捨てられたアリストテレスの書いたものにも仲々面白いところがある。アリストテレスは医者の家であったので解剖なども自分でやっている。ダーウィンは手紙に「フランスのキュビエー(3)は偉いがアリストテレスも偉い」と言っているが、流石にダーウィンのような人はアリストテレスに着眼している。アリストテレスは体のようなものができてゆくのに、時の順序と本質の順序とは逆だと言っている(4)。(本質には、ロゴス、理、言葉、という意味もあるが、アリストテレスは本質、理、ロゴスを一つに考えていた)。例えば人間の体は火水土風というような化学的元素から成立っている。しかし筋肉とか骨とかいうような組織は唯化学的なものだと考えては説明できない。第一には火水土風という四つの化学的なエレメントから成立しているが、組織は唯エレメントの結合ではない。分析すると元素となるが、組織は唯エレメントではない。更に鼻とか眼とかいうものは唯組織ではない。骨や筋肉は元素の結合であるだけではなく組織であり、更に鼻や眼になると、骨や筋肉のような組織だけとしては説明できない。それには何等かの機能 function があるとアリストテレスは言っている(5)。こういうようにアリストテレスが言っていることに依って生命というものが説明できると思う。我々の肉体が生きているとは機能的であるということ、機能を持っているということである。機能のあるところに本当の生命があるのである。

ところが組織とか機能とかいうものはどういうようにして説明できるかということに就いて、アリストテレスは本質というものを考えている。本質はやっぱり形相であって、形相とはどういうものであるかということはギリシャ哲学をやった人はよくわかるが、ギリシャ人は総べて物を形相と質料とに分けた。是はギリシャ哲学の根本概念であって、近代に於て総べてを因果関係で考えるのとは違う。此の水入れは瓢簞のような形をしているがガラスから出来ている。コップもガラスから出来ている。水入れとコップは質料はガラスで同じであるが形相がちがうのである。それは質料が同じで形相がちがうのである。生物の体ができるには形相がなくてはならない。唯のエレメントは質料である。エレメントの結合は質料的結合であるが、それが機能を持ってくるのは形相が加わるからである。其の形相は宇宙を構成する理、ロゴスである。物が出来るのは時の順序では、初に物質があり、物質が集って組織が出来、機能が出来たと言うのであるが、其の物が出来るためには本質が先ず第一に無ければならない。此の形相が働くことから機能を持ってくるのである。是は我々の身体を説明するのに面白い考である。ところがアリストテレスは『動物学序論』にこう論じている、我々の世界には形成作用というものが働いていると。[6] 牛の頭に角ができるのはどうしてであるかということを知るために、エレメントを如何に研究してみても物理学的化学的に説明はできても何の意味も無い。機能があって始めて意味があるのである。機能のあるのが生命であり生物体である。生命とは何かというと何か機能のあるもの、機能的なるものである。こういうことはアリストテレスが言ったことで大変面白いことであるが、最近死んだ人で英国のホルデーン Haldane という生理学者がある。勿論一流の生理学者で色々と学問上貢献した人であるが、此の生命を説明して（アリストテレスのとおりではないがアリストテレスのような考である）、生命は形である、きまった形である。例えば私の体は新陳代謝しているが、私の体が永続している間は私が生きている。そういう形には何か機能的なものがあると言っている[7]。形と機能とは一つのものであるというmorphological[8]の考はホルデーンにもあって、アリストテレスの古代にのみ限られていない。機能ということから我々の体を考えると、よく説明が出来、体を広く深く考えてゆけると思う。

それでは機能とは何であるか。機能は何か働かなくては無い、働かないところに機能は無い。ところが、働くということは何か其処に目的がなくてはならない。其の目的は何処にあるか。目的はいわゆる世界との関係に於てある。生物が生きてゆくということは、つまり世界を形作ることである。生物が生きているとは、つまり生命が環境を形作ることである。是迄生命を考える人は環境を考に入れなかった。生命が形作ると言っても時間的に色々なものを作ってゆくのだと考えて環境を考えない。しかし生命は環境なくして生命ではない。環境は生命なくして環境ではない。環境と生命とは対立し、生命は環境ではなく環境は生命ではないが、環境なしに生命はなく生命なしに環境はない。生物は何かを食って生きてゆくのであるが、其の食物は環境である。食物は物質であるが其の物質が生命を養う。生物が物を食して消化して筋肉にするのは生命が環境を形成することである。私の胃は一つの機能をもたなくてはならない、其の機能は消化ということである、我々の体は機能的でなくてはならない。機能的とは生命的であることであり、生命的とは環境を生命化すること、環境を形成することである。環境なくして生命は無い。此の考を徹底してどこまでも考えてゆくと、是迄我々が体と言っているのは、生理的、動物的、生物的な身体を体と言っているのである。そして何処に体というものがあるかというと、今言ったように一つの機能にある、生物学的機能を営むからそこに我々の生物学的身体がある、其の考をずうっと推し進めてゆくと、我々の体というものの意味は是迄考えられた生物学的な体の意味だけでなしにもっと拡げてゆくことができる。

例えば、我々が物をしゃべる言語の機能というようなものもやっぱり一つの機能である。それで、言語というものも一つの云わば言語学的身体の作用の中へ入れなくてはならない。体を離れて言語は無い。ものを考えるには言葉がなくては考えられない。今日我々が持つような発達した言葉でなくても、何か符号的なものがなくては考えることができない。符号に依ってその意味を表現しなくてはならない。動物でも極く高等なものになると表現を持つと言うことができる。体を機能をもつものと考えるとそういうところにまでいかなくてはならない。また、制作は体と結付かなくてはならない。新なものを創造するのは体である。歴史的なものも人間の体が生み出すものである。そうなると人間の体は制作的身体となり、機能は制作をやる制作的身体の機能となる。人間が制作的であるということは身体的であることである。身体的であるということは、その機能をずっと言語まで延ばして考えてみることが出来る。

## 歴史的身体［全集編者による注］

（1）「論理と生命」は『思想』第一七〇号（一九三六年七月）、第一七一号（同年八月）、第一七二号（同年九月）に三回に分けて発表された（『哲学論文集 第二』（本全集八巻）所収）。

（2）occasionalism は「機会原因論」あるいは「偶因論」と訳される。ふつう物体の運動の原因と考えられる衝突や身体の運動の原因と考えられる刺激などを、真の原因である作用因としてではなく、出来事が生じる単なるきっかけと考える立場を指す。デカルト哲学の難点を救うためにゲーリンクス（Arnold Geulincx）やマールブランシェ（Nicolas Malebranche）らによって唱えられた。

（3）キュヴィエ（Georges Cuvier. 一七六九—一八三二年）は、フランスの動物学者・解剖学者。ラマルクの進化論に反対し、天変地異説を唱えたことで知られる。

（4）アリストテレス『動物部分論』六四六a二四—二五。

（5）同書、六四六a八—b二七参照。

（6）同書、六四六a八—二四参照。

（7）ホールデーン（John S. Haldane）『生物学の哲学的基礎（The Philosophical Basis of Biology）』一九三一年、一三—一四頁参照。

（8）「形態論の」。

（9）アリストテレス『動物部分論』六八七a八—一〇。

（10）マルクスが『資本論』第一巻、第五章「労働過程と価値増殖過程」で言及したことにより広く知られるようになったベンジャミン・フランクリンの言葉。

（11）「工作人、道具を作る人」。ベルクソンが人間の本質を表す言葉として用いた（『創造的進化』、『ベルクソン著作集』六一三頁）。

(12) ボーア『原子理論と自然記述(Atomic Theory and the Description of Nature)』(一九三四年)所収の論考「光と生命(Lite and Life)」参照。
(13) ベルクソン『創造的進化』、『ベルクソン著作集』四八七頁以下参照。
(14) 同書、『ベルクソン著作集』六六五―六六七、六七三頁参照。
(15) アリストテレス『動物部分論』六九四a一五―一六、六九四b一―五など参照。
(16)「範型、範例」(*παράδειγμα*)。

# 十四

## 東洋医学の身体観の基本的特質

湯浅泰雄

「第二章　気と身体――武術・瞑想法・東洋医学」『気・修行・身体』平河出版社、一九八六年、一四九―一五八頁（第二章・第6節）

さてつぎには、東洋医学の観点から気の問題について考えてみることにしよう。鍼灸治療を主にした東洋の伝統医学は千年以上の歴史をもつものであるが、日本では西洋近代医学を受容して以来、非科学的という理由で医学の体系から排除されてきた。それは、現実の治療効果によってその存在を容認されてきたけれども、アカデミズムの世界には入りえないものとみなされてきた。しかし、考えてみればこれはおかしなことである。現実に臨床的な治療効果があるものなら、むしろその効果が生まれてくるメカニズムを研究していくのが経験科学のあるべき姿勢ではなかろうか。中国では、西洋医学を受容したにもかかわらず伝統医学を否定せず、今日、中西医学の結合というスローガンによって、伝統的文化遺産の現代的評価と研究を進めている。ニクソン訪中以来、東洋医学は西洋の医学者たちの注目を浴び、世界的にその研究が進められつつある段階である。

しかし日本でも、少数の研究者が東洋医学の伝統を守りつづけてきた。戦後、多くの研究者の努力によって成果がつみ重ねられてきている。これらの研究から、やがて「気」という不可解な現象の謎もとけてくることも期待される。以下、まず一般読者のために東洋医学の身体観の要点とその東洋的特質についてのべ、その後に近年の研究成果について解説することにしよう。

東洋医学の身体観の基本になっているのは、いわゆる経絡である。[7] これには主要なものが十二あって、頭部または内臓諸器官と手足の末端を結ぶ回路をかたちづくっている。このシステムは、今日の解剖学で知られている血管系や神経系とはまったくちがった性質のもので、解剖学的に認知できる脈管組織をもっているわけではないので、近代医学の見地からはその存在が疑問にされてきたものである。十二の経絡のほかに奇経とよばれるものが八つあるが、奇経のうち実用上用いられるのは、瞑想法でも用いられている胸腹部の任脈だけである。

この十二経（および奇経）は陰と陽のグループに大別され、主に背面や側面を通る経絡は陽、腹部や手足の内側を通るものは陰の経とされる。各経絡には特定の臓腑の名が付されているが、その機能は当の臓腑ばかりでなく、他の臓腑にも多かれ少なかれ関係している。まずこの点に、経絡にもとづく身体観の一つの特徴がある。近代医学の見方では、特定の内臓器官が特定の生理的機能を分担するという局在論的見方をとっているわけであるが、東洋ではホログラフィックな観点から全身の機能を統合的にとらえる見方に立っていることが注目される。

ホログラフィ holography という言葉は最近用いられるようになったものなので、その考え方についてここでちょっと説明しておく。この言葉は元来、レンズを用いない特殊な写真術からきた用語である。ホログラムの乾板は、ふつうのフィルムとちがって、その一部分の中に対象像の全体についての情報が含まれているので、乾板の一部分からでも元の全体像を再現できる。また、この乾板に参照光線をあてると元の対象が立体像となって現れる。したがってホログラフィ・モデルでは、それぞれの部分が常に全体についての情報を含みながら、相互連関の網目をつくっている関係にある。部分即全体の関係である。このモデルは、脳生理学者プリブラムが脳の機能局在説を克服するために用いてから有名になったものである。要するに東洋医学の身体観は、部分を寄せ集めることによって全体がつくられるという近代医学の身体観とは原理的にちがった、ホログラフィックな観点から身体の機能全体をとらえようとしているということができる。(10) ここにまず東洋的身体観の特質がある。

東洋医学でいう気は、このような性質をもつ経絡に流れている生体特有のエネルギーである。そこでつぎに、十二経絡における気の循環のシステムについて具体的に説明しておこう。

先にいったように、経絡は、頭部または中心となる臓腑と手足の先端とを結ぶ回路を成しているが、これには――神経と同じように――遠心性の回路と求心性の回路がある。表示すると、つぎのような関係になる。気の流れは、次頁の第6図に示した番号順に全身をめぐっている。すなわち上段の①肺経から始まり、下段の②大腸経から、上段の③胃経、以下④⑤⑥……をへて⑫肝経に終わり、再び①肺経につながっている。上段〈奇数番号〉の経絡は遠心性で、頭部または臓腑から始まって手足の末端に向かい、下段〈偶数番号〉の経絡は求心性で、手足の末端から始まって内臓や頭部に向かう。

経絡の陰陽の区別は、体の外側（背側）にある場合が陽の経で気は下向きに流れ、体の内側（腹側）にある場合は陰の経で気は上向きに流れる。ふつうの姿勢では、手にある陽の経でも気が上向きに流れる場合もあるが、両手を上にあげた姿勢をとると、陽の経絡では気はすべて下向きに流れ、陰の経絡ではすべて上向きに流れる。太陽・少陽・陽明、および太陰・少陰・厥《けつ》陰という区別は陰陽の度合を示すもののようであるが、あまり厳密なものではないようである。

以上にのべた十二経絡にそって治療点である多くの経穴（ツボ）が分布しているわけであるが、それらは気エネルギーの集中する点で、気の流れが凝滞すると具合がわるくなるので、ツボへの刺針によって気の流れを円滑にするのが治療法の基本である。なお、経穴について二、三つけ加えると、足の膀胱経の背部には、各臓腑に関する「兪《ゆ》」という名のついた特殊な経穴がいくつかあって、「兪穴」と総称されている。兪穴は、各臓腑の異常が特につよくあらわれる点で、また病変に対する重要治療点になる。これらの各兪穴に対応して、前面の胸腹部には各臓器の「募穴《ぼけつ》」が定められている。これは各臓器の気が集まるところである。

■第6図　主要な気の回路としての十二経絡

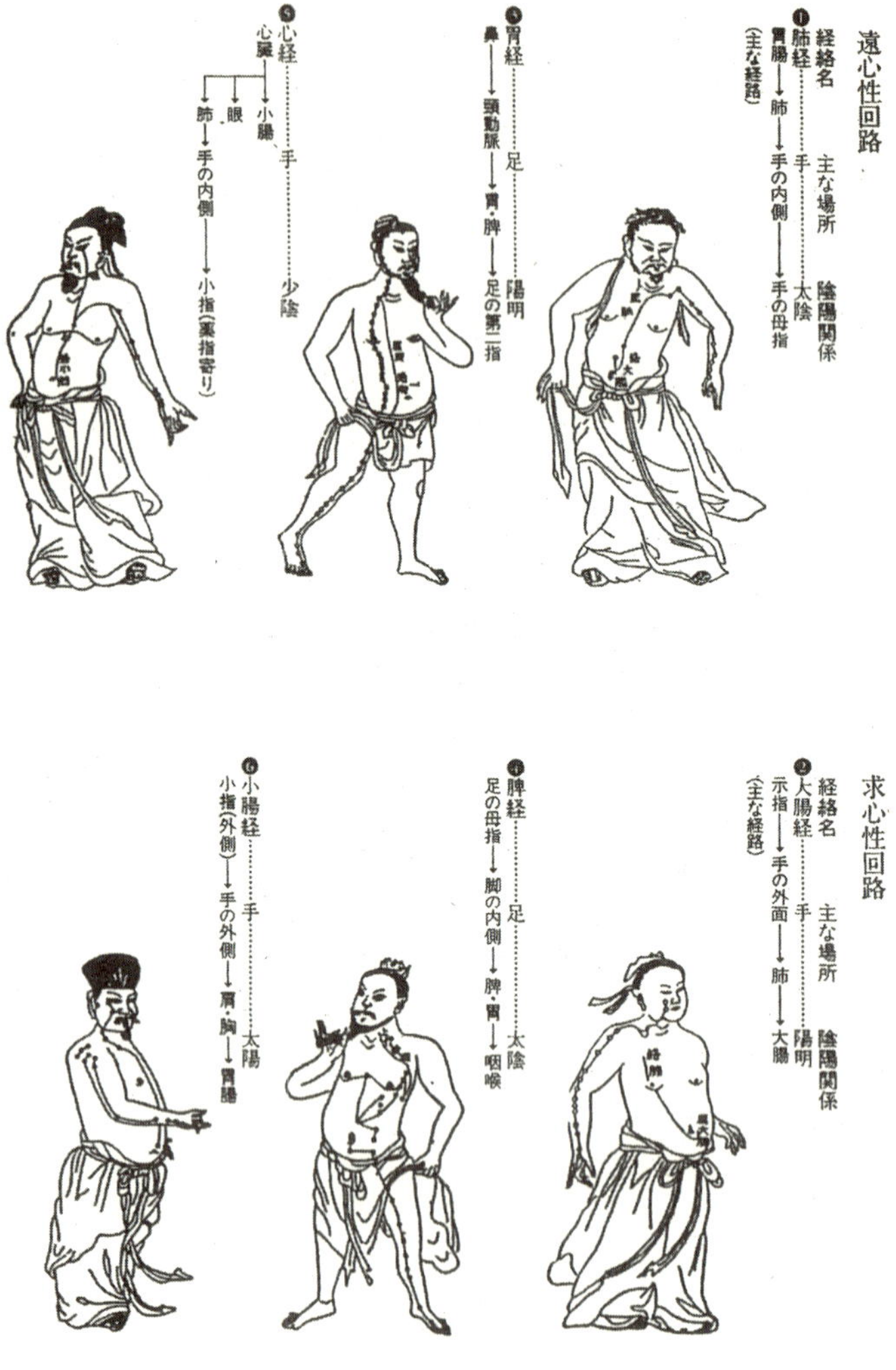

❼膀胱経……足……太陽

眼→頭→背→腎・膀胱→足の小指外側

⑨心包経……手……厥陰

胸→心包*→三焦*

胸→手の内側→中指末端

⑪胆経……足……少陽

目尻→側頭部→肩→胸→肝・胆

肩→側胸

肝・胆／側胸→股関節→脚の外側→足の第四指（小指寄り）

❽腎経……足……少陰

足の小指→足裏→脚の内側→腎・膀胱→肝→肺

⑩三焦経……手……少陽

薬指末端→手の外側→肩→心包→三焦

⑫肝経……足……厥陰

足の母指→脚の内側中央→肝・胆→側胸→気管→眼球→頭頂

眼球→頬・唇

肝・胆→肺→胃

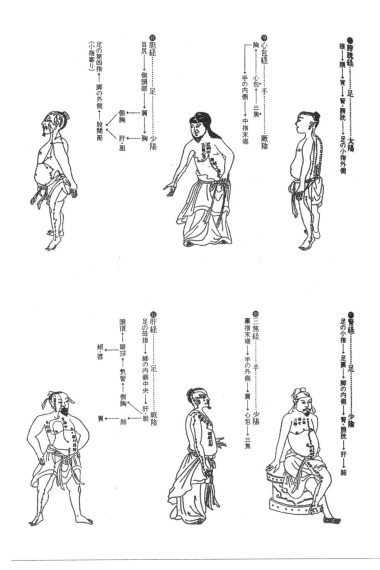

さらに、十二経絡にある特定の経穴は「原穴」とよばれ、臓腑の病変の際に反応がよく現れるところで、重要な治療点にもなるところである。

このようにして、経絡にもとづく身体観では、内臓の生理的機能はすべて体表面における経絡の機能に還元してとらえられ、内臓―経絡系（長浜善夫の命名）ともいうべき統合的システムにまとめられている。内臓―経絡系とは、いわば気の循環系である。このような身体機能のとらえ方は、近代西洋医学の身体観とはひどく異なっているが、その基本的特徴はどういうところにあるのであろうか。

ここでまず私が注意したいのは、身体と外界の関係である。右にいったように各経絡の末端は手足の先端になっているが、気の流れは、この先端を通じて外界と交流しているものと考えられている。（手足の先端の経穴は特に「井穴」と名づけられている）。私は、この点に、東洋的身体観の基本的特質がみられるように思うのである。近代医学では、身体をまず外界から切り離して自己完結した閉鎖系 closed system としてとらえ、つぎにその構造を各器官に分解してその機能をつかまえようとする。これに対して東洋医学では、身体を最初から外界とつながった開放系 open system としてとらえ、身体と外界との間に感覚ではとらえにくい一種の生命エネルギーの交流、つまり気の吸収と排出が行われている、とみているのである。

近代医学の立場からみると、東洋医学の身体観の欠点は、身体内部のメカニズムについて十分な解剖学的分析をしないというところにある。この点はたしかに重要な欠点であるといわなくてはならないが、これは、東洋医学が一種の体表医学、つまり皮膚表面への施療を臨床の基本にしてきたためである。私は、方法論的観点からみて皮膚を基本にして身体をとらえるという身体観にたいへん興味を覚える。というのは、皮膚は身体と外界の境界壁を成しており、いわば自分の内と外を区別する境界であるからである。ここで問題になってくるのは、心身論の観点からみた場合、自我（自分）と世界の関係はどのようにとらえるべきかということである。

まず身体的・生理的側面からみると、皮膚の内側は明らかに自分自身に属し、外側は外界である。ところが精神的・心理的側面からみる場合には、内と外の区別は明確でなくなってくる。われわれは心理的問題についてもふつう「外なる世界」と「内なる世界」といったり、内向的・外向的といった区別を用いたりするのであるが、この場合の内・外という区別は一種の比喩ないし象徴的な表現であるといわなくてはならない。心は身体の内部にある、というのは一種の比喩的表現であって、心それ自体は空間的に位置づけられない存在であるからである。正確な表現としては、ここでいう「内」とは心の世界、外とは物の世界、ということになるであろう。この場合は、身体もまた物の秩序に属するのであるから、デカルト的二分法に立つかぎり、身体は自分（自我意識）にとっては「外」の世界に属するものと考えなくてはならない。このため近代的見方では、身体について考察するときは心の問題はまったく除外して、身体を客観的（物質的）物体としてとらえ、意識の問題は哲学に任せることになる。したがって、生理的問題と心理的問題は、理論的にみてまったく没交渉になってしまうのである。

しかしながら、自分の身体（「からだ」）を自分の外にある物体（「もの」）のようにみることは、日常的常識の立場とはくいちがう。したがって近代科学の見方では、常識の理解の立場と科学的認識の立場がくいちがい、心理的問題と生理的（および物理的）問題はまったく無関係になってしまうのである。要するに、近代の科学的論理は、われわれの日常経験の常識である心身結合の事実を無視した方法論から出発しているわけである。このことは、大きくみれば、科学の論理がわれわれの人間生活から遊離して一人歩きするといった、現代の科学技術のおかれた状況にも関係してくる問題であると思う。現代の学問に求められていることは、科学の論理と日常生活における人間的常識の接合の場を求めることであろう。

気という概念は、この方法論上の難点を解消する特質を示している。気は——のちにくわしく説明するが——もともと心理的であるとともに生理的な性質を示す生体特有のエネルギーであって、心と身体の両方に関係するのである。先にのべたように、気の流れは瞑想の訓練と深く関連したものであり、その点からいえば心理的性質を帯びている。しかし鍼灸的治療の観点からみると、気の流れは生理的機能の活性化に効果がある。つまり皮膚の内側として感じられる身体（自分の「からだ」の感覚）は心理的存在であり、外側からみた皮膚に包まれた身体は、その内部から生理的機能が外に発現してくる場である。気の流れはこの内と外を媒介する通路である。

気のエネルギーはさらに、身体内部を循環しながら、手足の末端を通じて外界の気の流れとつながっている。われわれは自分の「からだ」の感覚、いわゆるセネステーシス（全身内部感覚）の状態全体を「自分」としてとらえているわけであるが、その自分は、皮膚を境界として外界と交流しているわけである。要するに皮膚は、心理作用と生理作用、つまり心と身体が――気の流れを介して――物質的外界と接する独特な交流の「場」なのである。

方法論的にみると、このような身体観は、近代的な物心二分法とは原理的にちがった世界観・人間観にみちびいていく。哲学の歴史では、昔から、人間は一つの小宇宙《ミクロコスモス》であって、大宇宙《マクロコスモス》と精神的に対応した存在であるとみなされてきた。西洋でも古代ギリシアや近代のライプニッツなどにその例がみられる。近代科学は、そのような人間観と世界観を否定したのであるが、瞑想法と東洋医学の身体観は、このような古い考え方に対して現代的観点から再評価するための端緒を与えるものではないかと思われる。自分とはさしあたり、「皮膚の内側としての身体」（小宇宙としての自分）である。そして大宇宙とは「皮膚の外側としての世界」である。気という概念は、この二つの秩序を結びつける。気のエネルギーは、この二つの秩序の間に物心二分法をこえた潜在的な相互交流関係があるということを示唆しているようである。(11)

大宇宙とは自然界である。したがって、もし気という生命エネルギーが何らかの形で存在するものとすれば、小宇宙と大宇宙の間には気エネルギーによる（無意識的で心的な）交流があり、気にみちみちた自然界は単なる物質界ではなく、生ける生命的自然の秩序としてとらえられるであろう。現代的用語を借りれば、東洋では古来、人間と世界の関係をエコロジカルな観点から把握し、このような関係を実感し、かつ実証的に認識する「場」として身体をとらえてきた、といってもいいであろう。いってみれば、人間は近代人が考えたような世界を支配する「工作人」ではなく、自分の力だけで生きられる存在ではない。人間は自然から生かされて生きる受動的—能動的存在である。このような人間観・自然観を経験科学的に実証する場合の基本概念 key-concept が「気」なのである。

原注

（9） 以下、東洋医学の基本については、長浜善夫『東洋医学概説』（創元社、一九六一）によるところが多い。

（10） ホログラフィについてのくわしい説明は、湯浅泰雄・竹本忠雄編『科学・技術と精神世界』シリーズ、全五巻（青土社）の第三巻「ニュー・サイエンスと気の科学」（一九八七）の解説を参照。

（11） 身体を基本にした大宇宙と小宇宙の関係については、拙論「身体の宇宙性」（『新岩波講座・哲学』第九巻、「身体・感覚・精神」岩波書店、一九八八、所収）に神話や修行法を例にとって解説した。

# 十五　身体の多重性

中井久夫

『徴候・記憶・外傷』みすず書房、二〇〇四年、二三〇―二四四頁

## はじめに

今日の「身体の多重性」という講演は『家族の深淵』に掲載したものの延長です。あそこでは十三挙げましたが、こんどは二十八になりました。こんなに多いのはあまり器用な話ではなくて、人間の頭が一度に操作できる上限は7±2だというミラーの法則をはるかに越えています。

しかし、身体は一つの宇宙のようなものです。宇宙を研究するために可視光線で撮影している場合もあり、X線で撮影している場合もあり、電波望遠鏡の場合もある。それぞれ別の像が得られますが、宇宙はそういう個々の見え方を超えて一つであるものでしょう。

私たちは、何かの手段を選んで、それぞれ限界のある図を得ることしかできません。なる

ほど人間は、さまざまな手段を使うことによって個々の宇宙像を少しずつ超えることができます。しかし、「具体的にして全体的なもの」をついに人間が一望に収めることはできないと思います。全体的であろうとすれば抽象的たらざるをえず、具体的なものは必ず部分的であるというのが、私たち人間の世界認識の限界です。心身についても同じでしょう。そういうふうにご理解いただいたらと思います。

### 心身一体的身体

最初、この体と心の統一体としての身体ということを考えました〈A〉（以下資料1参照）。この（1）（2）（3）は、House-Tree-Personという描画テストの一つの読み方です。

身体に関係させて考えてみると、Treeは成長するものとしての身体で、Houseは住まうものとしての身体でしょう。われわれは身体というものをもっぱら成長するものとして理解していますが、「自分」が住んでいるところのものという考え方もできます。身体の住み心地が悪い人とか、住み心地が悪い時期とか、身体の住み心地がいいとかいう、住み心地の如何というのがあると私は思います。しっくりと身体に住んでいる人もあれば、非常に違和感を持っている人もいて、その中には身体を作り変えようという人もあると思います。それから、Personというのは人にこう見られたい、こう見せたい社交的・社会的身体ではないかというふうに僕はこのテストを解釈しまして、これはずっと前に土居健郎先生の還暦記念論文集に載っております。その中では一つの症例を提示しています。HTPは、身体に関係させないほうがよい場合もあるでしょうが、そういう場合は、「身体」といわず「魂」といってもそんなに変わらないかもしれません。

## 図式《シェーマ》的身体

なぜこんなに数が出てきてしまったかというと、ポール・ヴァレリーという、第二次大戦終了直前に死んだフランスの詩人・思想家がいます。彼は身体を三つに分けて、その四番目に神秘的な身体というものを考え、それは三つを超えた身体だというのです。彼の三つはそれほど私に訴えるところがなくて、もっといろいろあるんじゃないかと若い時の私は思ったのです。彼も挙げているBの解剖学的身体は、科学以前にすでにあった「地理学的思考」がつくりあげています。世界地図に怪獣や神様なんかを描いてあるでしょう。ヨーロッパでは、それがなくなって、たとえ未知の部分や歪んだところがあっても、ほぼ現在の世界地図になった時期と、ヴェサリウスが現在でも通用する解剖図を描いた時期とはほぼ一致します。共にリアリズムを最初にうち出したネーデルランド（広い意味でのオランダ）で生まれたということも知っておいてよいかと思います。

これは要するに、徹底的な対象化ですね。科学というものは徹底的に対象化するものであって、相手を立てるわけではない。そこが医療と違うということを、私は本書に収めた「医学は科学か」に書いています。これに対して、地図としての身体というのは合理的かどうかではなくて、そうあるんだという身体ですね。

「行基図」という昔よく行われた地図は、讃岐の国とか備前の国とかを一つの丸にして、それを日本列島らしき形に並べています。ふつうの人の身体像はそのようなものではないでしょうか。また、それでいいのです。このごろの医学部学生が習う解剖図はかなり精密な世界地図ですが、私が医学生のころは、筋肉が茶色、動脈が赤、静脈が青ぐらいの色彩で、あとはモノクロームでした。世界地図が抽象的である程度には抽象的でした。最近のはカラーで生々しい色、時にはカラー写真です。これは航空写真ですね。しかし、いずれにせよ地理学的世界に属しています。

これに対して、生体を一つのロジックで組み立てた場合が生理学的な身体となります。このあたりは養老孟司さんが区別しています。解剖学は、たとえば脊椎動物には絶対に尻尾が三つないとしても、実際に三本の尻尾を持った脊椎動物が出てきたら、解剖学のほうを変えなきゃいけないというのです。理論上ありえないからといって無視するわけにはいかない。ところが、生理学や生化学は、概念が先行しています。概念なしにぽかっと事実があるということはない。いいかえれば、個別的事実は絶えず体系に組み込まれて、はじめて事実としての権利を獲得する。そういう意味で「論理的身体」です。生理学者じゃなくても、今日下痢をしたのは昨日牡蠣を食べ過ぎたからであるという単純な話でも、「論理的身体」が暗黙

資料 1

〈重層体としての身体〉

A　心身一体的身体
(1) 成長するものとしての身体
(2) 住まうものとしての身体
(3) 人に示すものとしての身体
(4) 直接眺められた身体（クレー的身体）
(5) 鏡像身体（左右逆、短足など）
B　図式〔シェーマ〕的身体
(6) 解剖学的身体（地図としての身体）
(7) 生理学的身体（論理的身体）
(8) 絶対図式的身体（離人、幽体離脱の際に典型的）
C　トポロジカルな身体
(9) 内外の境界としての身体（「袋としての身体」）
(10) 快楽・苦痛・疼痛を感じる身体
(11) 兆候空間的身体
(12) 他者のまなざしによる兆候空間的身体
D　デカルト的・ボーア的身体
(13) 主体の延長としての身体
(14) 客体の延長としての身体
E　社会的身体
(15) 奴隷的道具としての身体
(16) 慣習の受肉体としての身体（マルセル・モース）
(17) スキルの実現に奉仕する身体
(18)「車幅感覚」的身体（ホールのプロキセミックス、安永のファントム空間）
(19) 表現する身体（舞踊、身体言語）
(20) 表現のトポスとしての身体（ミミクリー、化粧、タトゥーなど）
(21) 歴史としての身体（記憶の索引としての身体）
(22) 競争の媒体としての身体（スポーツを含む）
(23) 他者と相互作用し、しばしば同期する身体（手をつなぐ、接吻する、などなど）
F　生命感覚的身体
(24) エロス的に即融する身体（プロトペイシックな身体）
(25) 図式触覚的（エピクリティカルな身体）
(26) 嗅覚・味覚・運動感覚・内臓感覚・平行感覚的身体
(27) 生命感覚の湧き口としての身体（その欠如態が「生命飢餓感」（岸本英夫））
(28) 死の予兆としての身体（老いゆく身体――自由度減少を自覚する身体）

の前提になっていると思います。

しかし、解剖学や生理学とは別に、皆が発達の過程で図式として獲得する「絶対図式的な身体」があると思います。それは離人症や幽体離脱したときに初めて見える鏡像的な身体ですが、自分の身体を描けといわれる時にふつう描くものです。パウル・クレーは自分の眼がみているもの、つまり鼻の尖が少し、両腕両脚、そしておなかを描いたそうですが、これはわざとでしょう。もっとも鏡像だけでは全く離人的です。ずっしりした身体感覚が視覚像を裏で支えているのでしょう。

## トポロジカルな身体

しかし、これと違って「トポロジカルな身体」というのがあります。トポロジーというのは数学の一つの分科で、形がどうであろうと連続しているもの、同じ次元だったらいくら変形してもいい、そうしたら同じ形に持ってゆけるものは同じとします。三次元だったら、たとえば立方体も球もトポロジーの立場からいったら同じです。ビールのジョッキはドーナツと同じです。この観点に立つと、まず、内外の境界としての身体は、身体をどんな格好に変えようと等価なわけです。現実吟味の四段階をバリントがたてていますが、これはあまり読まれていない論文ですね。内と外とを区別するということが現実吟味の最初であろうと。漢方の先生が身体というのは水の詰まった袋であるという時、これはトポロジカルな身体です。

体は内面と外面の境界としての袋みたいなものであると考えるわけです。

しかし、はっきり内と外との区別がつかない場合もあります。また、快楽あるいは苦しみや痛みがあるところ、たとえば痒い所は非常に大きく肥大します。大きな怪我をした時には身体はほとんどその怪我に占領されてしまう。身体がほとんどその苦痛の部位と同じになってしまって、そうでない部分はあるかないかとなり、ほとんど問題にされなくなる。強烈な快楽でも苦痛でも、あるいは痛みでも同じです。このように、身体には、局所が全体を凌ぐまでに肥大して、ふだんの地理学やトポロジーを裏切るに至る場合があります。さらに雷が非常に近くに落ちたような場合、あるいは統合失調症の発病のときに一瞬起こることがあるようですけれども、身体が未分化な一塊となり、それが外界と融合して、これが世界全体になってしまうことがあります。非常に近くに落ちた雷は、ほとんど音ではないですね。身体全体が押さえつけられたような感じ、圧服されたという感じですね。

しかしこういう極端な場合でなくても、身体というのはBの図式的なものに対して、兆候的なものであるという面を持っています。われわれが、例えば眠る途中、筋肉のいろんな所が微かな光を放ったり、お腹がうごめくのが見えたりする。ヴァレリーに「テスト氏」という小説がありまして、語り手が、テスト氏が眠り入る場面に付き合う場面が出てきます。テスト氏が独り言を言うのですね。身体のある部分が輝いたり、また消えたりしていくというようなことです。この兆候性は、病気が予感される時、あるいは何かへの変化の予感という時には特に強くなることがあると思います。

特に思春期では身体が兆候空間的なものに変わる、と言えるかもしれません。子どもの身体は、「現在を受け現在に答えていく」のが基本で、ある意味では「公明正大」にスカッとしているものですね。この「公明正大」というのは、友人の弁護士がそういう身体に対して述べた言葉です。しかし思春期になりますと、第二次性徴が現れます。これはさしあたって何の役に立つか、何に奉仕しているかわからないものであり、そういう意味では漠然とした、まだ来ていないもの、未来をおぼろげに告知するものとして立ち現れます。思春期における身体変化では、身体の兆候化がいちばん大きな変化だと思います。

特に女性の変化は、非常に目覚しいものでしょう。中原淳一の絵みたいな、目が大きく、きらっと輝いて、あごがほっそりして、髪の毛が長い少女の顔のステレオタイプを現実の少女たちがよく描く。だいたい小学校四年生、十歳ぐらいから始まって、中学校くらいで交換日記と共に終わるようです。しかしストレスが加わっている時には、二十歳の女性も描く。あれは変化してやまない身体に対抗して変わらないものを示すのでしょうか。「乙女の姿しばしとどめん」というわけです。あの絵には必ずストーリーを伴っているとある女性が語りました。男性はあれを描かないですね。それは男性の身体変化が戦士 warrior に近づく身体変化であるためか、戦車や軍艦やその他の武器のような物を描いたり、あるいは戦士として行動するようになる。ストーリーは伴っていないのがふつうでしょう。男性にとっては、思春期変化は強制的に鎧を着せられているようなものです。戦士的に体が変化するように強いられているという感じがあります。そして甲殻類のようにその中はどろどろしてくる。十代男性が苦しむ、形のはっきりしない衝動です。

また、一般的他者の眼差しによって兆候的に身体をとらえるということもあります。中国の伝統医学は身体を兆候的にとらえるといってよいでしょう。「色脈舌聞診」とは、顔色、脈、舌、体臭を診るのですが、すべて全身状態の微かな兆候としてです。

恋愛という状態に陥った人間は、また個人的に、相手の微かな変化に一喜一憂します。恋愛でなくても、あの人の目が輝いているとか（そういう場合に光電比色計で測ったらたいして変わらないでしょう）非常に兆候的に敏感に捉えるということがあります。

## デカルト的・ボーア的身体

デカルト的・ボーア的身体とは一体何のことかとお思いでしょうが、まず、主体と客体を分けるという意味ではデカルト的です。ボーア的というのはどういうことかといいますと、ニールス・ボーアという二十世紀前半の物理学者がいましたが、彼の考えを面白いと思ったのです。物理学では観測主体と観測対象の二分法です。観測という予想は両者を観測装置が媒介して成立します。ここで観測装置は主体に属するのか、対象に属するのかどちらでしょうか。ニールス・ボーアはそれはどちらもありうると述べた。彼のたとえは、杖を持って道を歩くときに、杖をゆるく持てば杖の動きは道の凹凸を反映する、この場合は客体に属する。しかし杖を強く持てば、それは主体のほうの動きを反映しているというのです。この話では、身体が観測装置の代表となっています。

一般に、われわれが身体を主体の側にひきつければ、身体は主体の動きを反映します。客体の側に委ねれば客体の動きを反映します。さらに、例えば水泳をしているときはこの二つが高いレベルで妥協し融合しています。水泳でなくても道を歩くことでも同じだろうと思います。

量子物理学では、どこまでを主体と客体との間をつなぐ観測装置とみなすかは全く任意である、というのがフォン・ノイマンの『量子力学の数学的基礎』で証明されたという話です。主体と客体をつなぐ線上での切断点（境界設定）は全く任意であるということです（フォン・ノイマンの本は翻訳が出ておりますが、私が理解したと誤解しないでください）。ここで心身論についていえば、まず、「心」と「身体」という言語上の区別が実際上必要であります。ところが研究者が「心」から出発するとどこまでも「心」（心理学）、「身体」から出発するとどこまでも「身体」（生理学）です。一枚の紙の裏と表を同時に見られないのと似ています。しかし、現実の生では身体が主体と融合することも対象化することもできる。また、その中間がいくらでもありうるということです。

社会的な身体ですが、一番目の「奴隷的身体」というのは、手近かな話、ビール瓶の栓を歯でこじ開けるというのも奴隷的使用つまり道具的使用です。ルイス・マンフォードというアメリカの建築家出身の思想家が強調していたのは、たとえばエジプトのピラミッドを造るのと現在のビルを造るのとは、人間が機械に変わっただけでプリンシプルとしては同じであるということです。身体を全く道具として使うことができます。近代文明は、いわゆる世界四大文明の後継者ですけれども、奴隷的道具としての身体の成立と非常に深い関係がありま す。一生ピラミッドを造って、その報酬として自分の身体をミイラにしてもらえるというこ とで終わるエジプト文明の人生と、ボルネオのダヤク族のように躍動する水の中で魚を獲ったり狩猟をしたりして一生を終わるのとどちらがいいでしょうか。一方は文明であり一方は原始とされていますが、身体はダヤク族のほうがハッピーでしょうね。文明は個人の肉体の奴隷的道具化の上に成り立っていると思います。

しかし奴隷的だけではありません。文化人類学者のマルセル・モースが強調しているところですが、身体は習慣の受肉体です。文化というものは、モースのいう「慣習の受肉」と深い関係があります。「慣習」は、一つの文化のかなりの層に共有されるものですが、「スキル」(熟練)となると特別な人が身につけるものです。これも同じく身体に受肉するものです。テニスにせよ自動車の運転にせよ身体に受肉して、いちいち考えないようになってはじめてスキルといえるわけです。

慣習とスキルとの違いは慣習がいつの間にか身につくもの、スキルが意識的トレーニングから始まるという点でしょうか。ふつうの人が交わすあいさつは慣習、外交官のプロトコルはスキルです。この区別が明確でない場合もありますが、お花やお茶や芸術の「素人」と「玄人」との間には、はっきり質的な違いがありますね。

これとちょっと違うし、関係してもいるのですが、一種の「車幅感覚」的身体というのがあります。われわれの身体は皮膚で尽きるのではなく、その周りに何か特別の空間がありまず。T・H・ホールがプロクセミックスという体系で表現しています。あるところまで近寄られるということは、普通は、もうほとんど身体の侵害であるということです。文化によって適当な距離がちがうことをホールは強調していますが、文化的相違以前のものもあると私は思います。安永先生は、還暦で東大を退官されてから自動車の運転を初めて習われて、そこでまさに「ファントム空間」が生き生きと躍動して動くという体験をされたそうです。これが車幅感覚ですが、自動車の運転ができなくても、タクシーに乗るときに頭をぶつけないのも同じ感覚です。こういう身体性です。身体の外に、ある何か目に見えないものを張り巡らしていて、それを身体と一致させることで成り立っているさまざまな営みがあります。この感覚は慣習とスキルのすみずみまで入り込んでいます。「車幅感覚」的身体といったのは、安永先生に敬意を表してです。「車幅感覚だよ。ファントム空間、ファントム空間は生きているよ！」と、ものすごく感激して言われました。二十歳くらいで運転免許を取ってしまうと、こういう感激は生まれてこないのでしょうね。

それから表現する身体ですが、舞踊もあり、身体言語、例えば嫌な時は嘔吐し早く忘れたいことがあると下痢をするというところまでの幅があります。身振り手振りというものもあります。技術伝達においては身ぶり手ぶりが大切だそうです。相手のことばがよくできて相手の発想に立ってしまう人は技術移転ができない。日本語しかできないのもやはり駄目ですが、ことばがあまり上手く喋れないが相手に伝達したいという熱意が非常にあって、身振り手振りを交えながら相手に伝えようとする人が一番効率よく技術を伝達するということを聞きました。私を含めて翻訳家は、外国語がペラペラの人でなく、あまり喋れない人が多いようです。翻訳家は頭の中で身ぶり手ぶりをやっているのです。技術移転と同じです。

さらに表現の場としての身体があると思います。たとえば模倣するとか、パントマイムであるとか。パントマイムは表現のほうかな。むしろ化粧ですね。衣服をまとって表現することもこれです。ものとして、髪型から刺青まで——。人類がうんと初期から身体にいろんな模様を描いたり刺青したりするのは一体何なのか、非常に面白く思っています。人間がほかのお猿さんと違うところは、お猿さんの毛があるところに毛がなくて、毛のないところに毛があり、「猿のネガ」みたいです。毛が生えていない、産毛しかないのっぺらぼうの身体では非常に落ち着かないので、ああいうことを始めたのでしょうか。髪を染めるとか、ヒゲを生やすとかもこれに当たるでしょう。日本では、わずか百二、三十年前まで、既婚の女性で歯を黒く染めていない人は耐えがたい淫靡な感じを与えたそうです。

先に、兆候的な身体について述べましたが、この未来指向的な身体に対して、「記憶のインデックスとしての身体」、「歴史としての身体」というのがあると思います。これは過去の皮膚についた傷であるとか、あるいは骨折の痕であるとか、そういうものが歴史を告げるというだけではなくて、たとえばプルーストという作家は、ちょっとへこんだ石段の凹みを踏むことからその時の過去のできごとがそっくり出てくるというようなことを書いております。私も中学から高校にかけて通った学園に再び教師として赴任した時に、自分の足が半世紀を隔てて道を覚えているのに驚嘆しました。

それからスポーツはどうでしょうか。スポーツはルールに従ってやるという点で、スキル＋競争であり、ここで「競争の媒体としての身体」が現れます。その源は戦争にあって、元来戦士の闘争だったものを純化し無害化したのがスポーツかもしれません。ボクシングとか相撲とかを見ていると、その身体性は凄絶です。しかし、スポーツの闘いは空間的にも時間的にも限定されています。

それから他者との相互作用、これはいろんな相互作用がありうるわけですけれども、例えば同期する身体というのがあります。患者さんの脈をとっていると私の脈が患者さんの脈に同期することを何度も経験しています。非常に奇妙な体験であって、患者さんの脈が百二十である時に私の脈も百二十になっているのですけれども、ちっとも速いと思わなくて、むしろ時計が非常に遅く動くという経験をいたします。身体は非常な相互作用をして、ついには同期に至るのでしょう。恋人同士が手をつなぐというのは、手をつないで脈拍が合うかどうかのテストで、身体どうしが馴染むかどうかの第一の関門であり、手をつないでいたらだんだん不愉快な感じがしてきて手を離してしまう場合にはそこで終わる確率が高いでしょう。人間同士の接近には身体性のいろんなハードルがあって、この関門を通って人と人とは出会うのでしょう。エロス的な融合では「肌を合わせる」というぐらいで、同期しなかったらものすごく気持ち悪いものでしょうが、そういうときには脈拍など考えませんから気がつかないだけであろうかと思います。親しくなっているようでありながらしらけているという場合、同期しえない、お互いに通分性のない身体であって、なぜかわからんけれども別れてしまうということもあるかもしれません。

## 生命感覚的身体

この話をもっと生命感覚的なところに降りていくことで終えたいのは、全体として一つの円を描くようにと考えたのです。だからAにまた繋がるわけです。イギリスの神経学者ヘンリー・ヘッドは触覚をプロトペイシックとエピクリティカルとの二つに分けました。プロトペイシックは原始感覚的と訳しましょうか。二十世紀の初めヘンリー・ヘッドは自分の触覚神経を切断しまして、どちらの感覚が早く再生するかを調べ、原始感覚的なものの再生が先で二つは別であることを証明しました。エピクリティカルというのは皮膚の上で、目をつぶってコンパスの両脚を立てた時にその間隔は何センチであるかを言い当てたり、身体の皮膚に絵を描いた時に、それがどんな絵であるかを言い当てたりする能力です。つまり図式を感受し、物理的距離を認知する触覚がエピクリティカル。全体として漠然と感じる触覚がプロトペイシックです。二つは神経伝導路が全く違います。エピクリティカルな神経感覚が分布せず、プロトペイシックな触覚だけがあるところは男女とも性器の先端です。そこでは全く生命感覚、原始感覚的なものが一体として灼熱しうるのです。口腔もプロトペイシックな感覚のほうが主ですね。歯や舌はどの辺が痛いのかなかなかわからないでしょう。

嗅覚本位の身体、あるいは味覚、運動感覚、あるいは口腔感覚と外部運動感覚もあり、内臓感覚もあり、それから「平衡感覚的な身体」というものもある。犬は嗅覚的な身体像がわれわれよりも発達しているでしょう。それに対して、人間は視覚的なものが発達していますが、このことは強調されすぎているのかもしれません。ところで、聴覚的身体像あるいは他の感覚のは人間ではどうなっているのでしょうか。聴覚の場合は、自分の身体に耳を澄ますということはあまりないというか、むしろ聴覚に関してはマイナスの身体像、虚的なヴァーチャルなものが身体像であるかもしれません。頭の中の動脈の振動は周到に消去されているのでしょう。身体が発する音というのは、おそらく音声や言葉以外は、どちらかというと不愉快なもので、泣き声であったり、叫び声であったり、あるいは歯ぎしりとかいびきですね。聴覚は奇妙な位置にあるように思います。多くの内臓感覚というのも全消去されていると思います。内臓は絶えずうごめいているのですけれども、それは意識に上りません。意識に上るものは、受け取る情報のごく一部なのでしょう。

岸本英夫先生は東大図書館長だった宗教学者ですが、悪性黒色腫（ほくろの癌化）になられて、一九六〇年代当時、日本の医学を信用せず、米国に通って、とにかく十年間生きられました。その時、癌という診断を受けてから、生命飢餓感が、消しがたく存在しつづけたと書いておられます。人間は誰でもいつ死ぬかわかりませんが、しかし、わからないから生命飢餓感が無いのであって、癌の場合には生命飢餓感としかいいようのないものがあると。おそらく死刑囚というものにもこういうものがあるのでしょうけれども、それは生命の永続感が無くなった時に感じるものです。これは欠如体としての身体といいうるでしょう。告知の心理学はこれからの問題でしょう。亡くなられた神戸大学の麻酔学の岩井教授が「科学を信じてます」と平然と言う人ほど手術の前に全身麻酔についての話し合いを充分やらないとリスクが高くなる、と言っておられたのを覚えております。

さらに進んで、「死の予兆としての身体」というのがあると思います。これはある時から感じ出す「老いゆく身体」というものです。昨日できたこと、あるいは去年できたことが今年できないということ、あるいはそれの身体への現れで、自由度が減少する身体といえるでしょう。フランスの哲学者ジャン＝ポール・サルトルは晩年非常に身体が不自由になって「老いとは他者である」と言っています。自分が自由にできない身体はもはや自分にとっては他者なのですね。おそらく枯れた枝を抱えている樹も枯枝は他者であるというでしょう。

これで（28）まで来たのですけれども、（29）番目としてはやはり「暴力と身体」を無視できないと思います。暴力は身体なしにはふるえない。暴力は身体にとってどういう働きをしているかということです。最近読んだＤＶについての論考ですが、暴力をふるうことによってバラバラになりかけている何かがその瞬間だけは統一されるのだと。それは意識的なあるいは知的なレベルでなく、もっと低いレベルであるが、統一感があるというのです。ひょっとしたら社会というものでもそうかもしれない。二〇〇一年九月十一日以後、米国社会にはこのレベルの統一感が生まれたようにみえます。一つの集団が暴力に対して暴力をもって反応する時には集団としてのまとまりが生まれる、そういう暗い必然性によって大国も動かされているのかもしれないと思わないでもないですね。

こういうふうにずっと眺めてきますと、まだまだ何かいっぱい出てきそうであります。身体というものを三つか四つのものにまとめるというのは、物事を簡単にするためであって、やはり身体はいろんな光を当ててみたら別のように見えてくる。実際今述べただけでも目がまわりそうですが、そのほとんどすべては、われわれがごく普通に経験していることです。

宇宙物理学とちがって映像で示せませんが、誰もが身体を体験してこられたのですからいわんとするところはご理解いただけたかと存じます。むしろまだまだあるぞと言われそうです。

『第二回つどいin六甲』(二〇〇一年十一月二十三日、神戸)

# 十六

## からだの極性——分極の意味するもの

三木成夫

『生命形態学序説—根源形象とメタモルフォーゼ』うぶすな書院、一九九二年、七六—八四頁、八五—八七頁

われわれは、以上の考察によって、動物の生の営みに「栄養・生殖」の植物過程と「感覚・運動」の動物過程を識別した。前者は生の根原の営みであり、後者は、前者を推進させる動物独自の営みであるが、動物の個体体制を見ると、そこには前者の過程をつかさどる植物器官が〝はらわた〟として、後者にたずさわる動物器官、いわゆる〝五体〟の袋に収められ、それによって保護されながら持ち運ばれる。ここから、前者は「内臓系」後者は「体壁系」と呼ばれ、互いに対照的な器官系として区別される。

この二つの器官系は、さらに、両者の過程に見られる「入・出」の双極的な営みを実現させるために、それぞれの前端と後端を、前者の内臓系は「口・肛」の、また後者の体壁系は「頭・尾」のそれぞれ双極に分つ。ここでは、こうした動物の生に現われる機能的及び形態的な「双極性」の持つ意味について考察を試み、ここから、われわれ人間の生を彩る、さま

ざまな対照性を振り返って見る。

## 〔A〕 極性について――因果との関係

はじめに、極性とはなにか、という問題を取り上げる。われわれは日頃この言葉をほとんど無意識のうちに用いているが、じつはそこには、人間の思考形態の、ある重要な側面がかくされているのでなければならない。すでに第一回のリズムの考察で述べたが、本来、双極的に向かい合うものとは、すべてのリズム波に現われる〝山と谷〟あるいは〝上り下り〟の形態に象徴されるように、それは「量的」に消去し合うものではなく、あくまでも「質的」に対峙するものをいう。いいかえれば「+3」と「-3」の関係ではなくして「喜び」と「悲しみ」の間に見られる関係であろう。したがってこの両者は、あたかも動物の雄と雌が「二者一組」として存在するように、互いに切離すことの出来ない、密接不可分の聯関を持つものということが出来る。一方が他方のいわば附属物として、両者の間に主従あるいは優劣の格差が存在するものであってはならない。

われわれは前回、植物と動物が、この地球の生態系の中で、互いにこうした双極の関係を示すことについて考察を試みたが、動物の生に現われる植物過程と動物過程もまた、このような極性的聯関を示すものであろう。われわれはこれまでに「感覚・運動」の動物過程は、合成能力を持たない動物たちが、自らのからだを養うため、窮余の一策として身につけたものと述べてきたが、ここであらためて考えてみると、この感覚・運動を営なむ動物器官は、じつは栄養のほとんどを消費するので、食の相では、主たる植物器官が、逆に従たる動物器官のために働き続けるという結果になる。[17] いってみれば〝食うために働く〟のか、それとも〝働くために食う〟のか決定が困難である。すなわち、動物の生におけるこの二つの過程は、さきに述べた主従の間柄いいかえれば「目的」と「手段」の因果関係では律し去ることの出来ぬものであることがうかがわれる。それは互いに相手なくしては存在しえない、まさに双極的に向かい合ったもの、ということが出来るであろう。[18] こうしてからだの中の植物と動物もまた、自然のそれと同じく極性聯関を示すことになる。

いま、動物のからだを外から眺めたとき、そこには植物器官と動物器官を象徴する、双極的な構造を見ることが出来る。まず、からだの前端には植物器官の門構えとして「口」が、そして動物器官の入口を代表するものとして「眼」がそれぞれ開口する。われわれは、これを「栄養門」および「感覚門」と呼ぶ。一方、からだの後端には、植物器官と動物器官のそれぞれ出口を構成するものとして、「陰部」と「尻尾」を同様に見ることが出来る。これらに対し途中の胴部では、植物器官は内臓系となって、動物器官の体壁系に完全に包み込まれ、外からこれを見ることは出来ないが、しかし、はじめに述べたように、この両器官の「腹―背」の分極によって、腹側の筋肉が、呼吸・排便・排尿といった植物過程に、また背側の筋肉が個体運動という動物過程にいずれも密接に関与するところから、われわれは腹背の両側面を、それぞれ植物性と動物性を象徴する双極の形態として眺める。動物のからだにおいては、文字通り〝背に腹は替えられない〟のである（次頁の図〔本書三五〇頁図15〕を参照）。

ついで、からだの内部に眼を移すと、そこでは植物・動物両過程のそれぞれの要に位して、それらの推進をつかさどる、食の相では「血管系」と「神経系」の、また性の相では「性管系」と同じく「神経系」の互いに対照的な二組の形態が見られる。「心臓」と「脳」は前者の、また「子宮」と「脳」は後者の、それぞれの中心部および中枢部に生れた、共に双壁の器官であることがうかがわれる。この二対の器官に象徴される〝こころ〟と〝あたま〟の世界は、食と性における植物的・動物的両側面を表現したもので、共に不可分の双極を形成するものと見なければならない[20]。

「遠」の声に促されて、食と性に目醒め、それを求める前者の機能は、「近」のいちいちに反応して、その推進運動の梶をとる後者の援助がなければ、実現不可能であるが、またその一方において、後者の持つ感覚性は、前者の観得性能による後見がなければ、それは闇雲の行為に終わるよりないであろう。この問題に関しては、前回の「植物と動物」の比較のところで、すでに述べた通りである。

人間のからだに現われる、こうした植物形態と動物形態の示す双極性については、いずれ次回以降の各器官の項目で、さらに詳しく考察することとして[21]、ここでは、さらにこれらの過程に見られる「入・出」という、もうひとつの極性について考えて見なければならない。

【図14】 バリ島の曙 原住民たちは、毎朝日の出前に一族揃って浅瀬に下半身をひたし会話をしながら用を足す。今日では、ひとつの行事というよりも習慣と化した、日常の営みであるが、おそらく太古の昔からえんえんと受け継がれてきたであろうこの行ないも、その淵源を遡れば、そこには、かれらの排泄に対する大らかな心情の発露があったに相違ない。実験者の話によれば、腸の内と外がとけあった、文字通り「海」の昔――デボン紀の祖先に回帰したような、ひとつの感動を覚えたという。（塚本庸夫氏撮影）

それは、植物過程の、性の相はいわずもがな、食の相に見られる栄養物の吸収と老廃物の排出という、対照的な流れの中に、その典型が求められるであろう。

一般に、この二つの流れは、途中の〝たまり〟がもたらせた、時間的な「先・後」のズレによって、いつの間にか、前者の栄養摂取が、後者の老廃物排泄に〝優先する〟という、いわば価値的な規準で受けとめられることになっている。もちろんそこには、食物と排泄物に対する、常識的な判断が、その根底に横たわっていることはいうまでもない。いましかし、これらの流れを、かりに細胞原形質の次元で眺めるとき、明らかにこうした格差は消失するであろう。そこでは「入・出」が同時進行の双極的な過程となり、この両者は、生命の保持にともに欠かすことの出来ない等価の営みということになる。[22]

この関係はまた、動物過程に見られる感覚の受容と、運動の排出という二つの流れについても言えるであろう。そこでは感覚が運動の原因でも、運動が感覚の原因でもない。この両者は感覚あるところに運動あり、また運動あるところに感覚あり、という双極の関係を示すものである[23]。

そしてこの関係は、さらに、生の波を構成する「食と性」の二つの位相についても見ることが出来るであろう。いわゆる〝卵が先か、鶏が先か〟という問題は、さきの〝食うために働くのか、働くために食うのか〟さらには雌雄の優劣といった問題とともに、こうした極性聯関の本質をひとびとの心に問いかける、それはつねに古くて新しいひとつの命題と考えられる。いわゆる〝ために〟する思考、いいかえれば因果的な思考形態に対するひとつの揶揄ということになろうか[24]。

## 〔B〕 体制の分極――その推移について

以上の考察によって、極性とは「生命の形態」を彩るひとつの根原的な特色であることが明らかとなった。われわれはこの関係を、生過程のさまざまな側面について検討したのであるが、ここではその中から、ふたたび植物性と動物性の問題を取り出し、脊椎動物の進化の中で、あらためて両者の分極の推移について振り返って見よう。

下の図は、この動物の祖先といわれる原索動物のホヤの幼生と、一般の脊椎動物の幼生を、側面から比較したものである[7]。前者では太くて短い植物軸の背側に、細くて長い動物軸が重

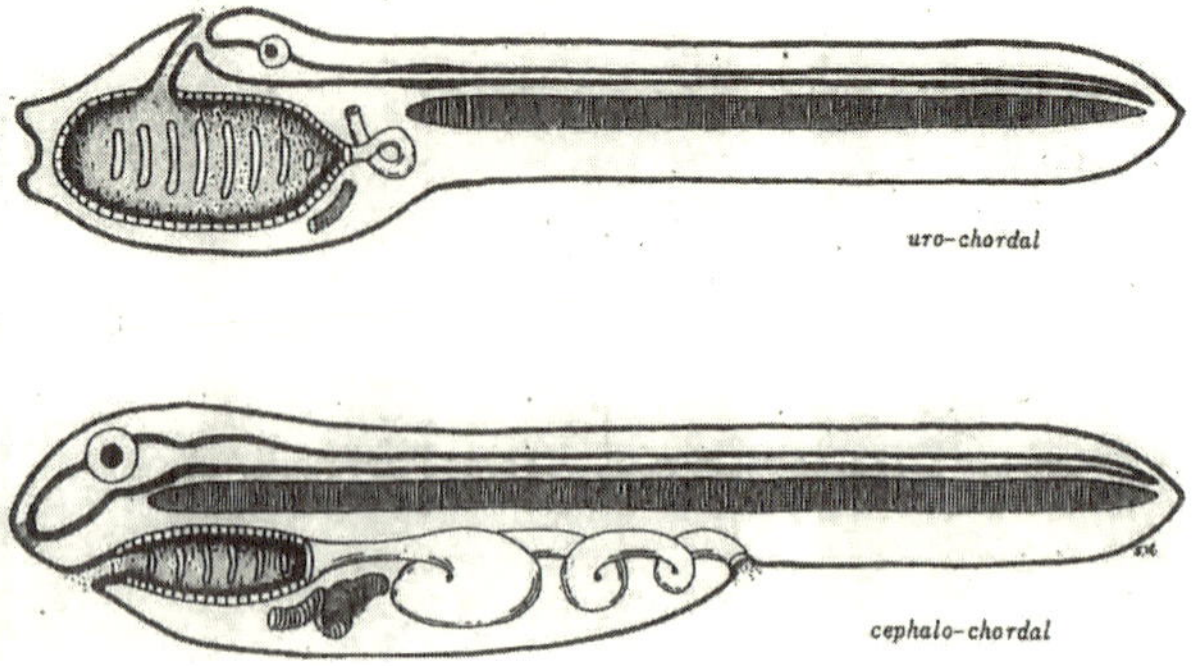


【図 15】 脊索の頭進　A はホヤの幼生の脊索 chorda dorsalis が、植物器官の排出極から生えている模様を示したもの。uro は尿に由来し、こうした動物を uro-chordata と呼ぶ。B は脊椎動物のオタマジャクシの形態をシェーマに表わしたもの。軟骨魚類では成体の姿がこれにあたるが、ヒトでは胎児の初期にこのかたちを経過する。脊索が頭 cephale の方に伸びる。(Romer)

なるのであるが、その植物軸では巨大な鰓腸を形成する口側が、短小の腸管によって、わずかに判別される肛側を、勢力的に明らかに凌駕するのに対し、その動物軸では、神経管のわずかにふくらむ頭側を、脊索と筋節が強大な尻尾をつくる尾側が、逆に凌駕する。その結果、この原始脊椎動物の幼生においては、えらに尻尾の生えた、それは単細胞生物の鞭毛相、あるいは精子の形を偲ばせるひとつの体形が見られることになり、そこでは植物軸と動物軸が「腹背」というよりも「前後」の方向に、むしろ〝直列的〟に並ぶことになる。

これに対し、後者の脊椎動物においては、腸管の増殖によって植物軸は後方に伸び、その排出極にあたる「肛側」の勢力を増大させる一方、後方に見られた脊索は、筋節を伴って大きく前進し、そこに形成された三つの脳のふくらみとともに、動物軸の「頭側」を完全に造り上げる。こうして脊椎動物の個体体制は、口と肛門に分極した植物軸と、頭と尻尾に分極した動物軸が、互いに「腹背」の方向に〝並列的〟に並ぶという、基本的なかたちに落ち着くということになる。

いま、ここで脊椎動物の進化の流れを振り返って見ると、この二つの軸が前後方向に均等に分極する、上述のかたちがしだいに崩れ去ってゆくひとつの過程を見ることが出来るであろう。それは分極の〝重心〟が両軸に沿って、それぞれ著しい移動を起す現象である。この双極性の変容に関しては、それぞれの項目で述べるとして、ここでは、全体に起る大きな流れを取り上げてみよう。

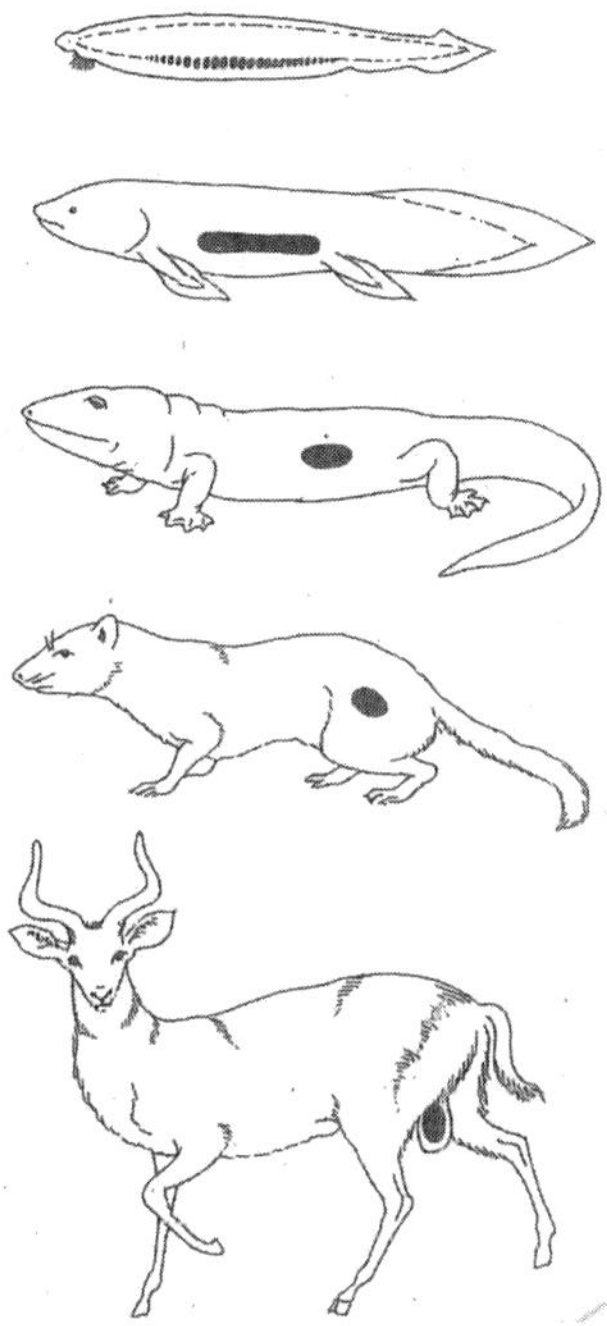

【図 16】 精巣の下降　哺乳動物の雄では発情期の間に限って、それが胴体の最後端に露出する(Portmann)。

まず、植物器官における著明な変化は性の相の排出極を構成する雄性腺に発生する。右図[25][図16]のように「性腺」は、雌雄共に、胴体の全長に伸びた細長い形からしだいに「肛側」に向かって凝縮しながら下降を続け、やがて哺乳動物の雄ではその精巣が体腔の内部から体壁の筋肉を貫いて、胴の下端に皮膚を被ったその顔をのぞかせようとする。そして、人類ではこれが常時懸垂の状態となる。

これに対し動物器官では、その要の位置を占める神経管の、さらにその最高中枢が、ここでは逆に「頭側」に向かってしだいに上昇を始め、魚類から爬虫類そして哺乳類に進むにつれ、その中枢は、三つの脳のふくらみに沿って順次頭進し、最後の哺乳類では、その最前端の嗅脳のふくらみにこれが落ち着く。そして人類では、その極端に発達した前頭葉が、意志的な思考の座として、感覚器の突端をなす鼻の先を通り越して、そこに著明な〝おでこ〟の隆起を造り上げる。それは上述の、性の植物器官に起った〝たま〟の極端な下降とまさに双極の形態をなすものと見られているが[26]、この対照的な極の移動は人間の〝男性〟を象徴するもので〝女性〟ではこうはならない。そしてさらに、こうした性の相に見られる動植物両器官の極端な分極現象は、食の相ではおよそ見ることの出来ないものである。そこでは、植物器官の中心を占める「心臓」が、脊椎動物の歴史のすべてを通して、その器官系の全体を支える本来の位置を変えることなく、文字通りからだの〝中心〟に位して、そこを動かないのであるから……。

【図 17】 光背の三種　左は如意輪観音像（12 世紀）中央は普賢菩薩像（12 世紀）右は楊柳観音図（15 世紀）。光背の中心が、内臓と頭蓋の二箇所に分裂して存在する模様を示す（国立博物館およびボストン美術館）。

そこでいま、こうした両器官に現われる全体の推移を、あらためて歴史的に辿って見ると、そこには植物器官に対する動物器官の大きな重心移動が見られるであろう。すなわちはじめ、動物器官がその強力な「尻尾」の力で、植物器官を〝後押し〟していたものが、しだいにその勢力を前方に進め、ついにその最尖端に出来た「脳」が、尻尾の退化とともに、逆に、植物器官を先に立って〝引っ張る〟ようになった逆転の歴史を、そこに見ることが出来るからである。それは、脊椎動物が古生代から中生代を経て、新生代にいたる何億年の歳月の間に、かれらが生活の場を水中から陸上に移し、その困難な環境の中で餌を求め、しだいに行動半径を拡げていった一連の経過を端的に象徴するものと見られる。生活環境の厳しさは、かれらに食と性を遂行する動物機能の、より目ざましい発達を促さずにはおかなかったのであろう。

さて、ここで植物器官と動物器官に関するこれまでの考察を、いま一度振り返って見ると、まず前者は、その細胞原形質に宿された生命記憶の、いわば〝声なき声〟に促され、食と性に関する時節の到来と目標の方向を地球的な規模のもとで察知しながら、その営みにたずさわる器官系であるのに対し、後者は、こうした時空的な「遠の観得」を、その「近の感覚」の杖に縋りながら、具体的な推進運動として、これを実現してゆく器官系を指すことになる。したがってこの両者は、これまでにいく度も指摘したように、互いに依存し合った「二者一組」の双極的な存在でなければならない。人間の日常生活においても、この両器官系の機能的な聯関は、すべての行動の、目に見えぬ支えとなっているのであるから。

しかし、ここで、この両器官形成の跡を振り返って見ると、そこでは、上に述べたように、この二つの勢力の均衡点が互いに移動する、大きな流れに出くわすであろう。人類の歴史において、生の中心が「心臓」から、しだいに「脳」に移行してゆく、といわれるのは、そのひとつの現われと見られるが、それは〝あたま〟が〝こころ〟の声に聞き入る「生中心の思考」が、〝あたま〟が〝こころ〟の声を聞き失う「ロゴス中心の思考」に、しだいに覆われてゆく、思考変革の歴史的な傾向を意味するものと考えられる[27]。そこには、しかし、動植物両器官の持つ本来の双極的な関係が、支配と被支配の主従的な関係に変貌をとげる、ひとつの危険性が秘められていることを忘れてはならないであろう。

物質文明の過剰な発展と、すでに第一回に述べた、生のリズムの急速な衰微の模様は、同じ現象の両面として起った、その萠芽とも見られるものであろうが、こうした歴史の流れも、それは以上のような脊椎動物の進化の過程の、ひとつの延長線上に見ることの出来るものではなかろうか。

この問題は、今日の人類の直面する共通の、しかしまことに困難な課題と思われるが、われわれは、ここでは、こうした生物進化の流れの中からまず、動物の体制に込められた、その生の本来の姿――食と性の各位相における内臓系と体壁系の双極的な関係――を直視し、そこからあらためて人間の持つ独自の生命形態に眼を向けるのでなければならない。

【註および文献】〔原注〕

(17) 動物器官と双極をなす植物器官は、本来は「栄養器官」でなければならない。生殖の営みは植物のそれからもうかがわれるように、もともと個体運動の助けをかりる必要はない。ただ、動物では栄養器官と聯関して生れたこの感覚と運動の器官が、性の相においてはほとんど一方的に、これに対して〝奉仕する〟というかたちをとるのであるが、しかしじつは、その一方において、この動物器官は〝食の栄養〟に対して〝性の栄養〟ともいえるものによって、目に見えぬ恩恵を蒙っているという。それは、動物器官の衰えが急速に進行する、いわゆる、人間の中年以降の男性に著明な現象として見られるというのである。(楢崎皐月「相似象」第1号　相似象学会誌　1970)

(18) クラーゲスは双極聯関のひとつの典型として「肉体」と「心情」を挙げる。それは「笑顔」と「喜び」の関係であり、言葉の「音声」とその「意味」との関係でもある。これをもっと拡げると森羅万象のもろもろの「かたち」と、その「こころ」との関係にもなってくる。路傍の石ころひとつをとっても、あるいは軒の雨だれのひと滴をとっても、その〝すがた・かたち〟を見るかぎり、それらはことごとく、それぞれの表情でもって、われわれに語りかけてくる。そこには生きものに見られるようなひとつの〝こころ〟が満ち溢れているのでなければならない。芸術とは、その語りかけに対する「回答」をいう。そして言葉はこの呼びかけに対する「呼応」のもっとも生々しい〝記念碑〟であるという。

（クラーゲス・千谷七郎訳「表現学の基礎理論」頸草書房　1964）

(19) 図13への付注（図13の写真は収録しなかったため以下略。引用者）

(20) 食の相では〝こころ〟と〝あたま〟の機能が対照的に向き合うが、性の相では〝子宮〟で感じることと、〝あたま〟で考えることが双極をなす。註（5）で指摘したように、性の相では、雌雄が、文字通り「一心同体」であるとすれば、この新しい個体にも、やはり植物器官と動物器官が識別されなければならない。この時、前者の中心には「雌の性管」の子宮を、また後者の中枢には、「雄の神経管」の脳をそれぞれ据えるのが、ここでは自然の理と考えられる。

(21) 植物器官と動物器官の色分けは、個体の構造を考える時だけに行なわれるものではない。それは、われわれ人間を含む動物の世界のどんな現象の中にも、それぞれのかたちで見られるのでなければならない。たとえば蜜蜂や蟻が、共同生活体を構成するとき、機能の分担が、そのまま、かれらの巣の構造に反映するように、人間の家屋の設計には、食と性の植物機能に関する部分と、頭脳や肉体の動物機能を満足させる部分の両者が有機的に配分されるが、この色分けはやがて家屋構造から都市の構造にも及ぶ。「下町と山手」の分化は、しかし国家の構造にもそれどころか、人類の歴史の形態にまで適用することが出来るのでなければならない。

(22) 西洋医学では栄養補給を保健の最大の眼目とするが、東洋医学では、これと平行して、老廃物の排泄を重要視する。傷寒論に見られる「汗・吐・下（利・痢）」の法は、この端的な現われであろう。たとえば、食中毒を起したとき、冷汗をかき、嘔吐が続き、やがて激しい下痢に見舞われるのは、有害物質を緊急に排除しようとする、それは肉体の智慧であるという。こうした肉体のもつ天性の防禦機構を支えるところに、この世界のひとつの意義が見出せるのであるという。

（伊沢凡人「漢方への懐疑」東京生薬協会会報　107–113　1971）

（平山廉三　伊沢凡人先生の「漢方への懐疑」に啓発されて　東京生薬協会会報　138～140　1973）

（23）動くものが止って見えるのは、限球の運動が、それに伴った時に限られる。筋肉の目覚めがすべての感覚機能の根底をなすこと、いいかえれば感覚生理と筋肉生理が表裏一体の関係をなすことについて、一般の生理学は無関心である。

（24）目的に対する手段も、原因に対する結果も、ともに「……のために」と表現する。したがって目的を「未来因」、原因を「過去因」と呼び、ここから目的論と結果論を「原因探究」の理論に一括する。

（25）Portmann, A., Einführung in die vergleichende Morphologie der Wirbeltiere. Schwabe, Basel, 1959.

（26）Müller, A., Das Problem der Ganzheit in der Biologie. Alber, Freiburg, 1967.

（27）クラーゲス・千谷七郎編・訳「生命と精神」勁草書房　1968

# 第Ⅳ部　身体の多層性　解説

二十世紀の後半、身体は様々な角度から注目を浴びた。むろんそれ以前にも身体についての議論はあったのだが、「身体論」としてある程度まとまった形で姿を現したのは、二つの世界大戦が終わった後のことである。

舞踊の領域でも、哲学の領域でも、健康法の領域でも、身体の視点から問い直す試みが起こった。一度立ち止まり、あらためて自らの拠って立つ土台を確認し直そうとする。しかし同じひとつの思想的源泉から流れ出たわけではなかった。同時多発的に、異なる領域で異なる議論が、突発的に噴出するような仕方で、姿を見せた。そしてどれも皆、手探り状態に近かった。身体に立ち戻り、身体を手掛かりとして、これまでの思考法を点検し直そうと、実験的な模索を続けていた。正確には、それは過去形ではなく、現在も進行中の試行錯誤であるのだろう。

その意味では「身体論」は「現代」の議論であって、「近代」日本の思想研究としては坐りが悪い。しかしこうした議論から振り返って見た時、「近代」日本は、身体のいかなる位相に焦点を当てていたのか。あるいは、時代の主流から離れたところで、先駆的な試みがなかったか。そうした問いに展開してゆくことを期待して、いくつか異なる領域を見ることにした。

## 1　第十三章　西田幾多郎「歴史的身体」

西田幾多郎は近代日本を代表する哲学者。西田を中心とした思想的拡がりは「京都学派」と呼ばれ、その後の日本の思想に大きな影響を与え、また海外からも注目され続けている。

西田の文章は難解で知られる。西洋哲学との対話を通して哲学的に考察する文体そのものを、西田は模索しながら工夫していたという。その意味で、特異な文体は興味深い遺産であるのだが、しかし簡単には読み解けない。そこで講演の記録を収録した。信濃哲学会で行われた講演「歴史的身体」(一九三七年)。六十七歳の西田は、その前年に発表した重要な論文「論理と生命」などを、簡潔に解き明かそうと試みている。

西田によれば、『善の研究』で考えた地平を学問的に深めるためには、「従来の論理」ではうまくゆかない。「一つの新しい論理がなくてはならない」。東洋思想が手掛かりとなるが、「東洋思想を論理的に基礎づけることは非常にむずかしく、なかなかできない」。「弁証法的一般者」、「場所の論理」などは、すべてそうしたことを基礎づけるための論理であった。この講演では、それらの論理を日常の体験に戻して考えている。「論理的な世界を日常的体験的な立場から考えるとこうなる」というのである。

西田は、これまでの哲学では「身体というものの問題」が十分考えられてこなかったという。

私たちは「世界の中に身体として生きている」。思考に先立ち、あらかじめ身体として、世界の中に存在している。その事実を出発点として考えるために、西田は「日常の経験」を問い直す。

西田によれば「日常の経験」は「我々が働く世界」である。単なる動作ではない。「働くとは物を作ること」である。しかし「物を作る」ためには身体が要る。そして「物を作る」中で、初めて身体が理解される。

道具を用いて物を作る中で、徐々に身体が分かってくる。自分の身体を理解した後に動くのではない。それ以前に既に物を作っている。本能的に作っている。それを通して初めて自分の身体を知る。「自分の体の中から自分の体が分かるのではなくして、外から自分の体が段々わかってくる」。「世界に対して持つ機能」ということから、自分の身体のことが分かってくる。

西田は「制作的」ともいう。「働いた」結果として何かを作り出す。「客観的なもの」を残す。そして「客観的なもの」は、制作者から独立して「歴史的事物」となり、逆に、制作者に影響を与えるようになる。作られたものが、作るものを、作る。制作者は、自らが作ったものによって、新しく作られる。西田は「作られたものが作るものを作ってゆく世界」という。

そして西田は身体に焦点を当てる。「身体なくして自己はない」。しかしそれは、自己と身体を同一とするのではない。「自己があるから身体があり、逆に、身体があるから自己がある」。例えば、私たちは自分の身体を道具として使うことができる。自分の身体を利用して物を作る。しかし身体は単なる道具ではない。むしろ一面においては私たちの土台である。身体が壊れると動くことができない。「物を作る」ことができるのは身体のおかげである。「身体というものは、我々の行動の道具となるのみならず、また足場となる」（論文「行為的直観」）。

身体は、私たち（自己）に利用される道具でありつつ、他方では、私たち（自己）を支える土台（地盤・足場）でもある。私たちは身体によって世界の中に存在する。西田は「世界の一つのエレメント」という。「我々は体を持っていることから、歴史的世界の一つのエレメントとして我々が物を作ってゆくことができるのである」。この「歴史的世界」は、（西田の用語法では）自分自身で動く。世界は一つの方向に創造的に自分自身で動いてゆく。私たちは「体を持ってぃる」からこそ、そうした世界の創造作用の一つの要素（エレメント）となり得る。身体が無かったら、私たちは歴史的世界に参加することができない。そして世界の創造作用に参加していない場合、「主観的になるか、意識的になるか、抽象的になるか、物質的になるかする」。

私たちは世界の中に身体として生きている。身体なくして自己はない。しかし自己と身体が同一というわけではない。私たちは自分の身体を道具として使うことができると同時に、身体なくしては世界の中に存在することができない。

## 現象学と西田哲学

こうした西田の身体論については、メルロ＝ポンティの身体論との関連が指摘されている（野家啓一「歴史の中の身体―西田哲学と現象学」上田閑照編『西田哲学―没後50年記念論文集』創文社、一九九四)。野家は、西田哲学を現象学運動、「とりわけ「身体の現象学」の文脈の中で」読み、両者の同時代性に注目する。どちらも一九三〇年代。西田が身体の議論を始めた時期は、フッサールの最晩年と重なっていた。西田の「歴史的実在の世界」は後期フッサールの「生活世界」と重なり、「行為的直観」は生活世界に内蔵された「身体=主観」と重なる。他方、メルロ=ポンティ『知覚の現象学』(一九四五年)には約十年先立っていたから、歴史的な順序から言えば、メルロ=ポンティの議論の方が、西田に似ていることになる。

西田はこう語った。「意識あって身体あるのでなく、身体あって意識があるのである。……意識というのは、我々の身体を越えたもの、或は離れたものと考えられるかも知らぬが、意識は何処までも我々の身体的自己の自己肯定でなければならない」(『西田幾多郎全集』第八巻「論理と生命」、六二一—六二三頁)。

メルロ=ポンティの言葉で言えば、身体を脱した透明な主観など存在しない。「透明な主観」は思考によって考え出された産物に過ぎない。自己自身への透明さは存在しない。意識が、意識自身に対して透明に現れることはない。必ず身体として現れる。

プラトンは〈魂と肉体〉を区別し、デカルトは〈コギトを身体から〉区別し、カントは〈統覚を経験世界から〉区別したのに対して、西田もメルロ=ポンティも、その区別を立てない。むしろ「世界の中に身体として生きている」という事実から出発する。二人とも、宙に浮いた抽象的理性を(身体から区別されたコギトを)、身体として生きる経験世界(歴史的世界)の中へ、根付かせようとした。

しかし、西田自身、デカルトに近い「身体なき理性」を考えていた時期もある。西田はデカルトを批判して「彼の自己は身体なき抽象的自己であった」（『西田幾多郎全集』第十一巻、一七〇頁）というのだが、それはそのまま、ある時期の自らの議論に対する批判であったことになる。

なお、西田とメルロ＝ポンティの類似は、両者の哲学が英訳され、英語で議論される時、より一層明瞭になる。例えば、論文「論理と生命 Logic and Life」の英訳には次のような文章が出てくる（*Place and Dialectic*, translated by J. W. M. Krummel and S. Nagatomo, Oxford Univ. Press, 2012）。

「Our embodiment mediates us to the world. 身体が我々と世界を媒介する（身体によって媒介されることによって、私たちは世界とつながっている）」（p. 131）。メルロ＝ポンティのテクストに登場しても不思議ではない文章である。

あるいは、「this originally implacement of ourselves as embodied beings in the historical world この世界の中に既に身体として存在していているということ」（ibid.）。思考に先立って、既に予め身体として、世界の中に存在している。西田もメルロ＝ポンティもその点を強調した。

## 2 第十四章 湯浅泰雄「東洋医学の身体観の基本的特質」

湯浅泰雄『身体―東洋的身心論の試み』（創文社、一九七七年）は英訳され、日本的（東洋的）

身体論として多くの読者を得た（*The Body: Toward an Eastern Mind-Body Theory*, translated by Thomas P. Kasulis and Shigenori Nagatomo, SUNY Series in Buddhist Studies, 1987)。『身体論──東洋的心身論と現代』（講談社学術文庫、一九九〇年）はその英訳版をもとに、英訳者P・カスリスの解説や注も収めたものである。

その第一章「近代日本哲学の身体論」は和辻哲郎と西田幾多郎の身体観を論じ、第二章「修行と身体」は修行という観点から芸道論・道元・空海の身体論を論じ、第三章「東洋的心身論の現代的意義」はベルグソンやメルロ＝ポンティの身体論を取り上げ、また心身医学や心理療法との関連を説き、「東洋的形而上学への通路」としての身心論を検討する。

例えば、西田の身体論は「日常的経験の次元」と「場所的経験の次元」を区別したが、「いかにして日常的経験の次元から場所的経験の次元へ移行することができるかという問題」を論じていない。湯浅はその問題を「修行」において検討する。つまり、修行の視点から身体を読み解こうとしたことになる。

その関心の下に、湯浅は、心身医学や大脳生理学などと対話を重ねたが、その中心には「気」への関心があった。収録した文章は、『気・修行・身体』（平河出版社、一九八六）のために書き下ろされた総論「気と身体──武術・瞑想法・東洋医学」のうち、東洋医学の身体観を解き明かした部分である。

この論文集は、武術との交流を出発点とする。武術の訓練は、身体能力の訓練であるとともに、心の訓練であり、瞑想法とも深い関連がある。そこで気の概念を中心にして、武術・瞑想法・東洋医学の関係を考察する。それによって「西洋の二元論的伝統とは違った東洋の人間観」について解明するというのである。

東洋医学において中心をなすのは「気」と「経絡《けいらく》」である。「気」は、「経絡に流れている生体特有のエネルギー」であり、具体的には、「十二経絡における気の循環システム」をなす。この十二経絡に沿って「経穴（ツボ）」が分布している。「それらは気エネルギーの集中する点で、気の流れが凝滞すると具合がわるくなるので、ツボへの刺針によって気の流れを円滑にするのが治療法の基本である」。

東洋医学では、内臓の生理的機能はすべて、「体表面における経絡」の機能と密接に関連している。そこで皮膚が重要な意味を持つ。湯浅は「体表医学」と呼び、東洋医学における臨床は「体表（皮膚）」への施術を基本とするという。皮膚は、心理作用と生理作用が、気の流れを介して、物質世界と接する独特な交流の「場」である。

湯浅は、気の流れが、心理作用でもあり生理作用でもあるという点に注目する。一方で、気の流れは、瞑想の訓練によって活性化するから、心理的性質を持つ。他方で、気の流れは、鍼灸の治療によって活性化するから、生理的機能を持つ。こうした身体機能の捉え方は、西洋近代医学の身体観とは大きく異なる。近代的な物心二分法とは原理的に異なっているというのである

なお、この文章は、その後、「経絡における気と情動の関係」を説く。東洋医学の病因論では、

「情動」の問題が極めて重視される。その点から見ると、気は、「情動と深い関係のある無意識下の潜在的エネルギー」と理解される。

そして、東洋医学研究の成果として、「経絡敏感人」の症例を検討する。雷に打たれて神経に異常を生じた患者が、刺針に対して敏感な感受性を示した。その患者は、針をツボに刺した時、その「ひびき（針を刺したときに何かが放散するように感じられる特殊な異常感覚）」が皮膚に沿って流れていく方向を感じることができたというのである。そしてその方向が、従来伝えられてきた経絡の走路と一致することが明らかとなった。

湯浅によれば、体質的にこのような感覚を持つ人は、それほど特殊ではない（中国では「経絡敏感人」と呼ぶ）。とすれば、何らかの「回路」が皮膚のすぐ内側にそって全身に分布していると考えざるを得ない。「「からだ」の自己把持的感覚としてのキネステーゼ回路の底に、解剖学的には認知困難な見えない潜在的回路が、すなわち経絡系が存在することを示唆しているようである」。

今日の研究は、皮膚電流の測定を試み、皮膚に「電流の通じやすい走行路」を検出している。あるいは、神経による連絡路がないにもかかわらず、電気刺激による反応が生じる（ある程度強い刺激の電流を流すと、神経を通じて反応が生じたのに対して、刺激を弱くすると、神経を通じた反応は示さないが、何らかの反応が、経絡回路に沿って生じるという測定結果である）。

経絡は、解剖学的には確認できない。にもかかわらず、その生理的機能は、電気生理学的測定によって検出される。実体は確認できないが、作用としては（皮膚の電流における電位変化は）明らかに確認される。

心理的に見ると、「ふつうの状態では、意識が感知することのできない無意識化の潜在的回路」である。そこで湯浅はこの経絡システムを「無意識的準身体 unconscious quasi-body」と呼ぶ。無意識下の情動的エネルギーが流れる通路であると共に、生理的機能を活性化し、身体と外界を連絡している準身体的なシステムである。

それは、心と身体、精神と物質の双方に密接に関係し、その双方に作用を及ぼす中間的システムである。デカルトの物心二分法では説明できない。何らか、物と心を結びつける媒介となるシステムと考えられるというのである。

## 気の思想

こうした「気の身体」の源流を古代中国思想に求める思想的研究は膨大である。例えば、医学との関連で、『黄帝内経（素問・霊枢）』、『傷寒論』、『抱朴子』の研究があり、養生思想の総合的な研究もある（坂出祥伸編『中国古代養生思想の総合的研究』平河出版社、一九八八）。

ここでは、湯浅の研究から影響を受けつつ、道教と伝統医学を通して「流れる身体」を論じた石田秀実を見る。「流体としての身体」ともいう。石田は、皮膚を「気の境界場」として示し、「流体のネットワーク」を語り、そうした流れの創造として「身体錬金術」について詳しく語った（例えば、石田秀実『からだのなかのタオ――道教の身体技法』一九九七、同『気 流れる身体』一九八七、いずれも平河出版社）。

その身体観の基礎は、気の離合集散のコスモロジーである。気が凝集して「生」となり、それが分散すると「死」となる。「人の生は、気の聚まりなり。聚れば、すなわち生となり、散ずれば、すなわち死となる」（荘子「知北遊篇」）。

気によって体と心がつながるのではなく、「からだ」も「こころ」も、もともと「気の集まり」であった。気の凝集の仕方が違うだけである。そこで「気」の状態が「からだ」と「こころ」の双方に影響を与える。そして、何より、気のめぐりが重要になる。気が塞がり滞ると病気になる。あるいは、「邪気」が人の身体に侵入し病気を起こす。

例えば、『呂氏春秋』の有名な言葉が紹介される。「流れる水が腐らず、回転する戸の枢（くる）が虫に食われることがないのは、動いているからだ。人の形と気も同様である。形体が動かなければ「精（気）」が流れず、精が流れないと気が鬱滞する」。

さらに、そうした世界観を哲学的に掘り下げた石田の著作『気のコスモロジー――内部観測する身体』（岩波書店、二〇〇四）は、「脳の働きとはかかわりなく働く身体」を語る。しかしその語りは慎重である。「身体そのものの知に触れる文化自体は、非ヨーロッパの各地域に見いだされる。ただ地球上のどこもかしこもが西欧社会の作り上げた（民主主義を僭称する）暴力的な近代世界システムに組み込まれてしまった現在、そうした地域における身体の知の伝統は、奇妙に歪んだものになってしまっている」(同書、まえがき)。

そしてその「コスモロジー」を集約するようにこう語る。「伝統的に気という言葉によって指し示されているのは、この自然世界の森羅万象、私達の身体を包んでいるさまざまな事象すべ、、、てのことである。変化流動し続ける自然世界の全体を、東アジアの人々は「一つの気」という言葉で呼んだのだ」(同)。

そうしたコスモロジーにおいては、例えば、認識するとは「身体場が知る」ということである。私が目で見るのでもなく、私が身体で知るのでもない。主語は私ではなく、「身体」である。正確には、私の身体ですらなく、身体という場である。身体場が知る。

あるいは、「気で聴く」とも言い換える。「気の場で身体すべてをゆすぶる振動に身をゆだねる」。あるいは、「虚のままでひたすら物の現われを待つ」。それは、物が現れて身体に感受されることを指すのだが、しかしその際、「私」は介在しない。

「耳で聞く」場合、「私」が聴覚というひとつの感覚機能を働かせる。それに対して、「気で聴く」場合、身体の様々な感覚が働く(共感覚)。「聴く私」は介在しない。身体のあらゆる場で「聴く」という出来事が生じているというのである(同書、第四章)。

## 3　第十五章　中井久夫「身体の多重性」

中井久夫は精神科医。「風景構成法 Landscape Montage Technique」を考案し、統合失調症に関する理論で知られる。阪神・淡路大震災に際して被災者のケアにあたったことを機に、「PTSD（心的外傷後ストレス障害）」の研究も有名である（ジュディス・ハーマン『心的外傷と回復』の翻訳など）。その発想は豊かで、話題は多岐に渡る。

そのひとつに「描画テスト（HTPテスト）」というパーソナリティ検査がある。クライエントに家 House・樹木 Tree・人 Person を描いてもらう。中井はこの三要素を、クライエントが体験している自分の身体と見た。家は「住まうものとしての身体（自分がその中に住んでいる身体）」、樹木は「成長するものとしての身体（成長してゆく自分の身体）」、人は「他者に示すものとしての身体（他者から見られる自分の身体）」。

つまり、「身体」と「心」が一体となり、身体が多様な意味において体験されている。そう思って見れば、身体は、他にも多様な意味において体験されている。例えば、アスリートは、その努力のすべてを身体において発揮する。闘病生活を続ける人は、自分の身体を、意のままにならない存在（自分を苦しめる何ものか）と感じる。

中井は「重層体としての身体」と呼ぶ。そして、さしあたり、二十八の位相を列挙して見せる。

発想の出発点は、フランスの詩人・ヴァレリーによる身体の描写であったという。ヴァレリーは身体を三区分し（即自的身体、対他的身体、科学的身体）、その先にこの三区分には納まりきらない身体を、対象化しえない・想像するしかない・非反省的な生の位相として「錯綜体 l'Implexe」と呼んだ。

市川浩の理解によればそれは「潜在的な身体」である（『精神としての身体』第一章）。実際には現実化されていないが、現実化したものに背後から意味を与える。もしくは、何らかの「異常（幻影肢や身体失認識）」を通して、欠如態において、触れることができる身体である。

中井は、精神科医として、そうした身体が現実的に機能する様々な場面に出会ってきた。例えば、「（9）内外の境界としての身体」は、自分という「内」と世界という「外」を区別する境界としての身体である。ということは、逆に、その境界が崩れてしまう時もある。「雷が非常に近くに落ちたような場合、あるいは統合失調症の発病の時に一瞬起こることがあるようですけれども、身体が未分化な一塊となり、それが外界と融合して、これが世界全体になってしまうことがあります」。

あるいは、「（23）同期する身体」では、脈をとる際に、患者さんの脈に自分の脈が同期する。身体同士が波長を合わせてゆく。「身体は非常な相互作用をして、ついには同期に至るのでしょう」といい、恋人同士が手をつなぐのは、身体同士が馴染むかどうかテストしているのではないかともいう。

なお、一覧表にはなかった「暴力と身体」という二十九番目の項目が、話の中に出てくる。「暴力をふるうことによってばらばらになりかけている何かが、その瞬間だけは統一される」という位相。9・11以降の米国のように、暴力に対して暴力で反応する時、その集団としてのまとまりが生まれるという話と重なってゆく。

## 鷲田清一との対談

ところで、この文章を収録した著作は、この文章に続けて、哲学者・鷲田清一との対談を載せている（「身体の多重性」をめぐる対談」）。身体に関する深い考察を続ける鷲田との対談は、この「一覧表」を自由に読み拡げたものであって、話はますます広がってゆくのだが、興味深いのは、具体的な事例である。

例えば、鷲田は、「自分の皮膚が自分自身に密接する」という話をする。「悔しくてウーンと唇を噛みしめている時は、魂、僕の魂は、今ここ、この両唇の合わさったところにあるんです。腕組みしたり、頭に手をやって悩んでいる時は、その間、つまり接触面に［魂は］あります。…身体の中で魂というのは、いわゆる自己接触を起こす場所で移動しているというふうに彼［ミッシェル・セール］は考えたんですね」（三四六頁）。

魂は身体の中のどこにあるか。ハートか、脳か。そうした問いに対して、「魂というのは人間の皮膚が自分自身に接触するところに生まれている」というのである。

あるいは、子どもたちが狭い箱に入りたがる話もでてくる。無理やり狭い箱に入ると四方から制約される仕方で、自分の身体の輪郭を触覚的に確認する。いわば、「手ごたえがある」という感覚を全身で感じる。それが子どもたちを落ち着かせる。そして、「パック療法」の話をする。濡れた布で患者さんを包み込む療法。「お母さんがギューッと抱きしめたり、前後不覚になった患者さんを濡れた布で包み込んだりするのは、ある意味でバラバラになった身体像、身体の自己像を、むしろ外側から別の感覚的な圧力で、つまり触覚的なもので無理矢理まとめているようなところがあります。それで落ち着かせるというようなところがあるのではないかと思います」(三五〇頁)。

そしてその延長上に、衣服も、締め付けることによって、自分の身体の輪郭を確認するところに意味があるという。したがって、衣服は締め付けないと意味がない。「身体に優しい服は人間にとって意味がないのです」。

なお、そうした話と緩やかに関連する仕方で、「内外の感覚」と「皮膚によって隔てられる感覚」と、人間にとってどちらが「古いのだろうか」という問いも登場する。「自分が皮膚に包まれてこういうものとしてあるという身体全体の基本像」は、かなり遅れて人間に獲得される。では、自分の「内」と「外」という感覚が先にあるのか。それとも、「自分の身体が自分以外のものから隔てられている、皮膚でもって隔てられているという感覚」を通して初めて「内」と「外」の感覚を習得するのか。

ところが、皮膚の内側と外側という区別とは別に、「腹側に自分の内部があって、背筋側が外だというもう一つの内と外がある」。例えば、亀の甲羅のように、外側は固く、内側の腹を守っている。その内は、皮膚の内側とは違い、外から身を守るという時の内である。そこでこの「内側」と「外側」は、固定されずに、閉じたり開いたりする。

なお、この関連で、中井は「診察が上手くいっている時というのは自分の身体の境界というのは感じません。全然感じないです。しかし不安はないですね。自分があるのかないのかあまり問題にならない」という。逆に、「上手くいかん時のほうが自分の輪郭がはっきりしています」。防衛的になるとは限らない。「俺が何かしているんだという主語が非常にはっきりしている時というのは、治療は上手いことといってません。これは欧米のコンテキストにおくと変なことになるのかもしれませんけれども」。

鷲田によれば、「身体が意識に侵入してくるのは、身体が媒質としてうまく働かない時」である。それと重ねて言えば、「医者の身体が、患者との関係において、媒質としてうまく働いていない時、医者は自らの身体の境界を意識する」ということになる。

## 4　第十六章　三木成夫「からだの極性」――進化のなかの人間の身体

人間の身体は進化の中で形成されてきた。骨格も内臓も長い進化の過程で徐々に現在の形になってきた。三木成夫（解剖学・生命学）は、人体を、生命四十億年の進化の産物とみる。とりわけ、脊椎動物五億年の進化プロセスの中で、人体構造を解き明かした。

東京芸術大学で教鞭をとった三木の講義は、壮大なスケールの中で語られる人体構造を視覚的に示した精緻な絵（図）とともに、多くの学生たちを惹きつけた。生前に出版された本は二冊にすぎなかったが（『胎児の世界』中公新書、一九八三、『内臓のはたらきと子どものこころ』築地書館、一九九五）、死後遺稿が出版され、特異な思想家・自然哲学者として注目されるようになった。

例えば、胃や腸がどうしてあのような形でそこにあるのか。三木によれば、もとをただせば（進化を遡ってみれば）、胃や腸は、消化する管の壁が膨らんだものである。口から肛門へと至る筒状の消化器系の管があり、その筒の一部分が栄養を吸収する機能として膨らみ、袋の形になったというのである。三木はそうした人体の構造の来歴を解き明かした。「ヒトのからだ」の個々の部分が、なぜその位置に、その形で存在するようになったのか。

評論家・吉本隆明は、三木を読んで初めて「ヒトのからだ」に関心を持つようになったという。生物の発生学と形態学を組み合わせて「ヒトのからだ」の成り立ちを理解する。一般化して言えば、「事象や現象が、その形、その位置、その容量と機能で、のっぴきならない形でそこにある（あらわれる）のはどんな根拠からかという理由を、発生の初め（原初）にさかのぼってたどると、どうしてもその経路をへる以外になかったことがわかる。そしてそれ以外の経路をたどることができなかった連鎖のひとつひとつは、かならず見つけだすことができるということだ」（吉本隆明「三木成夫『ヒトのからだ』に感動したこと」『吉本隆明全集二八　一九九四―一九九七』晶文社、二〇二二収録、三木成夫『ヒトのからだ―生物史的考察』うぶすな書院、一九九七、一八二頁)。

胃や腸を生命進化の中で理解する。人間となる経路の中でこの形になった。人間とならない経路をたどった他の生物たちの場合は、別の形になる。

そこで、①現存する多様な生物と比較する(比較解剖学)。解剖学的に、他の生物の身体と比較した時、人間の身体には、いかなる特徴があるか。②個体発生の視点が入る。成長した身体構造の形態学だけではない。卵から幼虫になり、蛹になり、脱皮して蝶になる。その発生を見る。しかも多様な動物の個体発生を比較する(比較発生学)。③加えて、化石を研究することによって古生物を研究する(古生物学)。人間とならない経路をたどった他の生物たち(その遠い先祖たち)は、いかなる解剖学的構造をもっていたか。「ヒトの解剖学と古生物学を統一した学問」であり、生きた人体の「生いたち」と「成りたち」を解き明かす「生物学(生命形態学・発生学)」である。

## 「植物器官」と「動物器官」

三木によれば、人間の身体は、「植物器官(消化・生殖)」と「動物器官(感覚・運動)」に区別される。三木は「異なった二種の生物」が共生しているともいう。

植物は、自分の身体の内部で栄養を合成することができ、自足している。それに対して、動物は、自分の内部で栄養を合成することができず、外に食料を求める。そのため感覚器官を発達させ、運動器官を進化させた。人間の身体は、こうした異なる二つの性格の「生物」の共生である。収録した文章は、こうした「植物器官」と「動物器官」の関係について、①歴史的に振り返り、②個々の器官群を観察し、③両者の関係を発生学的に、また解剖学的に調べる。④そして、植物器官の代表として「心臓（こころ）」、動物器官の代表として「脳（あたま）」を確認することになる。

大きく見れば、植物器官は「内臓」に対応し、動物器官は「体壁」をなす。植物器官（「内臓＝腹側」）は、動物器官（「体壁＝背側」）によって取り囲まれ、内側に隠れている。それを視覚的に示すのが、動物を「輪切り」にした図である。ウナギを輪切りにした断面図に見る通り、内側に内臓がまとまり、その外側を筋層が包み、その外側を外皮が包んでいる（図を参照）。

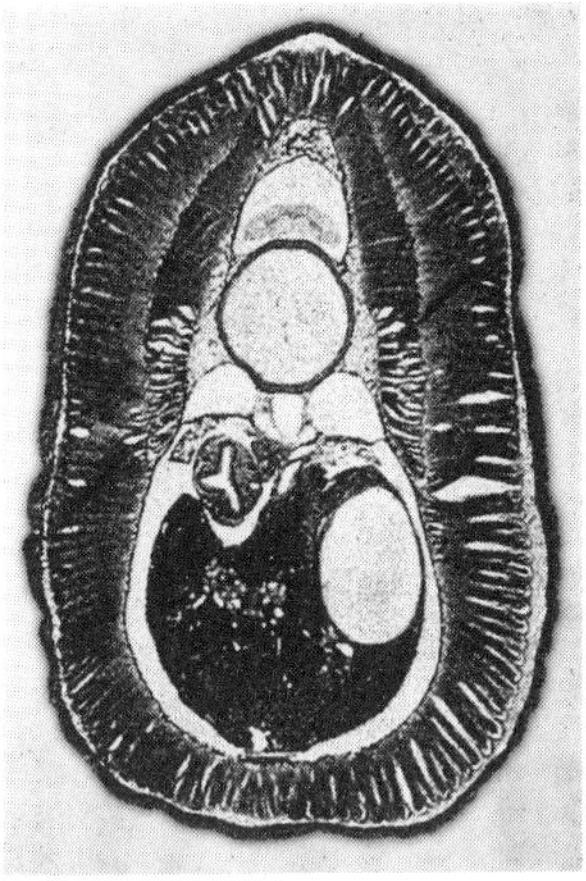

ヤツメウナギの輪切り　中央の輪（脊索）の上にひらたい脊髄がのっかり、その下には4本の太い動脈と静脈がくっつき、広い体腔の池には腸管と肝臓がぶら下がる。これらを筋層が取り囲み、さらにこれを表皮がくまなくつつむ。
（三木成夫『ヒトのからだ』うぶすな書院、1977、35頁から引用）

この植物器官は、吸収・循環・排出の系に分かれる。一、栄養物を取り入れる消化―呼吸系（吸収）、二、栄養物を全身に配る血液―脈管系（循環）、三、産物を外に出す泌尿―生殖系（排出）。

他方、動物器官は、受容・伝達・実施の系に分かれる。一、体外の刺激に対応する感覚系（受容）、二、刺激を導く神経系（伝達）、三、実際に動く運動系（実施）。

三木によれば、この順序が大切である。この順序で見てゆかないと、人体を統一的な有機体として捉えることができない。個々の器官を切り離して別個に調べるのではない。人体を統一した有機体として理解する。

その上で、三木は、それぞれの系を、進化の中で解き明かす。その原始的な形態から、進化プロセスに沿って、順に説明してゆくのである。例えば、消化系について、クラゲの姿に基本機能を見出し、次に、腸の壁から独立した肝臓（吸収専門の臓器）と膵臓（消化専門の臓器）を捉え、そして進化の中で、消化の中心が腸から胃へ、胃から口腔へと昇ってゆくと説明する。

このように、三木は人体を、生命四十億年の進化の産物と捉える。そして、単純な仕組みから複雑な構造が形成される過程を、分かりやすく説明する。ゲーテの「形態学」を受け継ぎ、「原形」と「メタモルフォーゼ」の思想を基礎としていた。

## 「双極的に向かい合ったもの」

三木は、井尻正二（古生物学・地質学）の紹介により、埼玉県の保育講座で保母さんと若い父母に講演している（前掲、『内臓のはたらきと子どものこころ』）。

子どものこころの成長においては、膀胱感覚・口腔感覚・胃袋感覚が重要である。例えば、唇と舌の感覚が（何でも舐めてみることによって）、ものの形を把握する基礎となる。内臓の動きには「日リズム」と「年リズム」があり、動物における「食と性のリズム」は宇宙のリズムと呼応する。こうした内臓感覚から子どもの成長を解き明かしている。講座を開催した保育園の園長（斎藤公子）が「内臓の感受性のゆたかな子に」と表現しているように、こころを大切にするためには、からだを大切にする必要があり、からだを大切にするには、内蔵を大切にする必要がある。

むろん、人類の特徴は、動物器官の高度な発達である。「遠隔感覚器」、「大脳皮質」、「直立姿勢」、「手の働き」。しかし、そうした外側に向かう器官の発達によって、内側の植物器官を軽視するならば、本来のバランスが崩れてしまう。

三木は、東洋の「陰陽」の思想を範として、「からだの双極」を説き、からだのすべての器官は、相反する方向に向かう「極性連関」から成り立つという。「それは互いに相手なくしては存在しえない、まさに双極的に向かい合ったもの」である（三木成夫『生命形態学序説』うぶすな書院、一九九二、七七頁）。例えば、西洋医学は、栄養補給を重視するが、東洋医学では、それと同じだけ老廃物の排泄を重視する。栄養物の補給と老廃物の排泄という「双極的に向かい合ったもの」を、一対にして、重視するのである。

# 文献一覧

## 第Ⅰ部　身体の規律化

荒川章二「規律化される身体」（『岩波講座近代日本の文化史4　感性の近代』、岩波書店、二〇〇二年）
今村嘉雄『十九世紀に於ける日本体育の研究』（不昧堂書店、一九六七年）
海野幸徳『日本人種改造論』（初出、一九一〇年、『性と生殖の人権問題資料集成』第十五巻、不二出版、二〇〇〇年）
奥中康人『国家と音楽―伊澤修二がめざした日本近代』（春秋社、二〇〇八年）
木下秀明『兵式体操からみた軍と教育』（杏林書院、一九八二年）
黒田勇『ラジオ体操の誕生』（青弓社、一九九九年）
寒川恒夫（編著）『近代日本を創った身体』（大修館書店、二〇一七年）
清水多吉『西周―兵馬の権はいずこにありや』（ミネルヴァ書房、二〇一〇年）
菅原光『西周の政治思想―規律・功利・信』（ぺりかん社、二〇〇九年）
鈴木善次編『日本の優生学資料選集―その思想と運動の軌跡　第五巻　ナショナリズムと人種改良論』（クレス出版、二〇一〇年）
瀬戸邦弘・杉山千鶴編『近代日本の身体表象―演じる身体・競う身体（叢書・文化学の越境二〇）』（森話社、二〇一三年）
高橋義男『日本人種改良論』（一八八四年、国立国会図書館デジタルコレクション）
千葉優子『ドレミを選んだ日本人』（音楽之友社、二〇〇七年）
成沢光『現代日本の社会秩序―歴史的起源を求めて』（岩波書店、一九九七年）
長谷川精一『森有礼における国民的主体の創出』（思文閣、二〇〇七年）

兵藤裕己『演じられた近代――〈国民〉の身体とパフォーマンス』（岩波書店、二〇〇五年）
三浦雅士『身体の零度――何が近代を成立させたか』（講談社選書メチエ、一九九四年）
吉田孝『毫モ異ナル所ナシ――伊澤修二の音律論』（関西学院大学出版会、二〇一一年）

## 第Ⅱ部　衛生と健康

浅田宗仙『脉法私言』（初出一八八一年、長谷川弥人訓読校注、谷口書店、一九九四年）
阿部安成「養生から衛生へ」（『岩波講座近代日本の文化史4　感性の近代』、岩波書店、二〇〇二年）
足利浄圓『坐・岡田式静座健康法』（星雲社、一九八八年）
石塚左玄『化学的食養長寿論』（博文館、一八九六年）
石塚左玄『食物養生法　一名化学的食養体心論』（博文館、一八九八年）
石塚左玄『通俗食物養生法――一名・科学的食養体心論（増訂七版）』（三省堂、一九〇九年）
石塚左玄「食物養生法」『近代日本養生論・衛生論集成』一二巻（大空社、一九九二年）
大塚恭男『東洋医学』（岩波新書、一九九六年）
笠原英彦・小島和貴『明治期医療・衛生行政の研究――長与専斎から後藤新平へ』（ミネルヴァ書房、二〇一一年）
鹿野政直『健康観にみる近代』（朝日新聞社、二〇〇一年）
岸本能武太『岡田式静坐の芯研究』（大日本文華、一九二一年［栗田英彦「国際日本文化研究センター所蔵静坐社資料――解説と目録」二〇一三年］）
小堀哲郎「坐――岡田虎二郎と岡田式静坐法」田邊信太朗他編『癒しを生きた人々』（専修大学出版局、一九九九年）
小堀哲郎「近代日本の民衆生活と身体」（早稲田大学、二〇〇三年）
小松幸蔵『岡田虎二郎――その思想と時代』（創元社、二〇〇〇年）
櫻澤如一『伝記・石塚左玄（伝記叢書158）』（大空社、一九九四年）

島薗進『〈癒す知〉の系譜―科学と宗教のはざま』(吉川弘文館、二〇〇三年)
白水浩信「日本における近代ポリス論の受容」『ポリスとしての教育―教育的統治のアルケオロジー』(東京大学出版会、二〇〇四年)
武智秀夫『軍医森鷗外のドイツ留学』(思文閣出版、二〇一四年)
瀧澤利行『近代日本健康思想の成立』(大空社、一九九三年)
田中聡『健康法と癒しの社会史』(復刊選書)』(青弓社、二〇〇六)
田邉信太郎他編『癒しを生きた人々―近代知のオルタナティブ』(専修大学出版局、一九九九年)
成田龍一「身体と公衆衛生―日本の文明化と国民化」歴史学研究会編『講座世界史4・資本主義は人をどう変えてきたか』(東京大学出版会、一九九五年)
肥田春充『聖中心道 肥田式強健術・天真療法』(聖中心道研究会、一九三六年)
宝月理恵『近代日本における衛生の展開と受容』(東信堂、二〇一〇年)
細川基博『岡田式静坐法の実践―驚異の威力!若がえり!』(東京図書出版会、二〇〇二年)
マーガレット・ロック『都市文化と東洋医学』(中川米造訳、思文閣、一九九〇年)
丸山博『森鷗外と衛生学』(勁草書房、一九八四年)
三浦雅士『身体の零度―何が近代を成立させたか』(講談社選書メチエ、一九九四年)
森田正馬『神経質及神経衰弱症の療法』(初出一九二一年、『森田正馬全集』第一巻、白揚社、一九七四年)
持田鋼一郎『世界が認めた和食の知恵―マクロビオティック物語』(新潮選書、二〇〇五年)
森まゆみ『明治東京畸人傳』(新潮文庫、一九九九年)
柳田誠二郎『静坐のすすめ―岡田式』(地湧社、一九八三年)
柳田誠二郎『静坐の道―岡田式』(地湧社、一九八四年)
山下惣一『身土不二の探究』(創森社、一九九八年)
和田啓十郎『医界之鉄椎』(初出一九一〇年、寺澤捷年・渡辺哲郎注訳、たにぐち書店、二〇一〇年)

## 第Ⅲ部　文化の中の身体

太田省吾『裸形の劇場』（而立書房、一九八〇年）
亀山佳明『生成する身体の社会学―スポーツ・パフォーマンス／フロー体験／リズム』（世界思想社、二〇一二年）
木岡伸夫・鈴木貞美編著『技術と身体―日本「近代化」の思想』（ミネルヴァ書房、二〇〇六年）
菅原和孝『ことばと身体―「言語の手前」の人類学』（講談社選書メチエ、二〇一〇年）
叢書『身体と文化（全三巻）第一巻・技術としての身体、第二巻・コミュニケーションとしての身体、第三巻・表象としての身体』（大修館書店、二〇〇五年）
多田道太郎『しぐさの日本文化』（角川文庫、一九七八年）
常光徹『しぐさの民俗学―呪術的世界と心性』（ミネルヴァ書房、二〇〇六年）
中井正一「スポーツ気分の構造」（久野収編『中井正一全集　第一巻・哲学と美学の接点』美術出版社、一九八一年）
野村雅一『ボディランゲージを読む―身ぶり空間の文化』（平凡社ライブラリー、一九九四年）
長谷川雅雄他『「腹の虫」の研究―日本の心身観をさぐる』（名古屋大学出版会、二〇一二年）
矢野智司編著『マナーと作法の人間学』（東信堂、二〇一四年）
山折哲雄『「坐」の文化論―日本人はなぜ座り続けてきたのか』（講談社学術文庫、一九八四年）
山崎正和『演技する精神』（中央公論社、一九八三年）
渡辺京二『逝きし世の面影』（葦書房、一九九八年、平凡社ライブラリー、二〇〇五年）
渡邊守章『虚構の身体―演劇における神話と反神話』（中央公論社、一九七八年）

## 第Ⅳ部　身体論の多層性

市川浩『精神としての身体』（勁草書房、一九七五年）
市川浩『〈身〉の構造―身体論を超えて』（青土社、一九八五年、講談社学術文庫、一九九三年）
石田秀実『気　流れる身体』（平河出版社、一九八七年）
石田秀実『からだのなかのタオ―道教の身体技法』（平河出版社、一九九七年）
石田秀実『気のコスモロジー―内部観測する身体』（岩波書店、二〇〇四年）
門脇佳吉『身の形而上学―道元と聖書における「智慧に満ちた全身」論』（岩波書店、一九九四年）
香原志勢『人体に秘められた動物』（NHKブックス、一九八一年）
坂出祥伸編『中国古代養生思想の総合的研究』（平河出版社、一九八八年）
雑誌『思想』特集「身体」（一九八二年八月、No.六九八）
雑誌『大航海』特集「身体論の地平」（二〇〇五年一月、No.五三）
竹内敏晴『ことばが劈かれるとき』（思想の科学社、一九八二年、ちくま文庫、一九八八年）
野口晴哉『風邪の効用』（全生社、一九六二年、ちくま文庫、二〇〇三年）
野口三千三『原初生命体としての人間』（三笠書房、一九七五年、岩波現代文庫、二〇〇三年）
野家啓一「歴史の中の身体―西田哲学と現象学」（上田閑照編『西田哲学―没後五〇年記念論文集』創文社、一九九四年）
三木清『哲学的人間学』（『三木清全集』第十八巻、岩波書店、一九六八年）
三木成夫『胎児の世界』（中公新書、一九八三年）
三木成夫『生命形態学序説』（うぶすな書院、一九九二年）
三木成夫『内臓のはたらきと子どものこころ』（築地書館、一九九五年）
三木成夫『ヒトのからだ―生物史的考察』（うぶすな書院、一九九七年）
三木成夫『生命形態学序説―根源形象とメタモルフォーゼ』（うぶすな書院、一九九二年）
三木成夫『ヒトのからだ―生物史的考察』（うぶすな書院、一九九七年）

湯浅泰雄『身体―東洋的身心論の試み』（創文社、一九七七年、『身体論』講談社学術文庫、一九九〇年）
吉本隆明「三木成夫『ヒトのからだ』に感動したこと」『吉本隆明全集二八 一九九四―一九九七』（晶文社、二〇二二年）

# あとがき

「身体」という課題を与えられたのは、かなり前のことである。少しずつ準備を始め、学部のゼミで議論したのは、まだ「コロナ」前の（「対面授業」などという言葉がなかった）頃のことである。幕末のコレラ感染を論じた文献の中に「ウイルス」という言葉を見て、今ではこれはコンピューター用語になっている、と私たちは笑った。その数か月後から自分たちが同じ憂き目に遭うことになるとは、夢にも思わなかったのである。

「身体」の問題は、まるで自己増殖してゆくように、雑多な方向に拡大する。どこまで追いかけたらよいのか。何度も収拾がつかなくなった。そして実際、終わってみると、取り残した話題ばかりが気になる。例えば、按摩。摩擦する・揉みほぐす・関節を緩めるなど、その技法をめぐって、興味深い議論が続いてきたのだが、近代医学は按摩術を軽視してきたから、その貴重な知恵は蓄積されずにきた。

あるいは、美容やファッション。周囲から「美しい」と評価される身体。その多くは、都市生活者の身体意識に先導される仕方で、メディアによって持ち上げられ、そこに、身体の美を競う

**著者略歴**

西平　直（にしひら　ただし）

1957年、甲府市生まれ。東京大学大学院教育学研究科博士課程修了。立教大学講師、東京大学准教授、京都大学教授を経て、2022年より上智大学グリーフケア研究所・副所長、京都大学名誉教授。専門は教育人間学、死生学、哲学。心理・教育・宗教をめぐる思想、とりわけ、稽古・修養・養生など日本の伝統思想を研究。ブータンの調査も継続中。著書に『エリクソンの人間学』（東京大学出版会、1993年）、『魂のライフサイクル』（東京大学出版会、1997年［増補新版2010年］）、『世阿弥の稽古哲学』（東京大学出版会、2009年）、『無心のダイナミズム』（岩波現代全書、2014年）、『ライフサイクルの哲学』（東京大学出版会、2019年）、『稽古の思想』『修養の思想』『養生の思想』（春秋社、2019・2020・2021年）、『井筒俊彦と二重の見』・『西田幾多郎と双面性』（ぷねうま舎、2021年）、*The Philosophy of No-mind: Experience without Self*（Translated by Catherine Sevilla-liu and Anton Sevilla-liu, Bloomsbury, 2024）など。

日本の近代思想を読みなおす
5　身体

2025年1月31日　初　版

［検印廃止］

責任編集　末木文美士・中島隆博

著　者　西平《にしひら》　直《ただし》

発行所　一般財団法人　東京大学出版会

代表者　中島隆博

153-0041 東京都目黒区駒場 4-5-29
https://www.utp.or.jp/
電話　03-6407-1069　Fax　03-6407-1991
振替　00160-6-59964

印刷所　株式会社理想社
製本所　牧製本印刷株式会社


ISBN 978-4-13-014255-7　Printed in Japan

●時代を反映する重要テキストを精選・収録し、第一線の研究者が解説を付す

末木文美士・中島隆博　責任編集

# 日本の近代思想を読みなおす【全十五巻】

四六判上製・四三〇〜四四八頁・予価四二〇〇円〜五四〇〇円

①哲　学　中島隆博著　四二〇〇円

②日　本　末木文美士著　四五〇〇円

③美／藝術　稲賀繁美著　五四〇〇円

④女性／ジェンダー　水溜真由美著　五四〇〇円

⑤身　体　西平　直著　四七〇〇円

ここに表示された価格は本体価格です．ご購入の際には消費税が加算されますのでご了承下さい．